UMA REPÚBLICA PROVINCIAL

FRANCISCO DE PAULA SENA REBOUÇAS

Uma República Provincial

MinhaEditora

Minha Editora é um selo editorial Manole.

Capa e Projeto gráfico: Daniel Justi
Editoração eletrônica: Departamento Editorial da Editora Manole

Dados Internacionais de Catalogação na Publicação (CIP)
(Câmara Brasileira do Livro, SP, Brasil)

Rebouças, Francisco de Paula Sena
Uma república provincial / Francisco de Paula Sena Rebouças. – Barueri, SP : Minha Editora, 2012.

Bibliografia
ISBN 978-85-786-8035-0

1. Cosmopolitismo cultural 2. Globalização 3. Nacionalismo 4. Política 5. Política - História
6. Provincianismo I. Título.

11-09866 CDD-320

Índices para catálogo sistemático:
1. História política 320

1ª edição – 2012

Editora Manole Ltda.
Avenida Ceci, 672 – Tamboré – 06460-120 – Barueri – SP – Brasil
Tel.: (11) 4196-6000 – Fax: (11) 4196-6021
www.manole.com.br | info@manole.com.br

Impresso no Brasil | *Printed in Brazil*
Este livro contempla as regras do Acordo Ortográfico da Língua Portuguesa, que entrou em vigor no Brasil em 2009.
São de responsabilidade do autor as informações contidas nesta obra.

A meus netos:

Carlos Eduardo, Henrique, Pedro,
Júlia, Francisco e Isabel.

SUMÁRIO

PREFÁCIO

CULTIVANDO A PROVÍNCIA E RESPIRANDO O UNIVERSO

I

EMBORA NASCIDO DA análise de fatos que, a partir de 2003, a administração do país submete ao foco de um nacionalismo arcaico, não passando mesmo de um obsoleto estigma cultural, este livro põe em primeiro plano a sociedade, depois o governo, e especula sobre a formação da nossa *República Provincial*, responsável por grande parte desses fatos.

No plano econômico, fazemos sucesso e revelamos ao mundo um futuro já projetado, mais que promissor. Ainda assim, compondo com traços próprios o perfil cultural da América Latina, somos provincianos em retumbante maioria, habitantes de uma vasta província cujo espírito de aldeia reflete o quinhão tabaréu de nossa herança colonial, circunstância que passou pelos retoques e pelo verniz de um Império tropical, regime monárquico absolutista e sagaz que o desabrido Napoleão não conseguiu dominar, mas, para proveito nosso, fez transferir da Europa, e cujas lembranças, especialmente as do Segundo Reinado, aqui representam apenas a exaltação do seu melhor desempenho, de um tempo de prudência e de visão de Estado que perdemos para a insensatez e a opacidade de uma burocracia anacrônica.

O que conta nesta crítica é a desproporção, a enormidade de uma endemia provincial dominante no tempo e no espaço, essa colossal e plácida burguesia existente em todas as sociedades, sendo gigantesca entre nós. A rigor, é ciclópica em toda a América Latina. Com expressão econômica e política, ela justifica a sugerida classificação do nosso regime republicano: uma *República Provincial.* É desse universo que, em geral, granjeamos o que temos de bom... e de mal, as qualidades e os defeitos que nos distinguem.

É possível explicar o Brasil com as verdades reveladas por Sérgio Buarque de Hollanda, fazendo a nossa história coincidir com a de uma elite corporativa e autocrática (a independência foi maçônica, a República foi obra dos positivistas e a democracia um lamentável mal-entendido), mas esboço a desconfiança de que as coisas enfocadas também se devem, em grande parte, ao nosso provincianismo e, dentro desse quadro, especialmente ao provinciano caliginoso, um *Gauleiter* da roça que aqui se localiza em todos os lugares, em todas as épocas, capaz de esconder a cegueira ou a inadequação com extremo poder de contágio e carisma.

Outrossim, penso que, não faz muito tempo, no século XIX, lusitanismo, absolutismo e obscurantismo eram sinônimos. E o Brasil, um *fim de mundo* que as Ordenações Filipinas reservavam, com a África, para o cumprimento das penas de degredo, era o prisma canhestro, o lado acanhado, tímido e desengonçado de um atraso colonial. Para nós, a vinda da corte portuguesa, em 1808, significou progresso e cultura, embora nada disso Portugal representasse no concerto das grandes nações europeias. Não só relativamente à instrução do povo, mas principalmente nesse prisma, a deficiência cultural ainda se reflete no presente.

De qualquer forma, longe do inconformismo, acho necessário admitir que nunca nos faltaram integridade e lucidez em todos os campos de atividade, e que o Brasil avançou e melhorou em progressão geométrica. A economia mudou, os horizontes mudaram. Contrariando, porém, os que afirmam superado o período colonial, todas as nossas épocas registraram os denominadores comuns que permanecem incólumes, vinculando o presente ao passado. Hospitaleiro e caloroso, o provincianismo é o primeiro, o que mais responde por isso, e não só a cozinha mineira é a prova cabal como, no Estado de São Paulo, as iguarias da cozinha caipira e caiçara, com as suas farofas, os seus pirões de peixe, as suas fritadas de lambari, as suas pimentas e aguardentes, já que estamos passando por um terreno palatável regido pela caipirinha, que é um símbolo nacional, pela feijoada fluminense, pelo vatapá da Bahia etc. E isso não exclui outros tantos dos nossos aspectos positivos. O segundo é o espírito autocrático, a faceta obscura que herdamos, contaminando o Estado e a sua melhor representação, por vezes, revelando metástases na política, na polícia, na magistratura etc. A aura ditatorial positivista, tisnando a nossa história política, desde a República, e a violência urbana, cada vez maior, são demonstrações incontestáveis.

II

Por outro lado, respirar a atmosfera provincial é uma experiência aprazível que nos foi dada, mas que hoje não impede a exaltação do cosmopolitismo, um ideal que se tornou compatível com a globalização do século XXI, e que, talvez, seja o seu melhor aspecto. O século XX, inicialmente, nos mostrou o cosmopolitismo de maneira deturpada, como se não passasse de esnobismo ou de mimetismo das coisas forasteiras, fruto da mentalidade de povos colonizados, parecendo consagrar um objetivo impatriótico, sem dizer que a pesada âncora de um nacionalismo obstinado e xenófobo, e também o marxismo, nele viam ilusão e bazófia.[1]

---

1 Sérgio Buarque de Hollanda expõe essas verdades em *Raízes do Brasil*. São Paulo, Companhia das Letras, 2001, p.150 e 160. Isaiah Berlin critica o pensamen-

Entretanto, com a exceção desse *black-out,* no último século, o *cosmopolitismo* nunca se ausentou da Europa, que tem uma cultura essencialmente cosmopolita, disse Rob Riemen em uma apresentação de George Steiner. Um ideal que remonta aos estoicos, depois identificado com o pacifismo e com a visão universalista da Ilustração, que "estava longe de ser uma abstração retórica", disse Rouanet, gerando o tratado sobre a paz perpétua (*Traktat zum ewigen Frieden*) de Kant, escrito com o mesmo nome do *Projet de paix perpétuelle* do abade de Saint-Pierre[II] e, finalmente, com a globalização contempo-

---

to nacionalista que vê no cosmopolitismo uma impostura e uma ilusão, em *Limites da utopia,* trad. de Valter Lellis Siqueira. São Paulo, Companhia das Letras, 1991, p.143. Mas esse é o nacionalismo fanático, obstinado, provinciano e xenófobo, porque o nacionalismo, em si, não se opõe ao cosmopolitismo, necessariamente, como argumentam Ulrich Beck e Edgar Grande: "*La Europa cosmopolita no puede acabar con la Europa nacional, sino que debe cosmopolizarla desde dentro. En este sentido hablamos de un cosmopolitismo enraizado nacionalmente. Asi pues, seria completamente erróneo entender lo nacional y lo cosmopolita como dos niveles independientes o como dos princípios políticos excluyentes y oponerlos el uno al outro*" (*La Europa cosmopolita.* Barcelona, Paidós, 2006, p.37). Sob um prisma diverso, o marxismo ortodoxo considera o cosmopolitismo a outra cara do nacionalismo burguês, "*el retroceso reaccionario en la marcha hacia el internacionalismo socialista*" (loco cit., nota 8).

II Marguerite Yourcenar faz emergir o sentimento cosmopolita de Adriano (início da era Cristã), bem anterior, portanto, ao Iluminismo: "Jamais experimentei o sentimento de pertencer completamente a qualquer lugar, nem mesmo à minha Atenas bem-amada, sequer a Roma. Estrangeiro em toda a parte, mesmo assim não me sentia particularmente isolado em lugar algum" (*Memórias de Adriano,* trad. de Martha Calderaro, 9ª edição. Rio de Janeiro, Nova Fronteira, 1981, p.129). De Rob Riemen, ver *La culture: une invitation,* apresentando a palestra de George Steiner, "*Une certaine idée de* rânea. O século XX, que, para Riemen, representou a volta da cultura europeia à Idade Média, foi uma solução de continuidade, abrindo dois parênteses temporários, um da aventura nazi-fascista e outro dos países escurecidos pela cortina de ferro. Os dois tumores geraram metástases, mas os principais focos cicatrizaram.

Em oposição à Sociedade das Nações, um organismo inepto ou um "fantasma nato", como a ela se referia Ortega na década de 1920, passando pela ONU, que administrou os satélites de um sistema bipolar até o seu maior desgaste na fase da hegemonia norte-americana, o *cosmopolitismo*, segundo o mesmo texto de Ortega, floresceu no setor da inteligência e da cultura, estabelecendo entre as nações uma espécie de solidariedade dos ascetas, da minoria mais seleta, dos melhores de cada nação que passam a conviver superando as próprias fronteiras.[III]

---

l'Europe". Arles, Actes Sud, 2005, p.8. Na edição portuguesa, *A ideia de Europa*. Lisboa, Gradiva, 2006, p.12. STEINER também analisa a volta do século XX para a Idade Média, contando cem milhões de mortos em decorrência da guerra, da fome, da deportação e da chacina étnica (ob.cit., p.10 e 45 e, na tradução portuguesa, p.14 e 43-4). Sobre a visão universalista do Iluminismo e sobre Kant, Rousseau e o abade de Saint-Pierre, ver SERGIO PAULO ROUANET, *Mal-estar na Modernidade*. São Paulo, Companhia das Letras, 1993, p.14 e 415. O abade de Saint-Pierre é o escritor francês C. Castel (1658-1743).

III Desde a queda do muro de Berlim, os Estados Unidos se consideram a potência hegemônica e assim desempenham esse papel. Mas o quadro vem exibindo alterações. A Rússia e a China voltam a se impor à consideração universal, detendo um peso difícil de ignorar. Quanto ao texto de Ortega: "*Esos intelectuales cosmopolitas non son todos los intelectuales de cada nación, sino únicamente los mejores de la generación vigente, los que forman hoy las avanzadas creadoras. Son, en suma, la minoría más selecta*" (ORTEGA Y GASSET, "Cosmopolitismo", in *El sentimiento estético de la vida*, edição de José Luis Molinuevo. Madrid, Tecnos, p.298).

Em uma época de ferrenho nacionalismo, no século XIX, Franz Liszt não se limitou a ser húngaro, como os húngaros queriam ser, mas também foi austríaco, francês, alemão e italiano, disse Carpeaux, "foi cidadão da época mais cosmopolita da Europa, entre 1850 e 1880, quando, em torno de uma aristocracia culta, internacional, se reuniram as elites literárias e artísticas de todos os países".[IV]

Ao eclodir o conflito mundial de 1914, Stefan Zweig, que estivera na Itália e na França, voltava de uma viagem à Bélgica, sabendo que tinha agora a obrigação de combater os inimigos do Império Austro--Húngaro. Porém, vivera de forma cosmopolita por tempo demais – nas suas palavras – "para, de repente, passar a odiar um mundo que era tão meu quanto minha pátria". E permaneceu na Áustria cumprindo o dever imposto pelas circunstâncias, mas determinado a não deixar que a guerra abalasse a sua convicção sobre a unidade da Europa.[V]

Esses dois exemplos tocam no Império Austro-Húngaro esfacelado na Primeira Guerra Mundial (conferir tratado de Saint-Germain com a Áustria e tratado de Trianon com a Hungria, ambos de 1919), conflito que, além de picotar e destacar territórios ao talante dos vencedores, veio aí restaurar o espírito provincial das diversas culturas do Império, fulminando a atmosfera cosmopolita que as unia, mas que, certamente, a Áustria também não soube administrar.

IV Sobre Franz Liszt, ver Otto Maria Carpeaux, *O livro de ouro da história da música*, 7ª edição. Rio de Janeiro, Ediouro, p.273-6.

V Stefan Zweig, *O mundo que eu vi (Die Welt von Gestern)*, tradução de Lya Luft. Rio de Janeiro, Record, 1999, p.276. Quanto ao tratado de Saint-Germain com a Áustria e o tratado de Trianon com a Hungria, ver Julio Mesquita, *A guerra 1914-1918*, vol.4. São Paulo, Terceiro Nome, p.663.

Na década de 1920, Borges inventava "imagens de uma cidade de Buenos Aires que desaparecia, voltando a ler o passado rural da Argentina", não deixando de constituir o paradoxo de um "cosmopolita periférico", como disse Beatriz Sarlo. Mas logo na década seguinte, adotou uma postura internacionalista e multiculturalista. Morreu na Suíça e está enterrado no cemitério de *Plainpalais*, em Genebra. Nos últimos tempos, havia repelido a chantagem patriótica de um jornalista que o queria na Argentina, respondendo-lhe que era um homem livre.[VI]

Aí está o cerne do *cosmopolitismo*. Não é a imitação do estrangeiro nem a ignorância das peculiaridades nacionais, mas almeja um intercâmbio, a partir de valores culturais. Postura intelectual desprovida da arrogância nacionalista que caracteriza a xenofobia (o extremo oposto), dispõe-se a considerar e a acolher o mundo, nele fazendo-se presente, e pondo como premissa a "força criadora da miscigenação", segundo define Gilberto de Mello Kujawski, envolvendo o cruzamento das raças, das culturas e dos valores. É disso que se trata em primeiro lugar, da ruptura com uma ideologia estéril, que não é a do nacionalismo, em si, mas a do sentimento da superioridade ou da pureza nacional. Gilberto Kujawski lembra que a *mística da pureza* tem ensanguentado a história, ilustrando a lembrança com o nazismo, o fascismo e o fundamentalismo religioso. A rejeição desse nacionalismo não ofende o patriotismo pré-ideológico e incondicionado nem fere a nossa irrenunciável identi-

---

VI Sobre BORGES, na década de 1920, ver BEATRIZ SARLO, *Borges, un escritor en las orillas*. Buenos Aires, Ariel, 1995, p.18 e 25. Sobre o internacionalismo de Borges, ver JAMES WOODALL, *Jorge Luis Borges: o homem no espelho do livro*, tradução de Fábio Fernandes. Rio de Janeiro, Bertrand-Brasil, 1999, p.273 e 355. Sobre a resposta de Borges a um jornalista que o queria na Argentina, ver ESTELA CANTO, *Borges à contraluz*, tradução de Vera Mascarenhas de Campos. São Paulo, Iluminuras, 1991, p.209.

dade, como estabelece o mesmo autor, que, a propósito, é expresso na observação de conservar cada cultura "a sua diferença irredutível dentro de um mundo ainda heterogêneo e diversificado". [VII]

Enfim, participando do mundo global, no campo econômico, e alimentando o cosmopolitismo cultural, preservamos a identidade nacional. Esses valores não se excluem e se completam, têm a mesma importância, não são distintos sob o prisma da relevância, não devem sucumbir, um em função do outro. O nosso mundo a preservar (que abrange o nosso provincianismo) e o mundo global, cosmopolita, são igualmente importantes e devem coexistir, tanto quanto em nossa história e em nossa cultura convivem dois Cíceros aparentemente inconciliáveis. Na Roma antiga, viveu Marco Túlio Cícero, advogado, orador brilhante, literato, filósofo, estadista, cônsul da República, até hoje considerado um dos maiores intelectuais da antiguidade. O segundo viveu

---

[VII] Gilberto de Mello Kujawski, *"Racismo ideológico"*, no *O Estado de S.Paulo* de 10.11.2005, p.A-2. Sobre patriotismo e nacionalismo, o mesmo autor discorre em *O sabor da vida*: "O patriotismo é anterior e independente do nacionalismo. [...] mais que sentimento, é um compromisso, a identificação com minha pátria". Quanto ao nacionalismo, "é uma ideologia, a ideologia da autarquia nacional, que manipula o patriotismo e dele se utiliza para seus fins" (conferir Letraviva, 1999, p.233-6). Quanto à nossa identidade, define-a Kujawski: "é compulsiva, absorvente, irresistível e irrenunciável". É ela "o conteúdo da consciência nacional" que "nada tem a ver com o nacionalismo" (conferir *A identidade nacional e outros ensaios.* Ribeirão Preto, Funpec, 2005, p.10-6). Sobre a "mística da pureza", *idem*, p.15. Finalmente, quanto à chamada "globalização", o seu foco é o do multiculturalismo no campo do mercado, isto é, "são várias culturas em presença recíproca e interagindo entre si, principalmente no campo do mercado, mas conservando cada qual a sua diferença irredutível dentro de um mundo ainda heterogêneo e diversificado", em "Globalização, a palavra que engana", no *O Estado de S.Paulo* de 11.05.2006, p.A-2.

entre nós no final do século XIX e início do século XX, Cícero Romão Batista, o padre Cícero, líder religioso, embora suspenso das ordens religiosas, vigário e político poderoso em Juazeiro do Norte, nas cercanias do município de Crato, no Ceará, um centro de romaria de onde chefiou uma revolta que terminou com a deposição do governo do Estado, em 1914, um padrinho dos camponeses desvalidos que até hoje o consideram santo. Cada um teve o seu lugar, cada qual preservou o seu modo de ser, a sua idiossincrasia, tendo um deles vivido na grande cidade, o outro em um lugarejo provinciano, então escondido atrás de um município no interior do sertão cearense. Não obstante, a imagem e a obra dos dois alimentam a nossa cultura e a nossa história, não havendo a possibilidade de um excluir o outro.

III

Ainda que não se trate de obra terminada (veja-se a enorme crise de 2010, causada pela Grécia), e mesmo considerando que a burocracia europeia alimenta paradoxos, levando Maurice Duverger a denunciar a sua opacidade e a qualificá-la de semiautocrática, havendo no velho continente, conforme Gilles Lapouge, muita gente hostil à integração, tendo em vista o resultado das eleições de 2009 em que os eurocéticos triunfaram nos principais países (um deles é, agora, o primeiro-ministro da Inglaterra), sem esquecer o que ele chama de "calcanhar de aquiles europeu", que representa a eleição de um presidente belga flamengo sem capacidade de liderança, a Europa comunitária é um exemplo da harmonia entre a identidade de cada cultura e a queda das fronteiras. Nós somos o exemplo oposto, tais as frustrações do Mercosul e as decepções no terreno do que devia ser, por um lado, o bom e civilizado relacionamento entre países vizinhos e, por outro, a clara defesa do direito e de interesses legítimos de cada nação, quando não é possível desconsiderá-los, ocorrendo isso sempre que, com desprezo, são calcados e humilhados. A generosidade é um valor prezável que, entretanto, não pode ignorar a ética. A ética, como disse Jehring, longe de repelir, impõe aos indivíduos e aos povos (nos foros adequados) a luta pelo direito.[VIII]

Sem esquecer a visão preliminar de Claude Lévi-Strauss, de que nenhuma sociedade é perfeita, vê-se que, na América do Sul, o interesse público anda oculto na maior parte do tempo, e as coisas não foram arquitetadas nem são conduzidas com prudência e brilho. As desigualdades políticas e econômicas dos países são enormes e o desequilíbrio é a regra. Ainda pesam nestas paragens, os localismos

---

[VIII] Sobre o Mercosul, ver Rubens Barbosa e a "desintegração regional". Disserta sobre o processo de desintegração e o equívoco da politização do Mercosul (*O Estado de S.Paulo,* de 09.05.2006 e de 27.07.2006, p.A-2). Maurice Duverger sustenta a opacidade da semiautocracia europeia no seu livro *Europa dos cidadãos.* Tradução de Maria do Rosário Quintela. Lisboa, Asa, 1994, p.89-94. De Gilles Lapouge, a crônica "A União Europeia está à deriva", no *O Estado de S.Paulo* de 17.06.2008, p.A--12. Sobre as eleições de 2009, do mesmo correspondente, no *O Estado de S.Paulo* de 09.06.2009, p.A-12. Ver também "O fim de uma Europa", no *O Estado de S.Paulo* de 14.05.2010, p.B-7. Ainda de Lapouge, sobre o "calcanhar de Aquiles europeu", no *O Estado de S.Paulo* de 20.11.2009, p.A-16. Ulrich Beck e Edgar Grande apontam a Europa comunitária como um híbrido de mercado e burocracia (*La Europa cosmopolita.* Barcelona, Paidós, 2006, p.268). Anthony Giddens diz que a União Europeia é obra das elites, a Comissão Europeia é burocrática, o Parlamento não tem influência e, na maior parte dos países membros, os eleitores têm pouco interesse nas eleições (*A terceira via e seus críticos,* tradução de Ryta Vinagre. Rio de Janeiro, Record, 2001, p.161). De Rudolf Jehring, ver *A luta pelo direito,* tradução de João de Vasconcelos. São Paulo, Forense, 1968, p.146.

e bairrismos desagregadores, contra os quais se insurgiu Borges.[IX] Além disso, o nosso insuperável provincianismo histórico, pelo pior dos seus aspectos, pouco difere do recebido pelo século XIX na toada platina da milonga e no cavaquinho do chorinho. Nessa época, era impossível levantar as barreiras e superar as fronteiras. Por isso, continua penoso fazê-lo enquanto vingarem senilidades como a desse padrão mesozoico de nacionalismo e de populismo que, levado adiante, só pode resultar em desintegração e isolamento.

Para Héctor Ricardo Leis, o populismo atual, um devaneio de esquerda com retórica democrática que brotou do fracasso da revolução socialista, insistindo nos velhos motes de culpar o capitalismo, o mercado e o imperialismo, representa um retrocesso político que, na América Latina, já ocorre em diversos países e ameaça alcançar outros.[X]

A globalização que, como as coisas em geral, não pode almejar a pureza, foi teorizada por razões econômicas. Entre elas, como sempre, a da maior eficiência da economia. Não há o que discutir. A internet e a globalização, uma servindo de instrumento para a outra, são coisas definitivamente postas. O livre mercado em escala global é o que Milton Friedman aponta como caminho para o sucesso econômico dos países

---

IX Claude Lévi-Strauss estabeleceu que "*aucune société n'est parfaite. Toutes comportent par nature une impureté incompatible avec les normes qu'elles proclament, et qui se traduit concrètement par une certaine dose d'injustice, d'insensibilité, de cruauté*" (*Tristes tropiques*. Paris, Plon-pocket, 2009, p.462-3). Quanto à insurgência de Borges, registra-se que ele "*rechaza los localismos, las concesiones nacionalistas, el lenguaje que señale escisiones, lo argentino tomado como finalidad*" ("Estudio Preliminar" de Maria Adela Renard para *Poesias* de Jorge Luis Borges. Buenos Aires, Editorial Kapeluz, 1977, p.23).

X Héctor Ricardo Leis (da UFSC), "Democracia ou populismo", no *O Estado de S.Paulo* de 12.02.2006, p.A-2.

que ainda não alcançaram o pleno desenvolvimento. Como aconteceu em 2009, depois da recessão trazida pelo descompasso do sistema financeiro dos Estados Unidos, o ordenamento jurídico do Estado pode compor a disciplina desse fluxo, pode interferir na economia para salvá-la da depressão, mas não consegue conter o processo do livre mercado em escala global, como pretendem os populistas. Seria como segurar a água, que sempre escorre entre os dedos. E Miguel Reale observou que "não são apenas as questões econômicas e financeiras que estão em jogo no processo de globalização, como o demonstram todas as medidas reclamadas para salvaguarda do alto valor do meio ambiente", atestando Alberto do Amaral Júnior que no direito internacional se verifica a incorporação "de temas que só fazem sentido enquanto reportados ao globo em sua totalidade". Refere-se ao *patrimônio comum da humanidade*, que, a despeito da objeção conceitual norte-americana, quando desdenhou o Protocolo de Kyoto, abrange a proteção da camada de ozônio, a preservação da Antártida, a biodiversidade e os fundos marinhos etc. Isso, evidentemente, torna complexa a agenda internacional, como o demonstra Celso Lafer, enfocando os prismas desse complicado teorema (a volta dos nacionalismos, a normatização do mundo global, a guerra e a violência, a globalização das desigualdades e o desafio ecológico, envolvendo a limitação das soberanias). Ainda não se registram grandes avanços nesse foco das mudanças climáticas e da proteção do planeta, salvo pela consciência do problema, que se alastra, estando o Brasil envolvido na busca de uma solução. No âmbito dos países amazônicos, parece que só o Brasil e a Guiana Francesa são interessados, como se depreende do fracasso da cúpula de Manaus, que, além do representante da Guiana e do presidente do Brasil, registrou a presença do presidente da França. Estiveram ausentes os chefes de Estado do Suriname, Peru, Colômbia, Bolívia, Equador e Venezuela (*O Estado de S.Paulo* de 29.11.2009, p.A-3). E coroando esse fiasco, a conferência de Copenhague terminou, como disse a imprensa, em uma reunião de amadores (*O Estado de S.Paulo* de 22.12.2009, p.A-3).

No campo econômico e no plano dos organismos pertinentes à sua disciplina, o verdadeiro internacionalismo dos tempos correntes é o que renunciou à inépcia e à burocracia, o que não aceita continuar trôpego e vacilante na definitiva ruptura das amarras de um Estado octópode. Esse cosmopolitismo busca formas de convivência acima de quaisquer fronteiras, preservando o Estado nacional e a identidade cultural que ele representa, mas abandona o gigantismo burocrático, o populismo histriônico e a presunção xenófoba do nacionalismo fanático, alcançando o sentido da humildade e da generosidade (generosidade que, como dito, não ignora a ética, quando impõe aos indivíduos e aos povos a luta pelo direito),[XI]

[XI] De Milton Friedman, sobre o mercado, a globalização e os países emergentes, ver entrevista no jornal *O Estado de S.Paulo* de 19.11.2006, p.B-15. Nacionalismo é uma coisa, Estado nacional é outra. O nacionalismo fanático, obstinado, provinciano, nativista e xenófobo é incompatível com a globalização, mas como afirma Miguel Reale, a globalização exige a presença dos Estados nacionais, sem o que "desapareceria o suporte das uniões e dos tratados". Os conceitos de Miguel Reale estão em "A realidade do Estado nacional", no *O Estado de S.Paulo* de 25.2.2006, p.A-2. De Alberto Amaral Júnior, ver "Entre ordem e desordem: o Direito Internacional em face da multiplicidade de culturas", em *O Direito Internacional no terceiro milênio*, estudos em homenagem ao prof. Vicente Marotta Rangel, coordenados por Luiz Olavo Baptista e José Roberto Franco da Fonseca. São Paulo, LTr, p.153 e 164. Sobre o menosprezo ao Protocolo de Kyoto por parte dos Estados Unidos e da China, reporto-me a um escrito do Almirante Mario Cesar Flores ("Soberania *versus* responsabilidade"), publicado no *O Estado de S.Paulo* de 27.02.2006, p.A-2. Celso Lafer escreveu "A complexidade da agenda internacional", no *O Estado de S.Paulo* de 18.05.2008, p.A-2. Quanto a exigir, o cosmopolitismo, um novo conceito de integração e de identidade que permita a abrindo o caminho que, no século XXI, com inúmeros problemas, ainda devemos trilhar.

Mas é um caminho, apenas. Certamente, não veremos a paz kantiana até o final deste século. E estamos só no início dele, o que significa que os nossos horizontes permanecerão sombrios por longo tempo e que vamos enfrentar as tempestades que vierem, começando pela desordem econômica global de 2008, gerada nos bancos e instituições financeiras norte-americanos. Como adverte Fernando Henrique Cardoso, o mundo está longe "da paz universal e mesmo de uma situação de equilíbrio estável", restando-nos a opção de fortalecer a economia, melhorar a vida do povo e granjear o respeito devido aos que pretendem ser, no ocidente, uma democracia pacífica, assim, contribuindo "para a emergência de uma nova ordem política mundial".[XII]

Por tudo isso, quero crer que, superando as balizas da *República Provincial* e invocando imagens da Europa comunitária, podemos cultivar a província respirando o universo. Se esse caminho é proficiente, o século dirá. Interessa-nos, no momento, a leitura da bússola, que aponta nessa direção.

F.P.S.R.

---

convivência acima de fronteiras, conferir Ulrich Beck & Edgar Grande, *La Europa cosmopolita*. Barcelona, Paidós, 2006, p.34. Quanto ao cosmopolitismo alcançar o sentido da humildade e da generosidade, ver Ortega: "*Pero esta actitud de los hombres mejores, que a primera vista parece significar un temple orgulloso, nace, por el contrario, de haber descubierto nuevamente los intelectuales el sentido de la humildad*". E meditando sobre o interesse pela Espanha por parte de intelectuais das grandes nações, Ortega já havia dito: *"sobre el mundo comienza el pausado triunfo de la generosidad"* (Ortega y Gasset, "Cosmopolitismo", in *El sentimiento estético de la vida*, cit., p.297 e 301).

XII Fernando Henrique Cardoso, "Desequilíbrio de poder", no *O Estado de S.Paulo* de 04.02.2007, p.A-2.

1
EXORDIUM E A NOSSA ALMA XIFÓPAGA

Exordium est principium orationis, razão suficiente para começar como faço, pelo início da história, não havendo outra maneira de enfrentar esse tema da configuração provinciana da República, definindo-a na perspectiva de um sistema vinculado, primeiramente, aos padrões culturais e civilizadores do Reino de Portugal, panorama que ainda não compreende a origem ruidosa de tudo, nem se lembra da amargura do parto, aos gritos de "Fujam! Fujam!... Vêm aí os franceses!".

Esses padrões são inicialmente estabelecidos no século XVI, na Carta Régia de D. João III (1532), que dividiu o Brasil em Capitanias, porções imensas, algumas revertidas para a Coroa em diversas épocas e que, com alterações (na forma em que a divisão dessas terras provinciais se achava em 1824), a Carta Imperial sujeitou ao primeiro regime constitucional e também à crítica de Pimenta Bueno, que considerava a partilha defeituosa. "É, portanto, a antiga divisão das Capitanias, divisão do tempo em que o Brasil era colônia e administrado pelos capitães-generais, ouvidores, juízes de fora, provedores etc., ainda a principal base da nossa organização administrativa", disse o Visconde do Uruguai. Nessa época, registrou Mendes Fradique: "viveu o Brasil na mais ideal das desordens, quase tão anarquizado como nos últimos tempos da República".[1] Referia-se a outros tempos.

---

1 Paulino José Soares de Souza, *Ensaio sobre o direito administrativo*, organizado por José Murilo de Carvalho com o título de Visconde do Uruguai. São

O grito "Fujam! Fujam!... Vêm aí os franceses!" está no relato de Raúl Brandão sobre o início do penoso embarque da Família Real para o Brasil, escapando das hordas invasoras de Junot. No porto, achava-se quem, às margens do Ipiranga, daria um outro grito, o da nossa independência. Contra a vontade da avó, D. Pedro de Alcântara ajudava a arrancá-la da carruagem: "Não quero! Não quero!... A Doida descarnada desata aos berros", imaginando ir para o cadafalso. Afinal, há 18 anos, os iluminados de Paris haviam iniciado na guilhotina uma sanguinária matança e essas histórias eram aterradoras. Quem sabe tenham segredado à rainha, que, após a execução de Charlotte Corday, o verdugo ergueu a cabeça decapitada, enquanto as faces da morta permaneciam vivas e coradas. O que não fariam os vultos tenebrosos daquela noite lusitana? Nas ruas de Lisboa, o povo esbraveja ou, como relatado, "a canalha vocifera", precipitando-se a multidão no Cais de Belém sobre o Regente, para impedi-lo de fugir.

Raúl Brandão continua dando vida aos que gritavam "Fujam! Fujam!...", e também nos oferece a descrição do diário de Eusébio Gomes, de novembro de 1807, cujo texto, lavrado em português

---

Paulo, 34, 2002, p.116-7. Ver também PIMENTA BUENO, *Direito público brasileiro e análise da constituição do Império*, organizado por Eduardo Kugelmas com o título de Marquês de São Vicente. São Paulo, 34, 2002, p.81. De MENDES FRADIQUE, ver *História do Brasil pelo método confuso*, organização de Isabel Lustosa. São Paulo, Companhia das Letras, 2004, p.102. OLIVEIRA MARTINS escreve, quanto à reversão das Capitanias para a Coroa, que isso ocorreu "por abandono, ou por morte dos donatários, sem herdeiros, ou por confisco, ou finalmente por compra de direitos" (conferir WALDEMAR FERREIRA, *História do Direito brasileiro*, vol.1, *As Capitanias Coloniais de Juro e Herdade*. São Paulo, Saraiva, 1962, p.262).

daquela época, resolvi espanar. Só tirei a poeira. Uma pequena intervenção autocrática, que não revela purismo, mas nacionalidade.

> Hoje, embarcou toda a Família Real no Cais de Belém, tendo dado beija-mão às pessoas que ali concorreram entre lágrimas e suspiros gerais, e no dia 29 com bom tempo se fez à vela a Esquadra Portuguesa que conduziu o nosso amabilíssimo Príncipe e toda a Família Real para o Brasil, cuja Esquadra se compunha de oito Naus, três Fragatas, dois Brigues, uma Escuna e uma charrua de mantimentos; e com ela 21 Navios do comércio nacional. Nesta noite de 29 para 30, houve um temporal tão violento que causou grandes estragos por várias partes, e no mar foi ele tão violento que a Esquadra se dispersou por tal forma que cada uma das embarcações tomou seu rumo e navegou como pôde sem jamais se avistarem na viagem, mas todos foram a salvamento.
>
> É impossível descrever o que se passou no Cais de Belém na ocasião do embarque da Real Família, que saiu de Mafra a toda a pressa para embarcar, porque na mesma hora se soube que os Franceses estavam a chegar a Lisboa. Que grande confusão houve então no Cais de Belém! Todos a quererem embarcar, o cais amontoado de caixas, caixotes, baús, malas, malotões e trinta mil coisas, que muitas ficaram no cais tendo seus donos embarcado, outras foram para bordo e seus donos não puderam ir. Que desordem e confusão; a Rainha sem querer embarcar por forma alguma, o Príncipe aflito por esse motivo! Foi o Laranja (Francisco Laranja, capitão de fragata e patrão-mór das galeotas reais) quem fez com que a Rainha embarcasse. E então o Príncipe deu beija-mão às pessoas que ali estavam e, entre lágrimas e suspiros, começaram a embarcar, e não se pode descrever o que aqui se passou.

Termina o próprio Raúl Brandão: “A esquadra inglesa destaca 4 naus de linha para os acompanhar. Na barafunda, esquecera no Cais de Belém a prata da Patriarcal. Ainda fica muito que roubar..."[2]

---

[2] Para exame da controvérsia, ver RAÚL BRANDÃO, *El rey Junot*. Coimbra, Atlântida, 1974, p.102-10. A barafunda não deixou no cais apenas a prataria, mas outros artefatos de valor e os 60 mil volumes da Biblioteca Real da Ajuda (PATRICK WILCKEN, *Império à deriva*, tradução de Vera Ribeiro. Rio de Janeiro, Objetiva, p.43). Quem descreve a execução de Charlotte Corday (a assassina de Marat) é THOMAS CARLYLE, *História da revolução francesa*, tradução de Antônio Ruas. São Paulo, Melhoramentos, p.646. Sobre o fato de que D. João VI venceu Napoleão, ver SERGIO CORRÊA DA COSTA, *Brasil, segredo de Estado*. Rio de Janeiro, Record, 2001, p.155-8. Sobre a habilidade política de D. João VI, ver ISABEL LUSTOSA. *D. Pedro I*. São Paulo, Companhia das Letras, 2006, p.35. Quanto às Ordenações do Reino, conferir prefácio de FERNANDO H. MENDES DE ALMEIDA à edição brasileira das *Ordenações Filipinas*. São Paulo, Saraiva, 1957, p.12. Ver também, nas referidas *Ordenações*, o Título XXVI, § 7; Títulos XXIX e XXXIV, §§ 4 a 10. Quanto a D. João VI se apropriar do dinheiro que havia nos cofres do governo português e nos cofres do Banco do Brasil, ver LAURENTINO GOMES, *1808*. São Paulo, Planeta, 2007, p.75 e 321. Quanto a ser o Poder Moderador um resíduo do absolutismo, ver JOSÉ MURILO DE CARVALHO, *Cidadania no Brasil*. Rio de Janeiro, Civilização Brasileira, 2004, p.29. Sobre o controle dos jornalistas, ler "A revolução da boçalidade", de Reinaldo Azevedo, no *O Estado de S.Paulo* de 17.07.2006, p.A-2. Quanto ao editorial "A imprensa sob fogo cerrado", ver *O Estado de S.Paulo* de 12.11.2009, p.A-3. Sobre os que julgavam excessiva a liberdade de imprensa no Segundo Reinado, conferir JOSÉ MURILO DE CARVALHO, *D. Pedro II*. São Paulo, Companhia das Letras, 2007, p.71-2 e 86. Ainda de JOSÉ MURILO DE CARVALHO, sobre a lei do coronel, ver *Cidadania no Brasil*, cit., p.56. Quanto à referência de GILBERTO FREYRE à mulher do século XIX, conferir *Vida social no Brasil nos meados do século XIX*. São Paulo, Global, 2008, p.87. De CLÓVIS BEVILACQUA, sobre a restrição de direito das mulheres casadas, ver *Código Civil comentado*. Rio de

Entretanto, sempre existe a outra versão, e o embaixador Sergio Corrêa da Costa impõe-nos o fato modificativo daquele anteriormente invocado: "[...] a partida de Dom João" dava a impressão de fuga, "de medo de Napoleão, quando em realidade o estava derrotando, vencendo-o espetacularmente". E foi assim que os espíritos de Ulpiano, Carnelutti, Chiovenda e Liebman acabaram permitindo ao nosso embaixador, em um processo histórico, que provasse tal objeção. O Príncipe Regente, na posse de toda a corte e da máquina administrativa do Reino, na verdade não fugia, mas manobrava ardilosamente, ajudando os ingleses a derrotarem Junot poucos meses depois, ocorrendo a capitulação de Sintra em agosto de 1808, o que levou o general francês, após algumas peripécias, do isolamento à loucura e ao suicídio. Nem Napoleão fugiu ao reconhecimento de que D. João VI foi o único a lhe enganar e, no exílio de Santa Helena, rememorava "a frustração de não ter podido aprisionar o monarca português tal como fizera com Fernando VII da Espanha".

O revés napoleônico atualmente repousa em um mausoléu de pórfiro do *Hôtel des Invalides*, e o ano de 1821 traria para a corte portuguesa essa feliz coincidência: Napoleão morria no exílio, e D. João VI, já distante do Rio de Janeiro, singrava o Atlântico na volta para Lisboa. Vencera Napoleão.

Não podia deixar de vencer. Em decorrência da própria condição precária de Portugal, como diz Isabel Lustosa, "espremido entre um continente dominado pelo Exército francês e um oceano governado pela Marinha britânica", D. João VI havia de ser, como foi, extremamente habilidoso. E essa virtude completa a nossa herança lusitana.

O fato é que o Império, assim fundado no Brasil, jamais se apartou da astúcia, da inteligência e da prudência, mas teve um pé no

---

Janeiro, Livraria Francisco Alves, 1927, vol.I, p.179-82. A referida Lei n. 4.121, de 27.08.1962, ficou conhecida como o *Estatuto da mulher casada*.

absolutismo, na tirania do monarca, que exercia não só a posse da corte, mas o domínio absoluto do Estado. Desde antes das Ordenações Afonsinas, o poder do Rei estava contaminado pelo direito visigótico, e sua autoridade advinha de Deus, "conforme doutrina de direito divino esposada pelos concílios de Toledo", projetando-se nas Ordenações Filipinas o fato de o Rei poder tudo, como possuir a riqueza, v.g., a riqueza do subsolo, as minas. Aí está, no Brasil, a origem remota do domínio da União sobre as jazidas, recursos minerais, potenciais de energia hidráulica etc. (Constituição Federal de 1988, art. 176 e Código Civil de 2002, art. 1.230). Sobre as atividades extrativas dos metais preciosos, o Rei ainda fazia incidir o quinto (20%) e a derrama (cobrança desses impostos atrasados, quando toda a população cobria o déficit da arrecadação), que, em nossa história, deu azo à Inconfidência Mineira. O Rei tinha o poder de confisco e, em certos meses, tinha a exclusividade do comércio do vinho, de modo que só o seu era vendido (nota 2), exemplos que, como tantos, as Ordenações revelam vinculados ao mais radical absolutismo. Não é sem razão ou sem justificação que o monarca luso simplesmente se apropria do que havia de dinheiro nos cofres do governo português ao embarcar para o Brasil, fazendo algo semelhante na volta a Lisboa, quando raspou os cofres do Banco do Brasil (nota 2).

O Poder Moderador (da Constituição outorgada de 1824) é a prova cabal desse resíduo absolutista, como José Murilo de Carvalho registra para a História. Somos herdeiros de uma cultura autocrática, que, a partir do absolutismo monárquico, passou pelo mandonismo do senhor das terras e dos escravos, pela prepotência das botas e seus maquiavélicos tacões. O mesmo historiador diz que, "nas fazendas, imperava a lei do coronel, criada por ele, executada por ele. Seus trabalhadores e dependentes não eram cidadãos do Estado brasileiro, eram súditos dele".

Quanto às mulheres dos coronéis... Não passavam de índias! E isso não é um fato do passado remoto mencionado por Gilberto Freyre (que se refere à mulher do século XIX como a sombra do marido). Corria a segunda metade do século XX, encontrando-me matriculado no segundo ano da Faculdade de Direito de São Paulo, quando, no Brasil, as mulheres casadas ainda eram equiparadas aos índios em matéria de exercício de direitos, o que produzia, em ambientes não conservadores, uma infinidade de chacotas. As mulheres que quisessem casar, preparavam-se para descer em alguma escala. Tornavam-se relativamente incapazes. Em nossa melhor doutrina, anotava Clóvis Bevilacqua que, na época da elaboração do primeiro Código Civil Brasileiro (1916), a mulher casada só não sofria restrição de direito nos Estados Unidos, na Alemanha e na Suíça. Mas, entre nós, a Comissão revisora nomeada pelo governo, sem nenhuma discussão, recusou-lhe esse tratamento, mantendo a incapacidade, seguindo as linhas do direito francês, italiano, espanhol e português, declarando que elas, enquanto subsistir a sociedade conjugal, são relativamente incapazes a certos atos ou à maneira de os exercer. Eram, assim, como se dizia, equiparadas aos silvícolas, o que ainda vigorou por mais de quatro décadas, da vigência do Código (conforme a redação originária do art. 6º) ao advento da Lei n. 4.121, de 1962 (nota 2).

Um dos mais recentes exemplos do mandonismo referido anteriormente, posterior ao controle do Poder Judiciário, consiste em um projeto polêmico de controle opressivo dos jornalistas que não poderia ignorar o art. 5º, IV e IX, da Constituição de 1988, tutela da liberdade de manifestação do pensamento e da liberdade de expressão da atividade intelectual, artística, científica e de comunicação, independentemente de censura ou licença (nota 2). Essa antiga aventura do poder, que sempre encantou os tiranos e, em diversos momentos, denegriu a história do século XX, seria simplesmente inconstitucional. Não obstante, a 65ª Assembleia Geral da Sociedade Interamericana de Imprensa vem diagnosticar uma clara tendência ao autoritarismo na América Latina, o que deixa "a imprensa sob fogo cerrado". E pensar como pudemos, no Brasil, regredir tanto! É só conferir que, no século XIX, ao tempo de D. Pedro II, tivemos a imprensa mais livre do mundo, coisa que os próprios europeus e a condessa de Barral estranhavam, julgando-a excessiva e perigosa, até por abrir caminho ao regime republicano, que acabaria se instalando e produzindo, como sabemos, inúmeras restrições a essa atmosfera de liberdade de imprensa do Segundo Reinado (nota 2).

Mas, apesar da cultura autocrática, esse regime luso deixou boa semente e produziu, aqui, uma gente sagaz, como sempre se viu e como se vê em um de seus últimos lances. Depois de dois séculos, estando mortos Junot, Napoleão, D. João VI e D. Pedro I, assim também os republicanos Deodoro, Floriano, Hermes, Getúlio, Jânio, Jango, Castelo, Costa e Silva, Médici, Geisel e Figueiredo, e com a implantação de um regime de mercado, apesar da nossa linhagem patrimonialista, escravista, autocrática, positivista e intervencionista, foram exatamente os liberais e os monetaristas que passaram a produzir as bússolas, resultando que o atual equilíbrio da nossa economia decorre de um porto seguro, que é o fastio da inflação, persistindo, no entanto, as pressões inflacionárias (determinando as atitudes cíclicas do Banco Central em relação aos juros) e a divergência dos que (sejam empresários, pelas razões da sua empresa, ou sejam políticos populistas e eleitoreiros) querem acelerar os gastos e diminuir o controle da moeda, presentes ainda o choque das desconfianças e os seus efeitos recessivos. Essas coisas tornam verossímil a afirmação estampada na imprensa de que praticamos a ortodoxia monetária, moldando algum crescimento econômico e que nos favorece na comparação com as políticas de países vizinhos. Outrossim, favorece-nos, como já disseram, na atual crise mundial provocada pela economia norte-americana. É certo que, pelo mesmo escrito já referido, uma campanha de desqualificação do governo gera crises temerárias, já que a nossa democracia tem os pés de barro.[3] Subscrevo o diagnóstico, mas não a receita de poupar críticas, principalmente em razão da

---

3 Gilberto Dupas, "Fabricando crises", em *O Estado de S.Paulo* de 05.03.2005, p.A-2. Em novembro de 2005, o governo autorizou uma *aceleração do gasto público*, dizendo que pretendia aproximar o superávit primário da meta de 4,25% do Produto Interno Bruto (PIB) (*O Estado de S.Paulo* de 22.11.2005, p.A-1 e A-4). Mas alguns economistas denunciam o que parece ser um hábito do governo, e apontam o gasto público (do Poder Executivo) como a principal causa das recentes pressões inflacionárias. Como quer que seja, um governo que gasta exageradamente não pode atribuir as pressões inflacionárias aos compradores e vendedores (inflação de demanda). Esse é um filme que já passou no Brasil e os brasileiros esperavam que não fosse exibido novamente. Há problemas desse passado que ainda estão pendentes de julgamento e há compensações salariais que ainda são objeto de demanda nas instâncias ordinárias. Entretanto, o cinema mudo é coisa superada e só os malucos ainda pagam para vê-lo. Igualmente, se deve dizer dos que estão fazendo a inflação voltar. São malucos e deveriam saber que "independentemente da causa inicial do processo de elevação de preços, a inflação adquire autonomia suficiente para se autoalimentar por meio de reações em cadeia" (conferir *Dicionário de economia* de Paulo Sandroni. São Paulo, Editora Best Seller). Depois de instalada a espiral, ninguém mais a segura, e teremos de reviver a história. Sorte dos devedores, principalmente o Estado devedor, que ainda pode maquiar os índices a seu favor, e azar dos credores, principalmente os credores de salários e pensões, os quais vão recair na luta pela indexação e inúmeras outras lutas para sobreviver. A única salvação posta no horizonte é que o Banco Central, segundo consta, possui meios de defender a moeda. Para a garantia disso é que há um brado pela sua independência: "[...] de um povo heroico, o brado retumbante"! Mas o nosso governo, de vocação centrípeta e autocrática, opõe resistência até ao hino nacional.

enorme carência ética que envolveu o país. A crítica, evidentemente a crítica construtiva, é da essência do regime democrático.

O que se tem vontade de dizer, e muitos dizem, é que a nossa democracia está consolidada. É uma premissa por muitos admitida, como um julgamento passado em julgado, irrecorrível. Não deixarei de participar desse estímulo, mas a democracia brasileira não pode esconder os pés de barro, e o século XX é suficiente para mostrá-los. Em escrito anterior, considerei que carregamos uma história copiosa de instabilidade política e econômica, de regimes fortes e administração burocrática, com breves hiatos de liberalismo, crescimento econômico e democracia. Como repetirei depois, porque é preciso lembrar a cada instante, a democracia no Brasil registra-se presente por quatro décadas em uma história de cinco séculos. Tirando essa curta experiência, a liberdade política, entre nós, quando admitida, era apenas no papel (conceito de Oliveira Viana). E acho até que, com raras exceções, não somos *experts* nesse assunto. Não por ausência de vocação, mas por falta daquela vivência remansosa que caracteriza os anglo-saxões, os únicos que cultuam a liberdade política há mais de 200 anos. O Brasil estaria na penúltima classificação de Jean-François Revel, entre os países com menos de 50 anos de vida democrática e, assim mesmo, um período entremeado de pausas, de soluções de continuidade.

Nessa perspectiva, chegaremos ao positivismo de Comte, um exotismo autocrático cujos tentáculos ainda nos prendem; acabaremos voltando ao Marquês de Pombal e às Ordenações Filipinas para encontrar a origem do nosso modo de ser, a sólida fonte jurídica do absolutismo português, da centralização política e administrativa, da intervenção ilimitada do Estado na economia, como na época da intervenção "nos negócios, no comércio marítimo, nas compras e vendas internas, no tabelamento de preços, no embargo de exportações aos países mouros e à Índia,"[4] enfim, de

---

[4] F.P. SENA REBOUÇAS, *Fim de século e justiça*. São Paulo, Juarez de Oliveira, 2002, capítulo III, p.31. De OLIVEIRA VIANA, conferir *O ocaso do Império*. São Paulo, Melhoramentos, p.17-22, e WALDEMAR FERREIRA, *História do direito constitucional brasileiro*. São Paulo, Max Limonad, 1954, p.59. De JEAN-FRANÇOIS REVEL, *Como terminam as democracias*, tradução de João Guilherme Vargas Neto e Regina Laura de Souza Pinto. São Paulo, Difel, 1984, p.7. Sobre as Ordenações Filipinas, ver RAYMUNDO FAORO, *Os donos do poder*. São Paulo, Globo, p.84. Por ordem do rei Filipe III, a 1ª edição das Ordenações Filipinas foram tiradas em Lisboa, no Mosteiro de São Vicente de Fora, no ano de 1603. Por alvará de 16.12.1773, o Marquês de Pombal concedeu à Universidade de Coimbra o privilégio exclusivo da impressão, conferir FERNANDO H. MENDES DE ALMEIDA, "Prefácio à edição brasileira" [São Paulo, Saraiva] por ele anotada em 1957. A advertência de ALCIDES AMARAL (antigo presidente do Citibank), sob o título de "Armadilha monetária e cambial", está em *O Estado de S.Paulo* de 30.05.2005, p.A-2. Sobre a curta experiência democrática brasileira, ver JOSÉ MURILO DE CARVALHO, *Cidadania no Brasil*. Rio de Janeiro, Civilização Brasileira, p.87 e 131. Em suma, a Constituição de 1988 reiniciou a democracia de 1946, interrompida em 1964. Em outro escrito, José Murilo de Carvalho enfatiza tal análise ("A revolução da cidadania", in *Por que o Brasil não é um país de alto crescimento*? Rio de Janeiro, J. Olympio, 2006, p.98-9). Textualmente, escreveu FERNANDO HENRIQUE CARDOSO: "Society would never tolerate another dictatorship. Brazil has learned from its mistakes..." (*The accidental President of Brazil*. New York, PublicAffairs, p.255). Sobre o referendo irlandês que, inicialmente, rejeitou o tratado de Lisboa, para depois aprová-lo, ver as crônicas de GILLES LAPOUGE, "A União Europeia está à deriva", no *O Estado de S.Paulo* de 17.06.2008, p.A-12, e "Em busca do George Washington europeu", no *O Estado de S.Paulo* de 06.10.2009, p.A-14. Sobre o boicote da Alca e a nossa dependência da Inglaterra no século XIX,

tudo que, com raros desvios, sempre andamos a pensar e a fazer. Até o surgimento do Real (a atual moeda brasileira), trilhamos uma parte desses embaraçosos caminhos.

Ao tempo da Guerra Fria, Revel teceu uma luva que nos serve, principalmente quando escutamos os trovões, que, a partir da Venezuela, provocam chuva grossa na América Latina: "Talvez a democracia seja apenas um acidente na história, um breve parêntese que se fecha diante de nossos olhos [...] a julgarmos pela rapidez com que crescem as forças que tendem a aboli-la". Igualmente preocupante é a advertência de Alcides Amaral sobre os juros e o câmbio, armadilhas para uma economia como a nossa, sujeita à implosão da dívida interna e às crises da economia mundial (nota 4). Enquanto aquelas forças acendem a fogueira, juros e câmbio podem virar lenha seca, mesmo levando em conta que, na atualidade, estamos mais bem preparados do que anteriormente para as crises mundiais.

Nossa economia anda brilhando, mas ainda temos problemas políticos e econômicos reais. Entretanto, exceto pelo que se presumia de alguns palacianos, menos de meia dúzia já expulsa de seus encargos (algumas figuras reeleitas em 2006, outras não), ninguém pretende chegar à ruptura democrática, nem existe, hoje, atmosfera

---

conferir, do embaixador Rubens Ricupero, "O problema da abertura dos portos", in *A abertura dos portos*. São Paulo, Senac, p.56-8. Sobre a insólita declaração do ministro Francisco Campos, criando problemas para o embaixador Oswaldo Aranha, ver Ricardo Seitenfus, *O Brasil vai à guerra*, 3ª edição. Barueri, Manole, 2003, p.87. Do prof. Roberto Romano, ver "*Carta à esquerda*", no *O Estado de S.Paulo* de 04.08.2010, p.A-2. Sobre a premiação do filme *Tropa de elite* e a imagem criticada de corrupção, violência e autoritarismo da sociedade brasileira, ver Luiz Carlos Merten, "Obrigado Constantin", no *O Estado de S.Paulo* de 18.02.2008, p.D-5.

que sustente um retrocesso com aplauso mundial. Se chegássemos a uma convulsão, seria um tumulto resplandecente daquela velha endogenia latino-americana, não mais acalentada pela graça de Deus e a unânime aclamação dos povos. Em certos lugares da América Latina, essas coisas ainda ocorrem, mas, no Brasil, não teriam longevidade. Seria algo intolerável nos planos interno e externo. Em escrito autobiográfico publicado no exterior, Fernando Henrique Cardoso sustenta que a sociedade brasileira aprendeu com os seus erros e não mais toleraria uma ditadura (nota 4), o que parece correto, ainda que a mesma sociedade não esconjure integralmente a sua alma xifópaga que, desde Pombal, muito antes de Augusto Comte, já havia herdado uma cultura autocrática.

Carecemos da ousadia de inserção no século XXI, ainda que não ocorra da forma inicialmente esperada, tais os imprevistos que surgem (como o boicote da Alca, a rejeição francesa e holandesa da Constituição europeia, a demora da Irlanda na aprovação do tratado de Lisboa, anteriormente rejeitado, o que transforma a Europa em um barco à deriva, com 27 países e seus movimentos contraditórios, disse Gilles Lapouge, e o trauma econômico refletido da crise norte-americana, sem falar na crise da Grécia, vista como a ponta de um iceberg), e mesmo que nessa inserção sejamos os últimos. Quanto à Alca (espaço preferencial de comércio criado pelos Estados Unidos), o embaixador Rubens Ricupero atribui a nossa desconfiança à experiência traumática que tivemos com a dependência da Inglaterra que, no século XIX, era a potência hegemônica (nota 4). De qualquer forma, nada vale participar de um fragmento pífio do comércio mundial ou ter o primeiro lugar entre os países que, mais uma vez, perderão o século, e tudo indica que muitos perderão! Não estivesse convencido disso, nada escreveria do que segue. E não tenho outro propósito que não seja o de contribuir modestamente para um pensamento estimulante dessa visão.

Aqui não agito nada que não busque o prestígio da ordem jurídica, o bom senso administrativo, o regime constitucional democrático e, por outro lado, nada ponho para esconder os denominadores comuns de todos os períodos de nossa história, que permanecem íntegros, vinculando o presente ao passado e negando a superação completa da nossa origem colonial. São eles um secular provincianismo (aspecto quase sempre agradável, mas contrário ao progresso) e a mencionada alma xifópaga (o aspecto negativo) que é o espírito atrelado a um irmão siamês, uma espécie de buraco negro autocrático, que, em novembro de 1937, para escândalo de Oswaldo Aranha, levou Francisco Campos a declarar ao jornal *Correio da Manhã*, declaração reproduzida pelo *The New York Times*, que "o Brasil faz parte da lista dos países corporativos e fascistas" (nota 4), certamente, o mesmo espírito que responde por episódios como o Plano Cohen ou a bomba do RioCentro e que, hoje, fez-me espanar o texto de Eusébio Gomes. Não é uma pilhéria. Em fevereiro de 2010, a televisão mostrou o nosso presidente em Havana, fazendo uma visita de cortesia aos ditadores cubanos e reprovando a atitude de um preso político daquela ilha, "que se deixou morrer" em uma greve de fome. E a propósito de um episódio do regime totalitário do Irã, do qual o governo do Brasil se aproximou, o prof. Roberto Romano chega a insinuar que esse nosso governo vai entrando "para o clube de Mussolini, Francisco Campos... e similares" (nota 4).

Dentro do Brasil, não se sente (ou talvez não se sinta com tanta ênfase), mas, lá fora, a percepção é nítida. Entre as imagens que exportamos, muitas são positivas, mas também estão a violência e a corrupção e, nos dois prismas, um pouco do nosso latente autoritarismo. Isso foi demonstrado na premiação do filme brasileiro *Tropa de elite*, que obteve em Berlim o Urso de Ouro, superando a resistência ideológica que se formou a partir de uma crítica ao que seria a apologia do fascismo, circunstância negada pelo diretor do filme. A crítica internacional destacou a corrupção e a violência, que, segundo Constantin Costa-Gavras, presidente do Júri, avançam em todo o mundo, estando retratadas em um filme muito forte, que nos ajuda "a compreender a sociedade brasileira".

Não se trata, necessariamente, do modelo italiano ou germânico da primeira metade do século XX. O fascismo referido é uma violência similar e, culturalmente, um desdouro inoculado tanto nos amigos quanto nos inimigos de Fidel Castro, coisas que podem ser deduzidas desses métodos, quando a polícia os adota, e que podem confundir-se com a "apologia da tortura e das execuções extrajudiciais", lições de escuridão de todas as ditaduras, incluindo o regime autocrático implantado no Brasil de 1964. Aliás, uma repetição do que já ocorrera no Brasil do Estado Novo (1937-1945), um outro episódio do século passado qualificado por idêntico obscurantismo. Em suma, pelo voto prestigioso de Costa-Gavras, a premiação venceu a resistência crítica, mas não negou a imagem por ela captada (nota 4).

2
CORRUPTISSIMA REPUBLICA PLURIMAE LEGES

I

No ano de 2005, descobriram em São Paulo uma lei de 1894, ainda em vigor, proibindo a passagem de rebanhos pela Avenida Paulista (*O Estado de S.Paulo* de 09.08.2005, p.C-6). Estamos acostumados à crítica de que somos o país das normas, tão habituados que nem nos ocorre pensar que isso nos impinge infinitas e rançosas paredes atulhadas de traças e de livros, reproduzindo tantas que não se sabe quantas vigoram, entre leis (federais, estaduais e municipais), decretos, decretos-lei, medidas provisórias, portarias, provimentos, posturas, ordens de serviço, circulares, consolidações e assentos. E agora são editadas as súmulas vinculativas do Supremo Tribunal, havendo quem as relacione com a solução e não com o problema! Anote-se que o próprio STF tem submetido as propostas de súmula vinculante a processos de consulta pública, sendo as críticas apreciadas por uma comissão de jurisprudência, antes da votação (*O Estado de S.Paulo* de 13.07.2009, p.A-3). Os bons propósitos dos ministros do STF são os da magistratura brasileira. A crítica não os alcança. Critica-se o sistema que jamais atingiu um resultado que prestigiasse essa pletora de normas.

Chega a ser cansativa, a repetição de ensinamento do desembargador Manuel Carlos, em 1936, que reproduzo à exaustão (nota 32), sobre essa legislação a granel e torrencial, enxurrada obliterante do sentimento jurídico, não faltando o chiste de Paulo Prado de que, já no século XIX, omitiram na coleção das nossas leis aquela referida por Ferreira Viana, mandando pôr em execução todas as outras (*Retrato do Brasil*, p.207). As únicas que jamais enfrentaram a nossa peculiar *vacatio legis*, isto é, não ficaram permanentemente atrás da porta esperando o momento do bote, e que nunca deixaram dúvida sobre estarem em vigor, foram as leis da gravidade e a do mínimo esforço. A da oferta e procura claudicou perenemente! E esse último quadro resulta de um triste fato econômico. É que a partir da desvalorização monetária que tivemos por décadas, a inflação desbragada sempre produziu a necrose dos valores. Foi assim na República de Weimar, na qual a especulação se tornara profissão (*la spéculation était devenue un métier*, conferir Lionel Richard), e foi assim no Brasil da inflação.

Em princípio, o excesso de leis se considerava sintoma de um espírito autocrático, o que, às vezes, por alguns momentos, deixamos de ter. Colacionando a cultura romana, porém, vê-se que a circunstância também qualifica o Estado venal. Se somos o país das leis é porque somos o país da prevaricação. Consideravam isto: quando a república está muito corrompida, as leis se multiplicam (*Corruptissima republica plurimae leges*). Na verdade, Roma e as suas regras de direito, como aquela que proclama, impávida, *nemo de improbitate sua consequitur actionem* (ninguém pode auferir benefício da própria torpeza), são muito recentes em relação ao vetusto prisma da natureza humana. Sabemos que, como os países contemporâneos, esteve longe de guardar integridade o Lácio, entre a Etrúria e a Campânia, ao longo do mar Tirreno. Tanto que foi no Lácio que o direito se desenvolveu. Foi lá que Cícero escreveu sua obra prima oratória (G. D. Leoni, *A literatura de Roma*, p.48-9), as sete orações *"In Verrem"*, acusando Caio Licínio Verres, governador da Sicília, conhecido pela venalidade. Ao publicar as *Institutas*, já no *dominato* (decadência), Justiniano disse que o fazia para vencer a chicana e repelir as injustiças ([...] *sed etiam per legitimos tramites calumniantium iniquitates expellens*), e para que o Príncipe romano fosse tão respeitador do direito, quanto era triunfador dos inimigos vencidos (*et princeps romanus* [...] *fiat tan juris religiosissimus, quam victis hostibus triunphator*). Interessa-nos, porém, o que nos toca do século XVI ao século XXI, não importando os sumérios, os assírios, os fenícios, os gregos, os etruscos e os romanos que, na verdade, são povos de outra galáxia.

Há exemplos de corrupção nos tempos coloniais. Segundo Cológeras (*La politique monétaire du Brésil*), o ouro de São Vicente era ocultado. Em 1719, instalaram-se fundições para apresentação do metal, gerando as fundições clandestinas. Com a chegada da corte, elevaram-se os direitos alfandegários na importação de bens de consumo, passando-se a cometer o contrabando no país. As cédulas de depósito de pó de ouro "foram logo falsificadas". O texto foi traduzido por Thomas Newlands Neto (*Rev. do Livro*, 1958, vol.9, p.183-96).

Encerrada a fase colonial, a corrupção não envolveu o monarca, ao que se sabe. Mas é preciso saber também que os dois Pedros e D. João VI eram sagrados. A Constituição de 1824 estabeleceu que o Imperador não estava sujeito à responsabilidade (art. 99º). Não havia como atribuir um crime ao monarca, nem mesmo como investigá-lo. "A majestade e suas virtudes e ilustração jamais terão ocasião de infringir as leis", diria Pimenta Bueno (*Análise da Constituição do Império*, p.282). Entretanto, a corrupção rodeou o Império, desde uma velha dupla satirizada em versos reproduzidos por Laurentino Gomes no seu *1808*, p.194 ("quem furta pouco é ladrão, quem furta muito é barão..."), assumindo uma forma concentrada no Rio de Janeiro, diz Patrick Wilcken, mencionando fortunas misteriosas, e registrando que o afluxo dos burocratas exilados "criou um terreno fértil para os abusos" (*Império à deriva*, p.121). Certamente, essa desonestidade não alcançaria a audácia de abrir o cofre, adentrando-lhe à sorrelfa para regalar-se *in loco*, como a pirotecnia dos peculatários contemporâneos leva a pensar. A televisão exibe imagens de pessoas públicas recebendo propina, como se estivessem tomando chá! No seu tempo, o Marquês de Barbacena seria exonerado ante a mera suspeita de improbidade (Lustosa, *D. Pedro I,* p.287-8). Na chegada da corte, muito dinheiro se perdeu a partir da engorda administrativa que, no dizer de Wilcken, estava relacionada aos empregos para os refugiados, mais do que com as nossas necessidades (*Império à deriva,* p.115).

> "Um enxame de aventureiros, necessitados e sem princípios, acompanhou a família real", notou o historiador John Armitage. "Os novos hóspedes pouco se interessavam pela prosperidade do Brasil". (Laurentino Gomes, op.cit., p.188-9).

Manoel Bomfim remata com a imprensa da época: "Em seis anos, os ministros de Pedro I conseguiram o que os ineptos ministros de D. João não puderam fazer em doze – elevar a mais de 140 milhões a dívida pública" (*O Brasil nação,* p.114). Nascia o que na atualidade chamamos de Estado paquiderme, o Estado gordo e faminto.

No que concerne ao presente e a tais insumos da nossa vida política, assim considerados os temas da corrupção em sentido amplo, que, exceto pelo concurso material (formação de quadrilha etc.), envolve a prática dos crimes contra a administração pública, putrefação que não passa de um assunto velhaco exercendo cargo público, cumprindo mandato eletivo, sobrevivendo aos seus governos derruídos, não deixando os palanques e os holofotes da mídia, esse assunto aqui não terá outro respaldo além deste breve capítulo. Pode ser referido em suporte de outra questão, mas não interessa aos propósitos desta obra, até porque cansou o país, que hoje tem consciência do relacionamento entre essa forma sombria de exercício do poder e a deterioração da legitimidade. A escritora Lya Luft volta ao tema da instrução deficiente, porque, segundo pensa, "um povo informado escolheria outros líderes [...]" (*Veja* n. 2.027, de 26.09.2007, p.20).

Há corrupção em todos os cantos do mundo e poucos países são absolvidos pela Transparência Internacional (conferir O *Estado de S.Paulo* de 27.09.2007, p.A-8). Entretanto, há um meio-termo nas coisas. Corrupção em tal monta nunca houve em nossa história, levando deputados a pedir o seu desligamento do Conselho de Ética e obrigando o Ministério Público a denunciar 40 áulicos, banqueiros, ministros e parlamentares envolvidos em fatos graves. Denúncia não é condenação, mas ninguém pode sentir-se confiante com esse noticiário político. No primeiro caso, o STF recebeu a denúncia, e ainda resta pela frente um longo processo criminal. É cedo para pintar o quadro desse novo *encilhamento*.

Objetivamente, os estupefatos que vivem no estado de assombro, como se acham os que, em 2009, acompanham as notícias do Parlamento sobre o festival de passagens aéreas e os atos secretos, não têm mais o que falar sobre a corrupção, tema esgotado ao cabo de uma prática secular e consciente, pelo menos desde que, segundo dizem (há controvérsias), o Padre Vieira reduziu a termo a *arte de furtar*, registrando que aqui se empregava de todos os modos o indigitado verbo, experiência que, pelas condições de tempo, lugar, maneiras de execução e outras semelhantes, fornece-nos a visão do crime continuado em perspectiva histórica. A mesma fonte impressionou Sérgio Buarque de Hollanda: "no século XVII, a crer no que afiança a *Arte de furtar*" – diz ele – "mais de cem estudantes conseguiram colar grau na Universidade de Coimbra todos os anos, a fim de obterem empregos públicos, sem nunca terem estado em Coimbra" *(Raízes do Brasil*, p.157*)*. Ao tempo da Primeira República, quando Deodoro foi "acuado por escândalos de corrupção nas concessões da rede ferroviária"

(Daniel Piza, *Machado de Assis*, p.268), e uma época especialmente marcada pela fraude eleitoral, escrevia Paulo Prado: "Numa sociedade anônima [...], para evitar a falência, substituem-se sem demora os diretores e gerentes que comprometem a fortuna dos sócios. Apenas no governo das coisas públicas toleramos a desastrosa insistência dos incapazes, ou a deslavada pouca-vergonha dos peculadores" (*Paulística*, p.258). E tais histórias, somadas a outras acumuladas ao longo de 500 anos, deixaram a cidadania ilhada, restando seguir o conselho de Beatriz Sarlo: a forma de estancar o apodrecimento da nossa crença nas instituições é construir novas pontes para a cidadania (*O Estado de S.Paulo* de 17.07.2005, p.D-2). Mas teremos todo esse cimento? Ou devemos descansar no preceito de Gianfranco Pasquino, de que a corrupção se relaciona com a cultura das elites e das massas? (*Dicionário de política* de Bobbio, I/292). Haveria o que fazer contra as elites e contra as massas?

Não me refiro à Revolução de 1930, mas apenas a um tempo alcançado pela memória ou proximidade de minha geração. Então, pelo menos a partir de 1930, a história não parece registrar a isenção (não é só a imparcialidade, mas a isenção de culpa) como pressuposto do exercício dos mais altos postos da República, ainda que dois estadistas notórios, um gaúcho e um mineiro, tivessem percorrido as suas páginas. Sempre houve gente sustentando que o Brasil resulta da culpa de ambos. Assim, pode-se criticar o governo presente sem discriminações, pois, quase todas as críticas se aplicam aos governos precedentes. Como escreve Gilberto de Mello Kujawski, "Lula levou às últimas consequências um estado de coisas que ele não criou, já encontrou instalado quando assumiu o poder" (*O Estado de S.Paulo* de 27.09.2007, p.A-2).

O que ocorre de 2003 até 2005, resultando na ebulição de 2006 a 2010 (uma contaminação continuada), é um déficit administrativo aliado a um espetáculo de corrupção pirotécnica que os outros governos não tiveram. Pirotecnia é exatamente o termo a definir um resplendor que supera o trabalho de todos os fogueteiros do famoso *réveillon* da Baía de Guanabara. A título de combater a corrupção, a Polícia Federal havia prendido, até 2007, mais de 5.200 pessoas (*O Estado de S.Paulo* de 22.05.2007, p.A-3). Não houve isso em outra época.

No último ano de governo, tinha-se no presidente Lula um chefe de Estado com projeção internacional, premiado em Davos (*O Estado de S.Paulo* de 16.12.2009 e 02.02.2010), um presidente que deixa, no Brasil, o registro de uma ascensão democrática e de um político prestigiado em termos eleitorais. É claro que a nossa bela figura não decorre só do seu governo, mas também se deve ao que o Brasil plantou na década de 1990. Por outro lado, ainda que se imponha salvar os bons ministros e registrar aplausos à economia e ao Banco Central, uma estrondosa corrupção coincidiu com o período de governo da República iniciado em 2003. Denis Lerrer Rosenfield diz que, sob a enxurrada da corrupção, o *lulismo*, isto é, o estilo do governo, estabelece um paradoxo entre a figura do presidente, seu magnetismo e sua popularidade, e a anacrônica doutrina política do PT, um entulho dogmático da primeira metade do século XX, que o próprio governo procura evitar ("O que é lulismo", *O Estado de S.Paulo*, 22.06.2009, p.A-2). Na verdade, nem sempre evita, como se vê nas recaídas ideológicas que aproximam o presidente de alguns dos chamados *hermanos* que, na vizinhança, faltos de consciência histórica, dedicam-se a tumultuar a atmosfera, recaídas que também revelam o espírito sagaz do antigo líder sindical, um orador experiente, capaz de reduzir a democracia a um discurso. O nosso velho Império escravista nos ensinou a confundir os ingleses, objetivo que o governo facilmente alcança, levando a facção letrada dos oponentes a denunciar o que chamou de autoritarismo e culto à personalidade do chefe de Estado (*O Es-*

tado de S.Paulo, 04.11.2009, p.A-3, e 05.11.2009, p.A-4). Por sua vez, Miguel Reale Júnior critica o presidente Lula por consagrar, "com a liturgia do cargo, os piores vícios do Brasil". Diga-se, aliás, que esses vícios alcançam tudo como, a título de exemplo, se vê no vazamento do sigilo das provas do Exame Nacional do Ensino Médio (Enem), nas reincidências específicas do *mensalão* e nas sombras da Casa Civil, que fizeram cair dois ministros, um estranho foco de polêmica.

II

Não há um relacionamento direto com improbidade, mas um fato não escapará à discussão nesse lapso da vida brasileira: a inaptidão *administrativa* do governo, o que não nos deixa esquecer dos velhinhos que a Previdência mandou sair de casa e fazer fila nos postos. A administração tem sido apontada como o verdadeiro pântano do período, bastando para demonstrá-lo um episódio iniciado em novembro de 2006 e repetido em julho de 2007. Mal conduzido, o colapso do sistema de transporte aéreo, logo depois de uma colisão de aeronaves com mais de uma centena de mortos, passa a se misturar com temática do Ministério do Trabalho (*O Estado de S.Paulo* de 07 e 16.11.2006, p.A-3), como se fosse um assunto burocrático. A rigor, envolvia uma crise sistêmica de tal magnitude que a CPI do apagão aéreo era coisa temida por ser capaz de levantar a cortina de uma supina decomposição. Tal não aconteceu, mas especulações inúmeras não impediram que se repetisse o fato inicial, que novo desastre ocorresse em julho de 2007, no aeroporto de Congonhas, com duas centenas de vítimas fatais. E há uma sombra terrível aqui, a suspeita de que o segundo desastre não ocorreria se um órgão do governo federal não tivesse, de modo temerário, levado o Judiciário a liberar a pista de Congonhas que estava fechada e onde, logo mais, dar-se-ia o sinistro. Tudo ainda está sujeito à investigação e os desdobramentos esboçam perspectivas nebulosas, que tendem a ficar entregues ao sabor do vento. Já se disse que há razões de sobra para temer pelo destino de uma reforma no setor, tal a imprevidência da administração pública e "o descalabro da gestão do serviço, compartilhada por uma penca de órgãos federais desarticulados, ineptos, tomados pela politicagem" (*O Estado de S.Paulo* de 30.07.2007, p.A-3).

Só o tempo descreverá esse fragmento histórico. A ponta do *iceberg* é insuficiente ao julgamento, até porque envolto em neblina, com indicadores contraditórios. Apesar dos problemas, passando pela gangorra dos juros, às vezes em queda e ainda superiores aos de outros países, pelo excesso de tributos e pela incapacidade do governo de controlar a expansão dos gastos, o fato é que a economia brasileira vai bem, e deve continuar assim, pois a recessão norte-americana sacudiu mais o Hemisfério Norte e aqui causou menores problemas. A inflação está controlada, pagamos o FMI, reduzimos o endividamento externo, acumulamos reservas e, na Baía de Santos, descobrimos a maior jazida de petróleo, ainda que a extração imponha despesas e a produção não ocorra antes de 2013 ou 2014 (*O Estado de S.Paulo* de 09.11.2007). As agências de classificação de risco consideram "em alta a reputação financeira do Brasil" (*O Estado de S.Paulo* de 13.05.2007, p.A-3) e, agora, temos o "grau de investimento" (*O Estado de S.Paulo* de 01.05.2008, p.B-1). Para o desespero de uns e felicidade de outros, a moeda brasileira valoriza e, por surrealista que pareça a imagem, muitos querem que o dólar suba e o real despenque. Com esse objetivo, a República compra dólares, mas para o desespero de uns e felicidade de outros, o real volta a subir em véspera de eleições e da expansão do capital da Petrobrás, havendo quem desconfie do Banco Central, se terá coragem para aumentar os juros ou se o gasto público das eleições e o dólar baixo não produzirão uma nova inflação! No campo eleitoral, o prestígio do presidente Lula é notório. Mas na área política e administrativa sobram críticas, que Demétrio Magnoli resume de forma contundente, dizendo que o governo teme a divergência de ideias, hostiliza a imprensa, acha que tudo está à venda e recompensa o oportunismo ("Nós os idiotas", *O Estado de S.Paulo* de 03.05.2007, p.A-2).

Assim, apesar da boa economia, o país ainda não desprega de uma toada deficiente, que não reúne só os vícios da atual administração, mas deformidades anteriores. Também não afasta a tradicional política do atraso que, para Luiz Werneck Vianna (mencionado por Sergio Fausto), é aquela que conquista poder, no governo central, "em benefício de grupos políticos e familiares de base regional" (*O Estado de S.Paulo* de 30.08.2009, p.A-2). Temos bons políticos que vivem dentro de um sistema ímprobo e representativo de interesses menores. Um modelo que exorbita na produção de tributos e até os exporta; que cria dificuldades burocráticas para o fluxo das marés (e para a vida das pessoas, das empresas que querem operar no país, das que pretendem exportar em condições competitivas). A Fiesp denuncia que quase um quarto da receita dos exportadores é gasta com impostos, havendo dificuldades na recuperação dos que podem ser devolvidos (*O Estado de S.Paulo* de 05.10.2009, p.B-8). Um modelo inventor de órgãos administrativos que, há séculos, nascem, vivem e morrem a título oneroso, e não salvam a pátria. Lembro o Ministério da Desburocratização e sua auréola iluminista. Podíamos retroagir ao Conselho de Estado (1824 e 1841) e ao Poder Moderador. Então invocaríamos nada menos do que a primeira explosão da dívida pública! E, falando em prejuízo público, cada vez que invocamos a República, não podemos deixar de começar pelo escândalo financeiro do *encilhamento,* como deve ser.

Penso que a cultura seja a culpada, e os regimes não tenham culpa. Não são culpadas a Monarquia ou a República. Mas, como anotou Manoel Bomfim, a honestidade do Segundo Império "era bem manquejante" e os políticos republicanos caíram em "total descalabro moral" (*O Brasil nação*, p.234). J. Natale Netto explica que "nos últimos tempos da Monarquia, a corrupção campeava pela falta de autoridade do velho monarca que entregara o país a um grupo de políticos sem compostura, incapazes de dimensionar um novo destino para o Brasil que não fosse o imediatismo de seus interesses escusos. Com o advento da República, as coisas não mudaram muito, pois Deodoro acabou por abrir os braços com magnanimidade aos mesmos suspeitos [...]" (*Floriano, o marechal implacável*, p.236).

Sou republicano. Em geral, os paulistas são republicanos desde que a Província, contrariada com a política do Império, exigiu a República. Mas fico entre os republicanos sem tambor, sem ufanismo, sem esse proselitismo da igualdade republicana ou da transparência republicana que só estão presentes no discurso político. Nunca existiram, como exemplifico na desigualdade econômica, social e cultural, com reflexos na igualdade jurídica, e nos *atos secretos* do Senado, instituídos para a criação de cargos, nomeação de parentes e aumento de vencimentos:

> Cumprindo um requisito de eficácia e moralidade, a administração pública obedece ao princípio da publicidade (*CF*, art. 37). Transparência é uma consequência metafórica da publicidade e nunca será absoluta, ainda que fosse absoluto o princípio da publicidade, sem as costumeiras exceções. A experiência é de Max Weber. Só o Parlamento pode alcançar relativa transparência [...] Se o Parlamento não consegue, o aparelho administrativo do poder muito menos, pois, a natureza da burocracia é a opacidade, [...] estando aí um segredo do seu domínio. Pretender uma burocracia transparente, ao menos sob o foco de Weber, é uma *contradictio in re ipsa*. Jamais se conseguiu em qualquer setor, público ou privado, civil, militar ou eclesiástico. (*RT*, 826/69-74).

Teoricamente, acredito na República. Entre nós, entretanto, ela repetiu e aprimorou defeitos, desigualdades e a opacidade burocrática que o anterior regime trouxe de Lisboa, como, aliás, argumenta o prof. Roberto Romano, a propósito da crise ética do Senado em 2009, traçando o perfil da nação brasileira como filha dileta do absolutismo, o mais corrupto sistema da história moderna, um retrato que preserva a instituição do foro privilegiado, o sentimento de impunidade, a memória antifederativa, antiliberal, antidemocrática e não republicana (*O Estado de S.Paulo* de 24.07.2009, p.A-17).

A República instituiu costumes nocivos. Embora positivista, ela nem sempre se manteve fiel ao princípio da legalidade, princípio que é elementar no positivismo. *Aos amigos tudo, aos inimigos a lei!* Uma frase que sempre ouvi como atribuída a Getúlio Vargas, mas que não passa de uma súmula clássica do nosso clientelismo e do descaso pela legalidade, coisas anteriores ao Estado Novo e que se solidificaram com a República. Houve, no Rio de Janeiro, um atentado contra D. Pedro II, sendo preso um português que disparou a arma contra a carruagem do Imperador. Assim que proclamada a República, foi ele solto sem julgamento (Lilia Schwarcz, *As barbas do Imperador*, p.448-9 e 600, nota 9). Se a vítima do atentado fosse o Marechal Deodoro, o criminoso seria julgado. *Aos inimigos, a lei!* Com os amigos ficam os afagos, os empregos, os contratos e os lucros.

O anterior regime nem sempre esteve à beira do ocaso e, nos seus tempos luminosos, devemos reconhecer uma verdade monárquica: se não era D. Pedro II que segurava os seus ladrões, alguém o fazia por ele. "O respeito religioso do dinheiro público", disse Paulo Prado, "será a glória da monarquia" (*Retrato do Brasil*, p.206). O exemplo partia do Imperador. Quando da primeira viagem à Europa, em 1871, D. Pedro desaprova a emenda parlamentar que lhe daria ajuda de custo para a viagem, e que dobrava a dotação da Princesa

Isabel pelos trabalhos da regência. José Murilo de Carvalho registra a manifestação: que "respeitem o desinteresse com que sempre tenho servido e servirei à Nação". Rejeitando os favores, "viajou à custa do próprio bolso, recorrendo a empréstimos pessoais". Quando exilado, emprestou dinheiro de um comerciante do Porto para o enterro da Imperatriz e viveu mais dois anos em dificuldades (conferir *D. Pedro II*, p.145, 235 e 237).

Não que não houvesse corrupção no Império, como visto, mesmo no Segundo Reinado, levando José de Alencar a dizer que "na política do Brasil, não vale a competência nem o caráter", sendo o próprio regime escravista um foco de corrupção, como argumenta Manoel Bomfim, com a ressalva de que "os homens públicos se mostravam limpos e dignos quanto a dinheiro: não se vendiam a moeda, nem metiam as mãos nos cofres do Estado". Enfim, o tesouro público era sagrado. Quanto à República – prossegue –, em menos de 20 anos as suas práticas já eram infames (*O Brasil nação*, p.228-31). Na verdade, nem bem proclamada a República, o *encilhamento* emporcalhou a atmosfera, escreveu Taunay, com as "pútridas emanações de tão vasto lodaçal". Em meio a tal escândalo, exilado, solitário e sem recursos, D. Pedro morria em Paris, em um pequeno hotel da *rue de l'Arcade* (nota 86).

Não esquecendo o nepotismo (distribuição de cargos aos parentes, sem concurso), que o Supremo Tribunal proibiu em todo o país (*O Estado de S.Paulo* de 23.08.2008, p.A-3), os governos brasileiros passaram a entulhar a máquina administrativa de apaniguados, sectários históricos e adesistas de conveniência da *governabilidade*, que são distribuídos por *escalões*, pessoas nem sempre preparadas (ainda que também nomeiem gente adequada) e que ninguém controla. O Judiciário e o Ministério Público precisam de controle. O Governo, não! Com isso, também não enxugam, mas azeitam a despesa pública, quando é impossível ignorar que a eficiência administrativa e até o esmorecimento da corrupção exigem a contenção da burocracia para compatibilizá-la com a vida contemporânea, conciliação que, por outro lado, não pode ser feita sem observância dos preceitos constitucionais.

Nesta última questão, está a complexidade. Poucas economias públicas consideram os estudos de Milton Friedman, teórico do monetarismo, professor da Escola de Chicago e Prêmio Nobel de Economia em 1976. Os seus temas são excomungados. É proibido discuti-los no Brasil, como é difícil tratá-los na França e nos países de tradição administrativa, principalmente agora, quando a crise econômica de 2008, novamente, permite ao Estado colocar as mangas de fora. Para alguns, uma outra *mão invisível*, a do fantasma de Keynes, quer voltar e puxar o pé do mercado! Há de reconhecer, porém, que alguns controles do Estado são necessários para impedir que o livre mercado resulte em crises e injustiças.

O *new deal* deu certo, embora ajudado pela Segunda Guerra (1939-1945). Mas, por trás da nossa administração, existe algo que o *new deal* não tinha, uma súmula vinculativa de 1808, mandando fechar os olhos para o esbanjamento e que Raúl Brandão assim resumiu: "É difícil encontrar-se em qualquer outro país, diz Pereira da Silva, uma administração de maior fausto e dispêndio" (*El rey Junot*, cit., p.122). Referia-se a Portugal, é claro.

Sustentando como falsa a crença moderna de que a economia representa tudo (*la fausse croyance que tout est économie*), Jean Foyer escreveu *France, qu'ont-ils fait de ta liberté!*, no qual invoca Richelieu e exorta os franceses a serem a favor da França (*Il faut que les Français soient pour la France*). Não é a primeira vez nem a última que acontece. Vejam a greve dos ferroviários franceses em novembro de 2007, movimento que alcançou outras categorias, todas em oposição às reformas propostas pelo presidente Nicolas Sarkozy. A solução desses problemas a curto prazo é dificílima, até porque não pode deixar de passar por concessões compensatórias e pelo absoluto respeito aos direitos adquiridos. Não vivemos em cavernas, mas em democracias constitucionais.

III

Voltando ao campo de batalha, sofremos a tendência cultural de trilhar os caminhos inócuos ou opostos aos do resultado colimado. As investigações se frustram e, quando a poeira assenta, o estreptococo renasce com outra cara e a erisipela volta! Dentro de poucos anos, ninguém se lembrará dos *anões do orçamento* e outras figuras notáveis que, como os envolvidos no referido *encilhamento* (1890-1892), desapareceram completamente, nao sabendo se alguém ressarciu os danos. Muito menos lembraremos do mensalão, dos cartões corporativos, do festival das passagens aéreas, dos atos secretos do Senado, esses assuntos da política que, integrando a História, a memória brasileira não registra por muito tempo.

Por certo, o Brasil não é o único exemplo de corrupção. Dizem que isso é muito pior na Rússia, na China e na Índia. Mas nós nos destacamos pela impunidade e pelo descaso.

Em primeiro lugar, pela impunidade – pela amplitude dessa impunidade –, porque, em menor grau, o fenômeno existe em outros países. Não constitui um exemplo de impunidade, a atitude das autoridades inglesas recusando-se a processar os policiais que, cometendo erro sobre pessoa, mataram um brasileiro (confundido com um terrorista) no metrô de Londres? O fato ocorreu em 2005 e, depois de dois anos, abriram uma investigação contra a Scotland Yard (*O Estado de S.Paulo* de 02.10.2007, p.A-11). Nenhum processo contra os autores do fato, cuja responsabilidade não foi perquirida na referida investigação de natureza administrativa em que a Scotland Yard saiu condenada a pagar multa por "violação das leis de saúde e de segurança", colocando em risco os cidadãos de Londres (*O Estado de S.Paulo* de 02.11.2007, p.A-15). No plano civil, a família da vítima e a Scotland Yard chegaram a um acordo, fixando uma indenização de £ 100.000 ou R$ 286.000,00 (*O Estado de S.Paulo* de 24.11.2009, p.A-19). No âmbito criminal, fato e autoria são conhecidos, restando provocar a Justiça inglesa para que verifique se os agentes ofenderam a lei penal e se agiram com dolo ou culpa. Mas, segundo a imprensa, no inquérito pertinente à responsabilidade penal, os autores nem mesmo tiveram a identidade formalmente revelada e a investigação terminou em um "veredicto inconclusivo" (*O Estado de S.Paulo* de 03.12.2008, p.A-12 e edição de 13.12.2008, p.A-14). Há uma certa correspondência entre o nosso modo de ver as coisas e o modo inglês, embora não coincidam integralmente. A lógica das provas em matéria criminal não é tão diversa no sistema anglo-saxão, ainda que este não se ocupe de Malatesta *(La Logica delle Prove)*, da mesma forma como nós não nos ocupamos de Bracton *(De legibus et consuetudinibus regni Angliae)* ou de Blackstone (*Commentaries on the Laws of England)*. A inconclusão do inquérito criminal e a pena de multa para a Scotland Yard*, na esfera administrativa,* parecem integrar o *nonsense.* Não há condenação nem absolvição, mas um órgão público paga multa para outro, o dinheiro saindo de uma gaveta do Reino Unido e ingressando em outra gaveta do Reino Unido! Até agora, com todos os circunlóquios, esse episódio tem fornecido um belo exemplo de impunidade na Inglaterra. Um exemplo de fraque e cartola.

Em segundo lugar, nós nos destacamos pelo descaso, pela facilidade com que, da corrupção ou de uma simples despesa pública que ofenda o nosso juízo de propriedade, oportunidade ou conveniência, fazemos piadas ou compomos trovas. Quando, depois da Segunda Guerra, adquirimos o primeiro porta-aviões, não sei por quantos milhões..., houve um menestrel que pôs o ponto final: "[...] mas que ladrões"!

Desde Pombal, a história registra episódios de impunidade (Capítulo 3, nota 11). Entretanto, quem explica o sistema que institucionaliza a impunidade, como se ela fosse a *meta optata*? O Judiciário não responde quando não ultrapassa a aplicação das leis. O juiz não legisla. A impunidade quase sempre decorre do trato da coisa pública sob o foco do interesse privado (reflexo do patrimonialismo herdado das capitanias hereditárias), acalentando a prevaricação, acomodando a desordem, transigindo com o dever de punir, constituindo, no dizer de Miguel Reale Júnior, "o lado nefasto da cordialidade" (conferir, na p. 115, "A revolução do cumprimento da lei", em *Por que o Brasil não é um país de alto crescimento?*).

A cada tragédia que enfrentamos (a morte de inocentes, até de crianças, em razão da criminalidade que nos assola), seguem-se a indignação e o tédio, dois atos de um texto teatral que, com licença de Hannah Arendt, levaria o título de "a banalização do crime". A sociedade grita, os verbosos aparecem, o Congresso é pressionado, algumas leis mudam, outras não saem do papel. Depois todos emudecem. E não se trata de matéria penal, exclusivamente. A dificuldade de alcançar o devedor, nas execuções civis, principalmente quando o devedor é o Estado (protegido pelos precatórios), mostra um outro aspecto desse fenômeno processual que se eterniza com a garrulice dos tagarelas. Falam e escrevem: essa nova lei do processo e a última súmula resolvem tudo, explodem os gargalos e aceleram os julgamentos. E como eu penso, nessas ocasiões: "acredito para ser amável"! Todas essas coisas existem e são bastante conhecidas dos atores do mundo jurídico. São cultura, por um lado e, por outro, podem ser temperos discretos da corrupção. Em outras palavras, se não alcançam a corrupção, com certeza exprimem a nossa cultura.

Finalmente, somos refinados na produção de placebos que não valem o contexto da bula. Refiro-me às *leis para inglês ver*, de nenhum efeito real, embora, às vezes, de eficácia psicológica, como aquela de 1831 que, sob pressão da armada britânica, proibiu o tráfego de escravos, comércio que, entretanto, perduraria impune. Em 1850, promulgou-se outra (Lei Eusébio de Queiroz), produzindo um aumento do preço dos escravos no mercado interno. Em seguida, promulgaram-se a Lei do Ventre Livre (1871) e a Lei dos Sexagenários (1885). Mas ainda não estava abolida a escravidão. A abolição aconteceu com a Lei Áurea (1888), daí eclodindo o golpe de Estado que instituiu a República em 1889. E – anote-se – ainda há pessoas e jornais afirmando que, em certos lugares do nosso país, as coisas continuam sendo como sempre foram. Que subsiste no Brasil o trabalho escravo! Vejam a seguinte manchete: "Trabalho escravo resiste e Brasil liberta 4.418 pessoas em um ano" (*O Estado de S.Paulo* de 22.12.2008, p.A-4). Já escrevi sobre isso (*RT* 826/73) e apenas acrescento o seguinte: não sei o que se passa no mundo (já que o trabalho escravo ainda existe em vários lugares, em geral, relacionado com o tráfico de mulheres e o comércio do sexo), mas, entre nós, a existência atual de escravidão é coisa que só pode acontecer por força desse inolvidável e sólido instituto da corrupção, corrupção que também responde pela circunstância pretérita destacada por José Murilo de Carvalho. "A libertação dos escravos não trouxe consigo a igualdade efetiva. Essa igualdade era afirmada nas leis mas negada na prática" (*Cidadania no Brasil*, p.53). E nada mudou, nem há perspectiva de mudança em um sistema que, no dizer de Roberto Damatta, tentando promover "o fim da desigualdade, esquece-se de promover a igualdade [...]" (*O Estado de S.Paulo* de 07.02.2007, p.D-12).

Entretanto, deve-se descobrir o lado positivo das coisas, considerando três verdades: a primeira é que vivemos em um regime democrático e – como já falaram –, a despeito de ser a democracia um regime péssimo, até hoje não inventaram outro melhor. Ian Shapiro argumenta que a democracia é melhor na medida dos mecanismos que possui para desmascarar a corrupção (*Os fundamentos morais da política*, p.260). Em segundo lugar, a corrupção é um fenômeno global, tanto que o Bird ou Banco Mundial (Banco Internacional para a Reconstrução e Desenvolvimento) ameaça cortar o crédito dos países corruptos, dos governos que não combatam a corrupção (*O Estado de S.Paulo* de 23.08.2006, p.A-12). Por último, em qualquer burocracia (pública ou privada), a corrupção constitui apenas um elo besuntado dentro de uma corrente causal, não importando que seja um elo vitalício. Desde 1954, no último governo de Getúlio Vargas, diz-se que o referido anel é emporcalhado de lama, que ficou submerso em um *mar de lama*. Uma conexão que assim se destaca, portanto, em uma perspectiva concreta da nossa história. Mas não se confunde com a corrente e não realiza, por si e com plenitude, uma *conditio sine qua non*. Faltando-lhe tal eficácia (a eficiência de ser causa), essa argola borrenta compromete, mas não é o nexo etiológico a determinar o espírito da nossa República. Tal espírito é sibilino, abstruso, e só se revela em um confronto entre o Brasil legal e o Brasil real, exercício integralmente dominado por Roberto DaMatta na sua "Agitadíssima República" (*O Estado de S.Paulo* de 22.02.2006, p.D-12), da qual resumo a seguinte ementa: o Brasil precisa do Estado porque é o Estado que edita as leis quando os abusos e atrevimentos as justificam, ainda que tais leis não se cumpram, sendo essa, porém, uma questão menor.

3
A LITERATURA, A BUROCRACIA E AS DEFICIÊNCIAS DA HISTÓRIA

Acaba-se envolvendo a literatura, porque, nas questões ventiladas, realidade e ficção se tocam à larga. Foi no século XIX que as palestras de literatos começaram a cuidar dos fatos da vida real, atraindo enorme audiência. Esses congressos e conferências literárias começaram em Bruxelas, passaram por Paris e desembocaram no Rio de Janeiro. Até o advento do cinematógrafo, alastraram-se pelo Brasil. Atualmente enriquecidos com o patrocínio empresarial, ultrapassam a literatura, não mais são privativos das letras e abrangem todos os temas.

Grandes hotéis costumam fechar para receber os congressistas que, nas horas menores, circulam pendurados em crachás, com pausa para fotos e cafés, sendo vistos, nas horas livres, com os *vouchers* do comércio, passeios, almoços e jantares. E mais uma vez, surpreendo Brito Broca a dissertar sobre as conferências literárias da *belle époque*, não muito diferentes, embora se admitisse que chegavam a produzir "uma epidemia insuportável", levando Bilac a propor que o cardápio incluísse "a dança do ventre ou o faquirismo, ou os balões cativos, ou os duelos, ou os divórcios, ou os suicídios em massa". Guardavam um certo encanto e o clima suburbano de "um auditório geralmente fútil, corrompido pela ênfase, o rebuscado, a literatice", quase sempre à altura da superficialidade dos oradores, que tinham especial cuidado em não elevar o nível da palestra para não tisnar a reunião social. Em uma ponderação da época, "as conferências eram pagas, tornava-se necessário agradar a freguesia".[5] Que lei mais antiga essa, ainda em vigor!

E tal como em sombrio passado, por volta da sexta década do século XX, curiosos disparates se sucedem desde a quebra de relações diplomáticas com setores da cultura e com a imprensa, no projeto de enfiar-lhes um cabresto. Não é graça nem troça privativas da administração iniciada em 2003. Verificou-se antes, mesmo antes da República, e tornará a ocorrer. Muito do que se comenta aqui é parte da nossa cultura política. O lamentável é sentir que a insensatez aprimora-se quando somos contemporâneos desse iluminado período e, em todas as perspectivas da cidadania, isso nos implica na trama.

Desculpem-me os literatos por envolver aqui a literatura, mas, contrariando em tudo, a natureza, a realidade vem copiando a ficção. Sob alguns prismas, a parvoíce é de tal ordem que, indignado, Nelson Rodrigues levantou-se do túmulo para mostrar-se arrependido dos falsos cretinos por ele vaticinado com tanta ênfase, justamente naquela década do século passado. Percebeu que, profetizando o disparatado, criou um moto perpétuo, um fenômeno que, para nossa desgraça, não terá fim. Ele preferia que ficassem no seu texto essas figuras brilhantes, tipos que beiram a genialidade, mas babam na gravata, copiosamente, parecendo idiotas flamejantes (nota 5). Faziam isso por instinto de sobrevivência, como sabem, escapando das incursões predatórias dos verdadeiros cretinos, até que, por descuido,

---

[5] Sobre as conferências literárias e a cultura suburbana de 1900, ver BRITO BROCA, *A vida literária no Brasil: 1900*, 4ª edição. Rio de Janeiro, J. Olympio, 2004. p.193-200. De NELSON RODRIGUES, ver "Os falsos cretinos", publicado no *O Globo* de 15.04.1968, selecionado por RUY CASTRO e republicado em *O óbvio ululante*. São Paulo, Companhia das Letras, 1993, p.207.

tornam-se os próprios, os verdadeiros, transferindo-nos os seus anteriores encargos de sobreviventes, de falsos mentecaptos que querem sobreviver e, assim, nem podem ligar a televisão ou abrir um periódico distraidamente, sob pena de toparem com o parvo, repetindo-se a tragédia: "ou o sujeito se submete ao idiota ou o idiota o extermina".[6] Um escárnio que se renova de tempos em tempos e, agora, ressuscita em conflitos entre o poder público e o crime organizado, entre a sociedade indefesa e os controladores de voo, entre as crianças que são mortas e as crianças que matam.

Entretanto, é sabido que as personagens têm o péssimo vezo de adquirir vida própria para dirigir a farsa. Nelson Rodrigues não devia arrepender-se, mas, sim, continuar escrevendo, apesar de tudo. Mesmo morto, ninguém pode superá-lo na crítica ferina ao que sucede, exceto algum protagonista, de vez em quando.

Mestre na crítica literária, Mario Vargas Llosa, por sua vez, lembra que o totalitarismo moderno, gerador da angústia opressiva de Orwell, não inventou o controle do poder, mas o aperfeiçoou.[7] Aper-

---

6 Nelson Rodrigues, ob.cit., p.209. Ver também *Flor de obsessão*. São Paulo, Companhia das Letras, 1997, p.86.

7 Mario Vargas Llosa, *A verdade das mentiras*, tradução de Cordelia Magalhães. São Paulo, ARX, 2004, p.26. Sobre o totalitarismo gerador da angústia de George Orwell, conferir, na mesma obra, o capítulo "A literatura e a vida", p.392. No sentido de controle, a *censura* (sem mencionar a censura prévia das ditaduras) perdeu os antigos foros de nobreza que lhe emprestava a magistratura romana, ficando entregue a funcionários subalternos da administração, agentes muitas vezes execrados e que dificilmente se moldam à imagem de um juiz, ainda que os juízes possam criticar e, nesse sentido, censurem. Em Roma (443 a.C. a 81 d.C.), os censores eram magistrados eleitos de cinco em cinco anos, cujas atribuições se reduziram, no Prin-

feiçoou-o de tal maneira que até os governos democráticos o empregam para fazer atuar algum sufoco, como o controle (muito em voga o controle externo) ou a censura (nota 7), nomes diferentes para a mesma tirania pré-republicana, objetivando destruir as cidadelas que existam fora do controle do poder. Sem nos excluir, como cidadãos (muitas vezes vítimas dos tentáculos burocráticos do Estado), a imprensa e o Judiciário vivem lutando para escapar do velho octópode voraz, mefistofélico, centralizador e absolutista, perfil que o Estado administrativo brasileiro traz desde o Império e que, vez por outra, alcança-os, devorando-lhes uma parte. No último ano de governo do presidente Lula, ouve-se falar na imposição de audiências públicas como pré-requisito para a concessão de liminares judiciais em ações de reintegração de posse. Isso lembra o *Edictum Perpetuum* de Adriano, um outro tirano da província, que impôs o seu arbítrio ao dos pretores (notas 99 e 100). Vão novamente desautorizar o pretor, o criador dos *interditos*, retirando a essência da tutela possessória, que é a sumariedade. Evidentemente, com relação àqueles que exercem o poder administrativo, ficam ressalvadas as exceções de ordem pessoal. Há pessoas conscientes de que, às vezes, o poder precisa justificar

---

cipado, ao recenseamento da população. Com Domiciano, a censura deixa de existir como magistratura (conferir Moreira Alves. *Direito romano,* 13ª edição. São Paulo, Forense, vol.1, p.15 e 31. Na 14ª edição, p.17 e 33). Sobre a imprensa e a censura do Estado Novo, em 1937, ver Enéas Costa Garcia, *Responsabilidade civil dos meios de comunicação*. São Paulo, Juarez de Oliveira, 2002, p.52-3. A censura de 1937 que, nas palavras de Waldemar Ferreira, chegou ao "fechamento de grande órgão do jornalismo brasileiro", referindo-se ao jornal *O Estado de S.Paulo* (*História do direito constitucional brasileiro",* cit., p.120), foi uma experiência histórica nociva, mas que não impediu a repetição da censura despótica no regime militar de 1964.

a sua existência, e evitam trabalhar com tal *espírito nocivo*. Mas há quem discorde, produzindo um disparate, já que a prepotência a longo prazo faz com que as nossas instituições espelhem a ineficácia.[8] O

---

[8] José Murilo de Carvalho, "Entre a autoridade e a liberdade", escrito introdutório do *Ensaio sobre o direito administrativo* de Paulino José Soares de Souza (Visconde do Uruguai). São Paulo, 34, 2002, p.29 e 44. Essa *ineficácia* continuada entre o Império e a República é audível quando, em outro escrito, José Murilo de Carvalho descreve o último sopro monárquico durante o baile da Ilha Fiscal, e uma crítica do representante inglês aos primeiros gestos da República que, segundo o historiador, "ia demonstrar rapidamente que, no Brasil, o romantismo desligado da comédia vira logo farsa". As lutas e os conflitos da Monarquia – disse – "resolviam-se na grande festa ao som de valsas de Strauss". E, em 1892, observam que a política republicana "deveria ser contada ao som da música de Offenbach, o mestre do humor burlesco do Segundo Império francês". Conferir José Murilo de Carvalho, *Teatro de sombras* ("A construção da ordem e teatro de sombras"), 2ª edição. Rio de Janeiro, UFRJ, revelando que a opinião do inglês foi relatada pelo representante português, e lembrando que Offenbach é autor da opereta *O Brasileiro* (na conclusão e nota 9, p.391-2). Na 3ª edição, Rio de Janeiro, Civilização Brasileira, p.423-4. Quanto ao binômio burocracia e corrupção, ver informação prestada em Genebra pelo presidente do Grupo Swatch, Nicolas Hayek, ao correspondente Jamil Chade, em *O Estado de S.Paulo* de 01.12.2006, p.B-9. Quanto à opacidade da burocracia, ver Michael Löwy, *Franz Kafka: sonhador insubmisso*, tradução de Gabriel Cohn. Rio de Janeiro, Azougue Editorial, 2005, p.111 e 207. No Capítulo 4 (ver nota 30), transcrevo o trecho do *porteiro da lei*, de Kafka. A citação de Max Weber é de Raymond Aron, *Les étapes de la pensée sociologique*. Paris, Galimard, 1967, p.562-3. Na tradução de Sérgio Bath, *As etapas do pensamento sociológico*. São Paulo, Martins Fontes, 2002, p.820-1. Sobre a independência ou a subserviência do juiz, conferir no Capítulo 4, nota 28, o postulado de Kant.

cesarismo se alia à burocracia. Qual seja a espessura do livro de normas, resoluções, portarias, provimentos e assentos administrativos, tal será a ineficiência da administração. E à ineficácia, muitas vezes, acresce-se a corrupção. Pode-se invocar o exemplo clássico dos que criam dificuldade para vender facilidade. Muito da burocracia só se justifica assim. Em dezembro de 2006, o maior fabricante de relógios do mundo que, até 2002, manteve uma fábrica em Manaus, invocou, além dos excessos tributários, esse conluio entre a burocracia e a corrupção, no Brasil, para explicar as dificuldades de manter investimentos no país (nota 8).

Ainda que os postulados teutônicos pressuponham uma atmosfera germânica inexistente na América Latina, desaconselhando as transposições, Max Weber estabelece algumas regras universais, como a inconveniência do burocrata exercer a política, pois não é um sujeito formado na iniciativa e na luta para a batalha política, mas disciplinado à aplicação de normas e à observância de precedentes (conferir Raymond Aron), uma limitação que também pode ocorrer em um juiz burocrático, com prejuízo para a evolução jurisprudencial do direito (nota 8).

Mesmo louvando o respeito devido a uma certa burocracia ética e apolítica, considerada útil nos regimes parlamentaristas modelares, ela não deixa de ser, embora mitigado no parlamentarismo, o *reinado anônimo e dominante da opacidade*, segundo um pensamento de inspiração weberiana e que também se encontra em Kafka (*RT* 826/71), com a diferença de que Weber enfatiza a racionalidade da burocracia, ao passo que Franz Kafka sustenta o oposto (conferir Michael Löwy, nota 8).

> Com efeito, a burocracia é dominante e a dominação anônima dos burocratas é observação percuciente de Max Weber. Foi precisamen-

te contra essa dominação que ele pretendeu transformar o regime da burocracia alemã em um regime parlamentar. Ensinou-nos que a burocracia tem poder predominante e, na medida em que pode, oculta-se da crítica, 'mantendo secretos seu conhecimento e intenções'. Para quem o controla, o aparato burocrático 'é um instrumento de poder de primeira ordem.'" Por outro lado, "graduado e doutorado em direito, Kafka nos deixou uma literatura deprimente sobre esse tema, envolvendo o enigma, a escuridão e o mistério da dominação burocrática, inclusive da Justiça ministrada em um foro empoeirado e malévolo, na qual o réu nem mesmo é capaz de descobrir por qual crime foi preso. Kafka sobreviveu à Revolução de 1917, que acabou fechando o leste europeu em uma burocracia de ferro cercada de muros e de mortos, a mais terrificante do século XX. (*RT* 826/71).

O pensamento de Kafka também associa a burocracia à *opacidade*, como mostra Michael Löwy (nota 8), estando isso evidente nos aspectos equívocos, absurdos, sinistros e danosos, naquilo que o burocrata se aproxima do kafkiano *porteiro da lei* (nota 30), no que exorbita com primor, revelando entre nós a verdadeira herança pombalina, no seu ritualismo e formalismo, na sua empáfia autoritária, no desprezo da legalidade, na insensibilidade, no apetite tributário e outros apetites, no intuito de vetar e de não permitir, de exigir e não considerar, de generalizar e não ponderar, de não entender as coisas, mas de moldá-las ao seu pensamento, de desperdiçar ou desviar recursos e de faltar em eficiência, no que a burocracia é considerada um tormento, é uma palavra "que provoca mal-estar", registra um dicionário alemão (*Handwörterbuch der Organisation*, apud Löwy, cit.). Ocorre isso nas burocracias politizadas e articuladas com o exercício do poder. No Senado brasileiro, no episódio dos atos secretos, em 2009, a burocracia subjacente à mesa diretora não estaria esbarrando em um ou mais de um desses disparates? Em situações extremadas, quando a burocracia serve de alicerce para o autoritarismo, não há desgraça mais ressonante na vida de qualquer país. Por intermédio dela, o *reinado anônimo e dominante da opacidade* exerce o que Hannah Arendt chama de o "verdadeiro poder", o que "começa onde o segredo começa".[9]

Sem menosprezar as influências paradoxais da cultura francesa (na qual o liberalismo se insere com dificuldade), costumo pensar que, no Brasil, esses são fragmentos do *positivismo centrípeto* (nota 9), peculiaridade cultivada no Rio Grande do Sul como "versão pragmática da ideologia comtiana", conforme resumiu Boris Fausto, um fenômeno autocrático que, a bem da verdade, sob o prisma da tirania, não decorre apenas da doutrina de Comte e dos seus discípulos Júlio de Castilhos, Borges de Medeiros e Getúlio Vargas. Como despotismo que é, em sentido amplo, vimos que tem raízes anterio-

---

[9] Sobre o "verdadeiro poder", ver Hannah Arendt, *Origens do totalitarismo*, tradução de Roberto Raposo. São Paulo, Companhia das Letras, 1989, p.453. Sobre o positivismo centrípeto, ver o que considero em "Os caminhos de uma revolução cultural", na *RT* 826/69-92. Sobre as influências paradoxais francesas, trata-se do prestígio de um país rico com alto nível cultural e econômico e de um Estado projetado com destaque no mundo contemporâneo. Somos influenciados por isso. Entretanto, em março de 2006 (conflito estabelecido em torno da lei do primeiro emprego), vimos que a sociedade francesa claudica na consciência desses predicados, justificando as críticas que recebe por seus pendores estatistas, centralistas, hierárquicos, burocráticos, conservadores, e por desconfiar da economia de mercado, campos em que colide com aspirações modernizadoras que lá se inserem com mais dificuldade que em outros países europeus. Sobre o nosso positivismo castilhista, ver Boris Fausto, *Getúlio Vargas*. São Paulo, Companhia das Letras, 2006, p.17.

res ao Primeiro Reinado, alcançando o ano de 1808, quando aqui aportou o Príncipe Regente e futuro D. João VI com toda a máquina burocrática (e obscura) da corte. Até antes disso, já estava em Portugal do século XVIII, visível na apoteose do regime, em 6 de junho de 1775, marcada pela inauguração da estátua equestre de Pombal, "símbolo do absolutismo robustecido, e por ele, Pombal, confiscado, em proveito de sua obra de engrandecimento próprio e revivificação do País". E nessa retroação podíamos ir ao encontro das *Ordenações Filipinas* (século XVII) e, muito antes disso, ao encontro de Roma, primeira fonte da nossa consciência jurídica, que também não conheceu o princípio da separação dos poderes, possibilitando a tirania dos magistrados que, além de distribuir justiça – observa Moreira Alves –, desempenhavam atribuições administrativas e, muitas vezes, atribuições militares.[10]

Essa origem remota do nosso espírito autocrático tem interesse, mas é bom dizer que a apoteose não durou e o opressor Pombal caiu em desgraça. Não só pelas condições deploráveis da Fazenda Pública, foi coberto de afronta, mandando clamar, os poetas, sobre o tirano: "saiba o mundo que foi o tal marquês ladrão, traidor, cruel e desumano".[11] Abusou do falado *espírito nocivo*. Para isso, perseguiu,

---

10 João Lúcio de Azevedo, *O Marquês de Pombal e sua época*. São Paulo, Alameda, 2004, p.331. Sobre os magistrados romanos, ver José Carlos Moreira Alves, *Direito Romano*, 13ª edição. São Paulo, Forense, 2002, vol.1, p.186; ver também 14ª edição, 2008, p.194. Conferir, na mesma obra, o arbítrio dos magistrados patrícios contra a plebe, tirania que a Lei das XII Tábuas viria refrear (ob.cit., p.24 da 13ª edição, p.26 da 14ª edição). Ver adiante, no Capítulo 8, nota 99, o arbítrio dos pretores e o *Edictum Perpetuum*.

11 João Lúcio de Azevedo, ob.cit., p.361-3.

matou, roubou de particulares e também da coroa. E esse alicerce do absolutismo morreu impune, perdoado das penas corporais. São espantosas as coincidências da pós-modernidade que alcançamos!

Utilizando-me da alcunha com a qual João Lúcio de Azevedo encerra a biografia de Pombal, ao falar com ênfase do transfigurado em corifeu da liberdade, "o torvo déspota" manteve a "tutela dos censores e da Inquisição". Interrompeu as aulas dos jesuítas e extirpou o quanto provinha desses que, segundo ele, "tinham derruído a mentalidade portuguesa", integrantes de uma ordem religiosa que, por sua vez, o Papa Clemente XIV acabou extinguindo, em 1773. Há muita contradição nesse período de sombrio iluminismo. Gilberto de Mello Kujawski lembra o registro de Kenneth Maxwell sobre a atividade iluminista da Congregação do Oratório. Por outro lado, os jesuítas, como educadores, não refletiam as luzes do século XVIII e, como déspota esclarecido, Pombal não escapou de ser um paradoxo. O impulso modernizador não ergueu Portugal à altura da Europa.

Prossegue João Lúcio de Azevedo: ele fechou as classes e barrou o ensino, confiscou e queimou livros, prendeu e degredou livreiros, proibiu o *Compêndio* do Padre Manuel Álvares e a *Prosódia* de Bento Pereira. Levou a reforma universitária e os estudos das humanidades até a "última decadência". Com sua aprovação, a Mesa Censória, integrada por apaniguados, dispensou professores seculares dos estudos menores, proscreveu Spinoza, Hobbes, Voltaire, Diderot e outros, tudo "que na vida mental do século XVIII representava [...] o saber". Sufocando o espírito de liberdade, preservou o declínio intelectual da nação. E o pior ainda estava por vir, já que a administração pombalina é sucedida pela de D. Maria (a louca), implicando, como diz Isabel Lustosa, "um notável retrocesso" que, aliás, proibiu o ensino primário no Brasil. Foi nessa época de Pombal e D. Maria I que o desembargador Diogo Manique serviu como intendente geral de polícia, arruinando a cultura portuguesa. Segundo Laurentino Gomes, era ele que impedia a entrada de livros, que perseguia as lojas maçônicas, que prendia os assinantes das obras de Diderot e Voltaire, e que deportava os simpatizantes da Revolução Francesa.

No início do século XX, Fernando Pessoa ainda deplorava tal ruína. Entre nós, no século XIX, Taunay, um dos pintores da Missão Francesa, queixava-se do "retardo cultural no Brasil" e Marcelo de Paiva Abreu vê a mediocridade contemporânea com a ironia que Eça de Queiroz e Miguel Torga tratavam a Universidade de Coimbra, pelo ensino das "coisas cabeçudas e provincianas". Plínio Barreto já havia dito que, ao emancipar-se da soberania portuguesa, o Brasil não tinha cultura jurídica ou de qualquer outra espécie:

> Jaziam os espíritos impotentes na sua robustez meio rude da alforria das crendices e das utopias, à espera de charrua e sementes. O direito, como as demais ciências e, até, como as artes elevadas, não interessava ao analfabetismo integral da massa. Sem escolas que o ensinassem, sem imprensa que o divulgasse, sem agremiações que o estudassem, estava o conhecimento dos seus princípios concentrado apenas no punhado de homens abastados que puderam ir a Portugal apanhá-la no curso acanhado e rude que se processava na Universidade de Coimbra.[12]

---

12 Gilberto de Mello Kujawski, *Idéia do Brasil*. São Paulo, Senac, 2001, p.130. Ver também João Lúcio de Azevedo, ob.cit., p.348-52 e 399. De Isabel Lustosa, ver *D. Pedro I*. São Paulo, Companhia das Letras, 2006, p.25-6. Sobre a interdição do ensino primário no Brasil, ver Sergio Corrêa da Costa, *Brasil: segredo de Estado*. Rio de Janeiro, Record, 2001, p.169. De Laurentino Gomes, sobre o desembargador Diogo Manique

Pode-se mesmo dizer que a decadência cultural é típica dos governos de autocratas e de burocratas, como Hannah Arendt verifi-

---

(Diogo Inácio da Pina Manique, nascido em 1733 e falecido em 1805), conferir *1808*. São Paulo, Planeta, p.85. De FERNANDO PESSOA: "Estas palavras não são escritas por mim, que as assino. Ao escrevê-las, sou uma pura abstração, *medium* inspirado de futuras gerações. Incarno (*sic**) dolorosamente sensibilidades venturosas a quem o Destino concederá que assistam a um Portugal melhor" (conferir "Na morte de Mário de Sá Carneiro", 1916, in MÁRIO DE SÁ CARNEIRO, *Correspondência com Fernando Pessoa*, Apêndice, edição de Teresa Sobral Cunha. São Paulo, Companhia das Letras, 2004, p.402-3). (*) *Incarnação*, o mesmo que *encarnação*, do latim *incarnatio, onis*, conferir *Dicionário da língua portuguesa contemporânea*. Lisboa, Academia das Ciências de Lisboa. 2001, vol.II, p.2058. GILBERTO DE MELLO KUJAWSKI aborda esse quadro lusitano de deterioração cultural no século XVIII e afirma que "é a diferença de nível entre a Inglaterra e Portugal que explica a defasagem entre os EUA e o Brasil" ("A hegemonia americana", no *O Estado de S.Paulo* de 03.03.2005, p.A-2). Sobre o "retardo cultural" brasileiro, na queixa de Taunay, ver LILIA MORITZ SCHWARCZ, *O sol do Brasil*. São Paulo, Companhia das Letras, 2008, p.275. Sobre a ironia de Eça de Queiroz e Miguel Torga, ver MARCELO DE PAIVA ABREU, "Pornográfica mediocridade", no *O Estado de S.Paulo* de 23.10.2006, p.B-2. De PLINIO BARRETO, "A cultura jurídica no Brasil", 1922, p.5-6, *apud* ALBERTO VENANCIO FILHO, *Das arcadas ao bacharelismo*. São Paulo, Perspectiva, p.13. Sobre o baixo nível de ensino na Alemanha do pós-guerra, conferir correspondência de Hannah Arendt para Heinrich Blücher, seu segundo marido, em 18.07.1952 (conferir ELŻBIETA ETTINGER, *Hannah Arendt – Martin Heidegger*, tradução de Mario Pontes. Rio de Janeiro, J. Zahar Editor, p.100-1). Sobre a frase de Thomas Mann, ver ROB RIEMEN no prólogo de GEORGE STEINER, *Une certaine idée de l'Europe*, Arles. Actes Sud, 2005, p.7; na tradução portuguesa, *A ideia de Europa*. Lisboa, Gradiva, 2006, p.11. Sobre o *dominato* ou o período de decadência do Império Romano, ver, do ministro JOSÉ CARLOS MOREIRA ALVES, *Direito romano*, 13ª edição. São Paulo, Forense, vol.1, §§ 34-6, p.42-3. Na 14ª edição, p.44-5.

cou ocorrer na década de 1950, pouco tempo depois da capitulação alemã em 1945. Ela encontrou, principalmente na Universidade de Marburg, onde conhecera Heidegger, mas também na Universidade de Heidelberg, onde fez o doutorado com Jaspers, um nível de ensino "vergonhosamente baixo". É uma verdade que, de certa forma, justifica a aparente arrogância de Thomas Mann que, chegando aos Estados Unidos, fugindo da Alemanha nazista, afirmou que a cultura alemã vinha com ele: "Onde eu estou, está a cultura alemã" (*Wo ich bin, ist die deutsche Kultur*). Nenhuma cultura restava na Alemanha? A tradução francesa exprime melhor o sentido da frase (*Là où je suis, la culture allemande est présente*) (nota 12). Mas ele estaria certo, ainda no pior dos sentidos. Só os fugidos e os mortos não são tocados pela tirania. Os sábios se calam. Muitos dos que se consideram doutos se dividem entre o medo e o interesse. A parvoíce e a incultura ocupam os demais espaços, fixando a imagem que prevalece. E o que prevalece é a decadência cultural, não se tratando de novidade. No período de governo romano, inaugurado por Diocleciano e Constantino, já foi assim. A autocracia, o centralismo e a burocracia foram os componentes do *dominato* (o período de decadência do Império Romano), como mostra o prof. José Carlos Moreira Alves (nota 12). Ou será uma coincidência que o *dominato* tenha se caracterizado pelo absolutismo monárquico, pela burocratização administrativa, pela hierarquia e pelos tentáculos lançados pelo poder central sobre a administração provincial?

Não obstante, Pombal fez escola, influenciou brasileiros ilustres do porte de José Bonifácio de Andrada e Silva e inspirou a nossa burocracia. Há muito, convenci-me de que a ideia estrangeira mais importada pelo Brasil, em todos os tempos, foi a do autoritarismo.[13] Os nossos períodos históricos de vivência democrática, que são diminutos, algo em torno de 40 anos em uma história de cinco séculos (notas 4 e 141), combinam, em perfeita simbiose, o vento sul e o noroeste, a brisa purificadora e o bafo pombalino, este ainda mais estigmatizado quando aqui soprou o de D. Maria, a louca.

Por isso, alimentada pela ideologia que nas eleições de 2002 alcançou o poder (mesmo sob a bandeira de um partido que, dividindo-se, sofreria abalos), não é estranha a atitude da nossa burocracia de intervir, cercear, controlar e até romper com a cultura, especialmente com o cinema e a televisão, com o teatro, com a Lei Rouanet (Capítulo 7, IV), com a imprensa (que foi vítima de um projeto de controle no esboço de um Conselho Federal de Jornalismo), com a educação, com a universidade, com os prestadores de serviço, com os sindicatos, com os velhinhos da previdência, com as contas-correntes bancárias, com a Justiça, com o regime federativo, com o Ministério Público e até com a Constituição. Desconfiam que, nessa linha, estaria o projeto da criação da rede pública de televisão a permitir ao governo impor sua ideologia sem controle ou censura. São políticos e burocratas que exercem o poder, mas não passaram por Kelsen, não se lembram de Weber e desmerecem Bobbio, a trindade produtora dessa regra mínima: *o direito só é eficaz através do poder, como o poder só se legitima pelo direito.* Isolados, resultam na impotência de um e no arbítrio do outro, na ineficácia da ordem jurídica e na tirania, lição que sempre justifica a condenação histórica de quem pretende impor-se à sociedade atropelando o direito e a Constituição.

---

13 Quanto a José Bonifácio de Andrada e Silva formar-se na tradição ilustrada pombalina, ver MIRIAM DOLHNIKOFF, *O pacto imperial.* São Paulo, Globo, 2005, p.18. Sobre a importação do autoritarismo, conferir *RT* 826, p.88.

E justamente quando estão a macular o regime com tanta patifaria que, em última análise, retira a legitimidade (até a validade, como argumenta o desembargador Aloísio de Toledo César) de todas as reformas que fizeram na base de aliciamento do Congresso para obter a maioria que sufragou todas elas,[14] o grande assombro consiste em invocar a República em prol do interesse público para justificar esses comportamentos e quaisquer outros. Não há quem não aproveite um discurso para inserir a referência a um comportamento republicano. Mas ainda que a República viesse para combater os defeitos do Império (uma teoria persistente), ela veio sem o povo e, exceto por enganosa inspiração das velhas repúblicas populares do leste europeu (porões de uma burocracia pressentida por Kafka, concentrando os poderes nas mãos do partido que representava a vanguarda dos trabalhadores[15]), há nisso um toque zombeteiro, uma ladainha debochada. É em função do interesse público

---

14 Quanto ao poder legitimar-se pelo direito e o direito efetivar-se pelo poder, ver NORBERTO BOBBIO, *O tempo da memória: 'De Senectute' e outros escritos autobiográficos*. São Paulo, Campus, 1997, p.170. O desembargador paulista ALOÍSIO DE TOLEDO CÉSAR levantou séria questão ao perguntar "O que fazer das leis compradas?", no *O Estado de S.Paulo* de 24.08.2005, p.A-2.

15 NICOLA MATTEUCCI, verbete "República" no *Dicionário de política* de NORBERTO BOBBIO, 4ª edição. Brasília, Editora UnB, vol.2, p.1109. Diga-se, a bem da verdade histórica, que o povo brasileiro não teve lugar no sistema político, seja no Império, seja na República. Só começou a organizar-se politicamente a partir de 1930 (conferir JOSÉ MURILO DE CARVALHO, *Cidadania no Brasil*, cit., p.83), quando, nas eleições presidenciais, o colégio eleitoral não representava mais de 5% da população (conferir, do mesmo autor, "Entre a república e a democracia", no *O Estado de S.Paulo* de 27.12.2009, p.J-5). O registro de MENDES FRADIQUE está na *História do Brasil pelo método confuso*. São Paulo, Companhia das Letras, 2004, p.164.

(interesse do povo) que invocam a República e passam a agir assim ou a entender aquilo. Mas onde está o interesse do povo na República? Não é o mesmo e nulo interesse que ele sempre teve pelo velho regime? "Que diabo vinha a ser a República?" era a pergunta que, em 1889, o povo brasileiro fazia a si mesmo, "apavorado com a ideia metida de supetão na densidade de sua incultura" – registrou Mendes Fradique (nota 15).

Na verdade, o Partido Republicano era tudo, menos popular. A República não teve origem nem sentido popular. Teve a presença do Exército e a doutrina de uma elite intelectual importadora da burocracia europeia (a despeito de respirar o constitucionalismo norte-americano) que iluminou a Constituição de 1891. Verissimo mostra isso bem: "Em 15 de novembro de 1889, um general disse ao povo que a República fora proclamada, mas Jeca não o ouviu". Não houve povo na República que, ao contrário, esteve ocupado com revoltas antirrepublicanas. Canudos e Contestado são os exemplos de José Murilo de Carvalho. É o que sempre ocorreu no Brasil, disse Sérgio Buarque de Hollanda: os nossos movimentos reformadores partiram de cima para baixo, com inspiração intelectual e sentimental. O povo os recebeu com displicência ou hostilidade.[16]

---

[16] Erico Verissimo referia-se ao *Jeca tatu* de Monteiro Lobato, aqui representando o povo mais humilde (*Breve história da literatura brasileira – brazilian literature: an outline*, trad. de Maria da Glória Bordini. São Paulo, Globo, 1995, p.103). Sobre o sentido republicano do governo, ver Mario Sabino, "Eles agora são republicanos", na revista *Veja* nº 1.891, de 09.02.2005, p.42-3. Sobre a República não ter tido um sentido popular, conferir José Murilo de Carvalho, *Cidadania no Brasil*. Rio de Janeiro, Civilização Brasileira, 2004, p.81-2. Do mesmo autor, ver "Entre a república e a democracia", *O Estado de S.Paulo* de 27.12.2009, p.J-5. Quanto a Canudos, ainda que o episódio possa incluir-se "nas manifestações monarquistas do período", tam-

E não só faltou o povo à República, como a mencionada elite teve dificuldade para envolver Deodoro e Rui Barbosa. Pela narração de Heitor Lyra, a proclamação só contou com o marechal por insistência de Benjamim Constant que, aliás, notara "a frieza glacial com que Deodoro recebeu em sua casa [...] os civis republicanos" – escreveu João Serejo, genro de Constant. Quatro dias antes, o marechal ainda preferia mudar o Ministério, preservando a Monarquia. Rui Barbosa, por sua vez, limitava-se a ser um federalista e aceitaria a Federação "com ou sem a coroa". Não era um monarquista convicto, ainda que colaborasse com o antigo regime. Nas *Cartas de Inglaterra* dizia não ter preferência por formas de governo, "entendendo que todas as Constituições, monárquicas ou republicanas, se equivaliam". Mas confessou-se um "republicano da hora". Não compareceu nas reuniões prévias do dia 15, tanto que não assinou a proclamação. Só depois do fato consumado, surge o seu nome no primeiro decreto de 15 de novembro, editado, a rigor, no dia 16. A burocracia e a sua habilidade de enganar. Essa burocracia já era republicana. Rui foi trazido por Quintino Bocaiúva e Benjamim Constant. Poucos anos mais

---

bém serviu de "fachada atrás da qual civis e militares disputariam a hegemonia no processo político republicano" (conferir Maria de Lourdes Monaco Janotti, *Sociedade e política na Primeira República*. São Paulo, Atual, 1999, p.22 e 27). João Serejo escreveu *Pactos de sangue na proclamação da República*, de Leôncio Correia tem-se *A verdade histórica sobre o 15 de Novembro* e Rui Barbosa deixou-nos as *Cartas de Inglaterra*, apud Heitor Lyra, "Primeiro encontro de Deodoro com os civis republicanos", na *Revista do Livro* do INL, vol.20 (dezembro de 1960), p.10-7. De Sérgio Buarque de Hollanda ver *Raízes do Brasil*, 26ª edição. São Paulo, Companhia das Letras, 2001, p.160. Sobre a preleção de Marco Maciel, conferir "Republicanizar a República", no *O Estado de S.Paulo* de 28.03.2005, p.A-2.

tarde, na Revolta da Armada, ele bateria de frente com a República (nota 16).

Sem o ranço da burocracia, porque está no Parlamento, o senador Marco Maciel tenta salvar a história e oferece-nos uma preleção sobre a *nova República* nascida na transição para a democracia, começando pela convocação da constituinte e objetivando *republicanizar a República*, ou seja, revigorar as instituições, eliminando a incerteza jurídica e assegurando cidadania a todos; objetivos que impõem a mudança do sistema eleitoral, o aperfeiçoamento do sistema partidário e a compatibilização do Estado federal com as exigências da descentralização (nota 16).

Do ilustre senador, ninguém discordará. Entretanto, não é o que se vê na burocracia do Poder Executivo. Não é o que se viu até 2006, quando a esperança depositada no segundo mandato do PT sofre outra queda livre com o agravamento da crise dos aeroportos. Em uma perspectiva histórica da nossa política, parece que aderiram com atraso à sensacional declaração do Partido Republicano Paulista, do início da década de 1930, dizendo-se a favor da República[17] ou, então, pretendem transformar a República em bode expiatório ou, ainda, continuam a obra, denunciada por Rui, daqueles republicanos que negavam os postulados da República, não revelando os seus cabedais, mas a sua tragédia. Dizia Rui que, "americana no dístico, a República brasileira não tem querido ser, até hoje, de fato, senão francesa, terrorista, convencional, demagógica, jacobina".[18] Referia-se à exaltação e ao terror, circunstâncias que produ-

---

[17] Paulo Prado. "Tem a palavra a palavra", em *Paulística, etc.*, 4ª edição, organizada por Carlos Augusto Calil. São Paulo, Companhia das Letras, 2004, p.291.

[18] Rui Barbosa, *Obras completas*, vol.XXVI, tomo VI, p.381. Ver também Luiz Rezende de Andrade Ribeiro, *Dicionário de conceitos e pensamentos de Rui Barbosa*. Edart, 1967, p.393.

ziram medo, aderências e adesões de última hora, levando um desses ao ministério. Um "legista modorrento", afirmou Sílvio Romero (talvez porque gostasse de insultar...), foi pela assinatura do manifesto republicano, e não pelas suas obras jurídicas que subiu ao poder.[19] Será esse o sentido da cantilena? O sentido da adesão pelo medo?

– *Fujam! Fujam!...*, ouvem-se ainda aqueles gritos.

Esse temor tem a sua ilustração. Ocorreu em uma comarca paulista, na década de 1920, onde um juiz birrento e meticuloso convenceu o promotor a viajar para o Rio de Janeiro, devolvendo em mãos o deprecado da busca e apreensão de vultosa quantia e que, por algum motivo, o juiz não queria restituir pelas trilhas costumeiras. Dias depois, um telegrama do promotor circulou pelo cartório com o seguinte texto: "Missão cumprida vg Viva a República pt". Essa forma telegráfica teve origem em 1889, quando o Governo Provisório baixou o primeiro decreto repudiando qualquer brisa ou pensamento provincial que contrariassem o espírito republicano. Proclamada a República, muitos não se atreviam a escrever carta ou mensagem que não terminassem com a mais acentuada de todas as expressões

---

[19] Sílvio Romero, "Ensaios de crítica parlamentar", in Josué Montello, *Os inimigos de Machado de Assis*. Rio de Janeiro, Nova Fronteira, 1998, p.322-3. Afonso Celso descreve a última sessão da Câmara no período monárquico, com o registro do primeiro adesista republicano de quem ouviu a expressão "Viva a República", mas que, dias antes, excedia-se "em manifestações de dedicado aplauso à situação" (conferir "Oito anos de parlamento", capítulo XVI, na *Revista do livro* do INL, vol.18/172). Sílvio Romero não ficou sem resposta. Lafayette Rodrigues Pereira considerou-o um provinciano, um bárbaro que "estudou retórica em alguma escola de província", falando "uma língua dura, de uma gramática impossível, contaminada da ferrugem de aldeia" (conferir Josué Montello, idem, p.331).

de civismo: "Viva a República!" Afinal, mesmo que Deodoro nada tenha dito no instante da aclamação (há controvérsia histórica sobre isso), gritar ou escrever "Viva a República" passaria a ser um gesto de adesão, valendo como um salvo conduto para os novos tempos.[20] E parece que a monarquia ainda exerce sobre nós uma singular atração, sendo preciso extermina-la com a metodologia de Robespierre, por meio da exaltação cega e do terror. Ficou sendo essa, talvez, a primeira das prioridades em uma escala de valores das feridas nacionais. Vejam como avançamos desde a última década do século XIX: o nosso principal objetivo, no átrio do século XXI, é abolir a burocracia, o trabalho escravo e a monarquia, metas que nos ajudam a começar, por assim dizer, uma estupenda revolução cultural.[21]

O historiador José Murilo de Carvalho conclui que o conceito de República usado pelo governo do PT não se relaciona com a República "no sentido de coisa pública, bom governo, eficiência, transparência, igualdade perante a lei". Diz que "o mensalão é totalmente antirrepublicano. O corporativismo sindical também não é republicano. A política social pode ser defensável, mas não em termos de

---

[20] Decreto n. 1, de 15.11.1889. No art. 7º, o Governo Provisório "não reconhece nem reconhecerá nenhum governo local contrário à forma republicana [...]". Quanto às palavras de Deodoro, ver Hélio Silva, *1889: a república não esperou o amanhecer*. Porto Alegre, LPM, 2005, p.93. A controvérsia sobre isso vem exposta por Lilia Moritz Schwarcz, *As barbas do Imperador*. São Paulo, Companhia das Letras, 1998, p.458.

[21] F.P. Sena Rebouças, "Os caminhos de uma revolução cultural", cit., na *RT* 826/69 e 73. As conclusões de José Murilo de Carvalho sobre o conceito de "República" do governo do PT está em entrevista a Alexandre Rodrigues, no *O Estado de S.Paulo*, edição de 02.01.2009, p.A-6.

republicanismo. A inclusão via políticas sociais pode ter ingredientes paternalistas e populistas e é necessariamente discriminatória. Nada disso é republicano" (nota 21).

Peço que não me entendam mal e que saibam compreender. Por vontade minha, que não passa do impulso de um simples leitor, estaríamos no âmbito literário, em terreno da pura ficção, no qual o Brasil lavra os melhores tentos, como provam Lygia Fagundes Telles e João Ubaldo Ribeiro, vencedores do Prêmio Camões, além de Nélida Piñon, destacada com o Príncipe de Astúrias. E são daquelas personagens do Nelson Rodrigues que ainda preferia falar. Porque também considero que, em vez de tocarem o poder, deviam ficar na literatura, no único mundo em que, segundo Llosa, podem transformar a vida e suprir as deficiências da História.[22] Nós seríamos os leitores. Apenas leitores, mesmo com relação à política, à história, à economia e ao direito. Leitores de Diggins, por exemplo, quando nos transmite o postulado, coincidente em Weber e Lincoln, de que a política não redime, não havendo nela "nenhum sabor de salvação". Haveria, talvez, se considerássemos a liberdade como sentido da política.[23] Mas o liberalismo ainda empaca entre nós, ao contrário do

---

22 Sobre Lygia Fagundes Telles e Nélida Piñon, ver UBIRATAN BRASIL, "Lygia e Nélida, palavras premiadas" e "Meu testemunho é impreciso", no *O Estado de S.Paulo* de 19.12.2005, p.D-2 e de 14.03.2009, p.D-3. Sobre João Ubaldo Ribeiro, ver VINICIUS JATOBÁ, "Ubaldo, inteiramente ele mesmo", no *O Estado de S.Paulo* de 03.08.2008, p.D-14. De MARIO VARGAS LLOSA, ver *A verdade das mentiras* cit., p.13.

23 JOHN PATRICK DIGGINS, *Max Weber, a política e o espírito da tragédia*, tradução de Liszt Vieira e Marcus Lessa. Rio de Janeiro, Record, 1999, p.16. Sobre a liberdade como sentido da política, ver HANNAH ARENDT, *A dignidade da política*, organização de Antonio Abranches, tradução de Helena Martins e outros. Rio de

espírito autocrático, capaz de algum entusiasmo. Vejam que o Plano Real, apesar dos acertos, não gerou patriotadas como aquela de um "fiscal do presidente" que, levantando a bandeira de um plano econômico (de contenção da inflação por choque heterodoxo), repleto de equívocos, fechou as portas de um supermercado sob aplausos gerais (nota 23). Até em nossos períodos democráticos, as soluções autocráticas são empolgantes.

Janeiro, Relume Dumará, 2002, p.117. O referido plano econômico (de choque heterodoxo) foi editado no período de governo do presidente José Sarney, denominando-se *Plano Cruzado*. Congelou preços e salários, produzindo distorções econômicas que resultaram em novo surto inflacionário, com vantagens para os devedores (inclusive o Estado devedor) e prejuízo para todos os credores. Apenas como ilustração, confira-se o debate travado no plenário do então 1° TACSP na Arguição de Inconstitucionalidade n. 504884-2-01, de Ribeirão Preto, j. 20.10.1994, relator o desembargador Paulo Eduardo Razuk (*RT* 723/355 e *Lex-JTACiSP*, 150/149. Ver também *Revista de Jurisprudência Escolhida do 1° TACivSP*, Jurídica Brasileira, vol.4, boletim 9, p.12).

4
O CONCEITO DE MIRABEAU

Não era possível ficarmos só na literatura. O noticiário é tão insólito quanto atraente, não se podendo desprezá-lo, tanto quanto não se pode ignorar a análise crítica da administração federal inaugurada em 2003, que (independentemente da crise norte-americana de 2008), em uma apertada síntese de Gilberto de Mello Kujawski, denuncia um governo patrimonialista, clientelista, centralizado, populista e autoritário, que deprimiu o crescimento do país a níveis rasos, elevou a carga tributária aos píncaros e, no plano cultural, transformou a inépcia em galardão.[24]

Refiro-me ao primeiro mandato do PT no governo da República (até 2006) e omito uma velha crítica de Raymond Aron, que se demonstrou cabal na Europa e que podia incidir sobre alguns dos nossos pensamentos políticos. Atropelo-a mais adiante, quando passo pelos erros políticos de Sartre (nota 80). Mas, só por imitar os defeitos do Império, a República vai moldando a sua macrocefalia burocrática e produzindo danos: agiganta-se o centro em detrimento da vida local, nos Estados e Municípios, tornando o poder central ilusório, pois quem transmite a imagem de onipotente, disse José Murilo de Carvalho, acaba responsá-

---

24 De Gilberto de Mello Kujawski, ver "Dez razões para não votar em Lula", no *O Estado de S.Paulo* de 14.09.2006, p.A-2. De José Murilo de Carvalho ver *Teatro de sombras (A Construção da ordem e Teatro de sombras)*. Rio de Janeiro, UFRJ, 1996, p.384-5. Na 3ª edição, Rio de Janeiro, Civilização Brasileira, p.418.

vel por todo o bem e por todo o mal (nota 24). Sem falar no fiasco da candidatura brasileira à diretoria da OMC, vamos considerar o episódio do governo perder a eleição da presidência da Câmara dos Deputados, eleito um deputado que acabaria escorraçado.[25] E perder com a maior bancada e aqueles trunfos que arrogantemente exibiu. Uma derrota histórica – dizem os entendidos – que decorre de uma infidelidade degradante dos partidos, tendo o governo a maior parte da culpa.[26]

Em uma visão larga, buscando um denominador comum entre fatos diversos, até os que, em 2010, envolveram o governo do Distrito Federal, esse elemento subjetivo, às vezes, escapa dos limites da culpa em sentido estrito, invadindo o terreno do dolo, a ponto de, em um desses casos, desvendar-se uma queima de arquivo que explicaria o assassinato de um prefeito. É uma tese embaraçosa que, segundo a imprensa, chegaram a sustentar no caso do prefeito de Santo André (nota 26). Os episódios objeto de investigação, se resistirem ao arquivo, podem demonstrar que *a governabilidade resulta de um complexo sistema de improbidade administrativa e que a ingovernabilidade decorreria da frustração desse sistema*. Isso é cultura política estribada na falta de ética que, entre nós, como se vê, estaria produzindo velhacaria maior que todas as patifarias pretéritas de que se tem notícia, desde o Império, envolvendo não se sabe quantos, além de uma descomunal montanha de dinheiro. A enormidade dos crimes seria tão

---

25 Sobre a derrota histórica do governo, ver *O Estado de S.Paulo* de 16.02.2005, p.A-1, 4 e 9. Sobre o fiasco na OMC, conferir *O Estado de S.Paulo* de 19.04.2005, p.A-3.

26 "Da degradação à reforma", no *O Estado de S.Paulo* de 23.02.2005, p.A-3. Sobre o assassinato do prefeito de Santo André, ver *O Estado de S.Paulo* de 25.11.2005, p.A-8.

chocante que, talvez, não se venha a saber! Pelo menos em sua total extensão, acho que jamais saberemos e, assim, invoco a lembrança de um similar episódio forense, o do *encilhamento*, segundo Taunay:

> Às vezes, até a justiça pública por iniciativa própria intervinha e *ex officio* trancafiava no quartel dos Barbonos banqueiros que tinham posto em copiosíssima prática a original ideia de assinarem as notas do seu banco emissor com oito ou dez caracteres diferentes de letra.
> Defendidos, porém, por hábeis advogados da mais alta caracterização republicana, saíram daquele quartel de polícia quase que em triunfo e mais intemeratos do que ali haviam entrado, convencidos, eles próprios, pela caudalosa eloquência do cicerônico e bem escolhido patrono, de que a simples equívoco fora devida aquela intempestiva e precipitada clausura.
>
> ....
>
> E não é que o nosso Monteglória, sempre tão jovial e encartador de jocosas anedotas, em acareação com outros corréus, apresentava em seguidos interrogatórios como desculpa irrespondível: *'Assinei sempre todos os papeis sem lê-los. Pus nisto empenho especial, tanto confiava nos meus leais e honrados companheiros. Se forem ladrões, se-lo-ei também com eles!'*
> E a explicação pareceu causar certa impressão favorável no ânimo dos ouvintes.
> – *É um cavalheiro,* exclamou alguém.
>
> (*O Encilhamento*, 2ª edição. São Paulo, Melhoramentos, 1923, p.316-17).[27]

---

27 Machado de Assis fez referência ao *encilhamento*, que ele também chamou de *plupapelismo*, essa febre de ações, debêntures e papéis financeiros que, para ele, "seria a

Quanto maior a tendência autocrática dos nossos governantes, mais lhes serve de luva a comparação deixada por Manoel Bomfim

---

marca principal dos novos tempos republicanos" (conferir DANIEL PIZA, *Machado de Assis: um gênio brasileiro*, 3ª edição. São Paulo, Imprensa Oficial, 2008, p.274). Tem-se uma vaga ideia da crise econômica no início da República por intermédio da descrição de CELSO FURTADO: "A reforma monetária de 1888, que o governo imperial não executou, do modo como foi aplicada posteriormente pelo governo provisório, concedeu o poder de emissão a inúmeros bancos regionais, provocando subitamente em todo o país uma grande expansão de crédito" e "uma febril atividade econômica como jamais se conhecera", o que gerou a "grande depreciação cambial do último decênio do século XIX" (*Formação econômica do Brasil.* São Paulo: Companhia das Letras, 2008, p.247). Esses bancos emitiram dinheiro sem lastro. O que havia era papel garantindo papel. Como está no *Dicionário* de PAULO SANDRONI, as emissões tinham como lastro não libras-ouro, mas títulos da dívida pública, e os empréstimos deviam favorecer a indústria e não a agricultura. Sociedades anônimas foram criadas, incentivando-se o investimento em ações. Com as ações em alta, fazendo a fortuna de alguns, surgem até empresas fictícias no mercado, ocorrendo o desvio do financiamento industrial para a especulação na bolsa. Por fim, registram-se uma espiral inflacionária e inúmeras falências (conferir Paulo Sandroni, *Dicionário de economia*, verbete "Encilhamento", p.103). De MANOEL BOMFIM, ver *O Brasil nação*, 2ª edição. Rio de Janeito, Topbooks, 1996, p.115 e 449. Quanto à violação de advogados e seus escritórios, ver ARNALDO MALHEIROS FILHO, "A advocacia sob abuso judiciário", no *O Estado de S.Paulo* de 29.06.2005, p.A-2. Quanto à intimidação de jornalistas da revista *Veja*, conferir "Nova ameaça à imprensa", no *O Estado de S.Paulo* de 02.11.2006, p.A-3. Quanto ao jurista CARL SCHMITT, que foi considerado o "teórico do direito nazista", ver RONALDO PORTO MACEDO JR., *Carl Schmitt e a fundamentação do Direito*, São Paulo, Max Limonad, p.35 e, especialmente, a nota sobre as traduções, p.155-9. Do desembargador EDGARD DE MOURA BITTENCOURT, conferir *O juiz*. São Paulo, Jurídica e Universitária, 1966, p.44.

entre a República e o Primeiro Reinado, cuja política e administração não discrepavam do Estado despótico implantado pelo regente Dom João. "Dados os vícios de mandonismo em que nos formamos, dissipadas as ficções de que se cercara o Império, a mesma República se tornou um arbítrio político [...]". (nota 27) Hoje, como denuncia Arnaldo Malheiros Filho, "com intensidade nunca vista nos tristes momentos da ditadura militar", advogados foram violados pela Polícia Federal, com mandados genéricos (o mesmo órgão que agora, sem a cobertura de mandado, é acusado de intimidar jornalistas). Logo serão os psicanalistas e seus arquivos, os padres e seus segredos de confissão. Depois as casas, os lares, os bancos de dados, a correspondência. Finalmente, a imprensa. Tudo de forma legítima, como sustentou Carl Schmitt na tribuna do *III Reich* (nota 27). Se, no exercício da profissão, o advogado recebe um documento, esse ato é, em princípio, inviolável (Constituição Federal de 1988, art.133) e, nessas questões, os juízes ficam submetidos à legalidade estrita. Para autorizar a apreensão de documentos em poder de advogados, a decisão deve ser fundamentada, os documentos indicados, as razões da apreensão justificadas de forma a comportar recurso. Apreender computadores, arquivos, cofres, testamentos cerrados e correspondência de modo genérico equivale a fechar o escritório do advogado, além de causar dano a terceiros e violar o sigilo legítimo de clientes não relacionados com o processo de que se trata. Já se julgou que, mesmo a pretexto da supremacia do Direito, os juízes não podem transformar o processo em instrumento de autoritarismo (conferir *RT*, 648/134 e 136; *JTACivSP*, *Lex*, 118/154 e 157). Isso sempre me pareceu óbvio. Justiça e autoritarismo, como justiça e política, devem ser coisas inconciliáveis. No campo da política, a vocação de Estado da Suprema Corte é a única exceção possível, exceção que não beneficia nenhum outro tribunal, seja federal ou estadual. Há quem não goste do tema, mas o desembargador Edgard de Moura Bittencourt, em um dos melhores livros já escritos sobre *O juiz*, grifou a sentença lapidar de Guizot: "Quando a política penetra no recinto dos tribunais, a Justiça se retira por alguma porta" (nota 27). Quem não crê nisso, contribui para derruir os pilares que sustentam o prestígio do Judiciário e o regime democrático.

O mandonismo republicano não leva lição para casa. Os mandões, esclarecidos, têm muito a ensinar. Com eles estão os reformadores da Justiça, que começaram sonegando justiça aos juízes, pelo menos a alguns que eles ignoram, mas que sempre existiram e, para a felicidade geral da nação, continuarão conosco, apesar do niilismo degradante que se põe a generalizar e cada vez mais se espalha pela opinião pública mal formada. Juízes que, enfrentando as carências nacionais e as deficiências do ordenamento jurídico, no entanto, e discretamente, respondem pelo serviço público nos limites de suas forças, não cometem arbitrariedades, não se metem na política, fogem dos holofotes e só fazem elevar o conceito da instituição que representam. Não os conhecem os reformistas. É como se não existissem e não pesassem para equilibrar a reforma judiciária em bons termos. Na melhor das hipóteses, são tratados como amanuenses aplicadores de carimbos e que não devem exagerar no pensamento, bastando-lhes saber como decidem as Cortes, seguindo-lhes o passo. A súmula vinculativa não é coisa do progresso ou da modernidade. A simples ideia desse retrocesso devia nos transportar para o século XVIII, a fim de que pudéssemos ouvir do próprio Kant: *Sapere aude!* Ousa pensar! Ousa servir-te da tua razão! A autonomia da razão ou o livre uso da razão sem quaisquer tutelas é uma das dimensões da modernidade. Assim como a independência do juiz é a garantia, a subserviência ou o servilismo do juiz é a completa frustração da ordem jurídica. Seria bom que os nossos estadistas consultassem um ensaio de Sergio Paulo Rouanet ou lessem Kant, que explica que a sujeição ao pensamento alheio é próprio da menoridade. Não há justificativa para o conformismo de um juiz (a quem o Estado entrega o poder de decidir e que, portanto, se presume pensar) em ficar permanentemente sob a orientação e o controle de outrem, máxime se, no caso concreto, não estiver de acordo com a súmula. Ao contrário do que se pensa, os juízes anglo-saxões não se prendem dessa forma, empregando a técnica das *distinctions*, que retira a rigidez do precedente.[28]

Vão agora reformar o processo. E o que vão fazer? Alguma solução de grande eficácia e de reluzente brilho? "Nada há a dizer onde só há que sentir." Fernando Pessoa responderia assim (nota 28), mas é preferível analisar alguns fatos para medir o circunlóquio dos reformadores.

---

[28] O texto de SERGIO PAULO ROUANET sobre o ideal de Kant está no 7º ensaio de *Mal-estar na modernidade*. São Paulo, Companhia das Letras, 1993, p.201. O texto de Kant pode ser lido em uma tradução portuguesa, respondendo a pergunta: "que é o Iluminismo?", ver *A paz perpétua e outros opúsculos*, tradução de Artur Morão. Lisboa, 70, 2008, p.9-10. Sobre a súmula vinculante e a técnica das *distinctions*, justificando aos juízes anglo-saxões a fuga do precedente, ver o nosso *Fim de século e justiça*. São Paulo, Juarez de Oliveira, 2002, capítulo X, n.I, p.133. Sempre entendi que o Judiciário não subsiste sem aquela confiança que repousa na sua independência. Sem a independência, a magistratura é uma simples burocracia togada. Só a independência a distingue de qualquer outra burocracia civil, militar ou clerical (conferir "Os caminhos de uma revolução cultural", na *RT* 826/69, especialmente na p.78). Quanto à possível resposta de Fernando Pessoa ao tema da reforma processual brasileira, ver MÁRIO DE SÁ CARNEIRO, *Correspondência com Fernando Pessoa*, cit., p.403.

Antes da proposta de um código novo, o Congresso já havia recebido mais de trinta textos de remendos. Encontrei a indicação de 39, alguns para alterar o Código de Processo Civil; outros para alterar o processo trabalhista; três que já estavam no parlamento, mudando o Código de Processo Penal e outras sugestões que alteram diversos projetos. Há o que muda as regras dos agravos de instrumento, transformados em agravos retidos, isto é, só serão examinados no julgamento da apelação (*O Estado de S.Paulo* de 31.10.2005, p.A-3). Em outras palavras, o estorvo que representavam na interposição, com preferência de julgamento, passa a estorvar a apelação, onde existirá a mesma preferência de análise. Quando o juiz *ad quem* tiver de escolher entre o exame de uma apelação sem agravos, e uma apelação com 20 agravos retidos, será que esta última terá preferência? Há um projeto que transforma os *embargos declaratórios* em *pedido de correção*. Não o critico na disciplina que inova, porque focalizo o nome. Não é o nome que atrapalha, e sim a tendência latina de ampliar a burocracia e protelar a solução, de confundir obscurantismo com eficiência, de pretender clarear com opacidade, o que é mais doloroso quando isso tudo decorre do processo judiciário. Não há proposta de extinção dos *embargos infringentes* no segundo grau de jurisdição. Uma vez declarado, o voto vencido poderia ser, eventualmente, acolhido em instância superior. Consta existir um projeto simplificando a execução da sentença condenatória em quantia certa (*O Estado de S.Paulo* de 29.11.2005, p.A-3). Isso é bom, mas é pouco, até porque são inúmeros os expedientes capazes de transformar o que é líquido em ilíquido. Outro projeto, transformado em lei (*O Estado de S.Paulo* de 28.02.2006, p.A-3), permite ao juiz, de ofício, mudar o foro dos contratos de adesão e reconhecer a prescrição do direito. Consta que tal lei, neste último aspecto, desafogará as Varas de Execuções Fiscais. Pergunto: isso será possível sem recurso? Sem aqueles recursos que vivem apontados como causa da ineficiência judiciária? A mesma lei estabelece que, nos tribunais, os magistrados que adiarem o julgamento com pedido de vista terão 10 dias para dar continuidade ao julgamento. Só que a lei não contém sanção para a hipótese de descumprimento, exceto a possibilidade de uma intervenção do presidente do Tribunal, requisitando os autos. Não digo que não possa ocorrer, mas digo, sim, que se trata de uma norma flácida, de eficácia circunstancial, dessas que mais existem *para inglês ver*. E o projeto que, alterando o art. 520 do CPC, retira o efeito suspensivo da apelação (ensejando as execuções provisórias), exceto na hipótese de dano irreparável ou de difícil reparação? Ampliando as execuções provisórias, aumentam os casos de retrocesso (se provido o recurso) e de eventual reparação dos danos. Não extingue a burocracia, mas abre-lhe novos espaços. As reformas vestem um santo, despindo algum outro. Elas mais parecem passes de mágica que mudam as coisas para conservar no espírito do povo o atual descrédito na tutela jurisdicional do Estado. Já que é difícil excluir as amarras e a burocracia do processo de conhecimento, podiam começar a reforma reduzindo o processo de execução ao simples golpe de cutelo do *lictor* romano, armado de *fasces et secures*,[29] e que subs-

---

[29] O *feixe dos lictores* foi, na Roma antiga, o símbolo da autoridade judicial *cum imperio* (poder de coerção real) dos supremos magistrados, transferido na República para os *praetores* e os *consules* (conferir SILVIO MEIRA, *História e fontes do direito romano*. São Paulo, Saraiva/USP, 1966, p.42-4). Mussolini, no século XX, apropriou-se do símbolo romano. *Fascio* também significa *liga*, nesse sentido utilizado na Sicília (final do século XIX) "para designar os primeiros esboços de sindicatos operários", chegando ao núcleo do "primeiro fascismo" em Milão (1919),

tituísse a indecorosa promessa de *precatórios* a fundo perdido por títulos à vista, ou que permitisse, nos precatórios, a *penhora de bem público*, ousadias que visam, além de tudo, a compensação de iniquidades insolentes.[30] Só isso reduziria à metade a *via sacra*, e

---

nos grupos denominados *Fasci di combattimento*; conferir RENZO DE FELICE, *Explicar o fascismo (Le Interpretazioni del Fascismo)*, tradução de Carlos Veiga Ferreira. Lisboa, 70, p.312.

30 Além de indecorosos, os precatórios provam o espírito ímpio, leviano e injusto de uma sociedade inacabada e rudimentar, como será dito (nota 151), e como decorre do verdadeiro calote que o Estado brasileiro arma contra os seus credores, beneficiando prefeitos e governadores (*O Estado de S.Paulo* de 28.04.2008, p.A-3). E, além de insolentes, as iniquidades são inconstitucionais, como evidente nas dívidas alimentares ou de natureza alimentar, cujo pagamento o Estado não podia protelar (F.P. SENA REBOUÇAS, *Fim de século e justiça*. São Paulo, Juarez de Oliveira, 2002, capítulo XI, p.150-1). A ideia de compensação do precatório com tributo (*O Estado de S.Paulo* de 15.09.2007, p.A-3) é muito boa, mas deve ser aprimorada, porque tem um ponto vulnerável, que é a alienação do precatório, um negócio entre o credor e o devedor da Fazenda, que acabará prejudicando o credor. A Associação dos Funcionários Públicos de São Paulo (AFPESP), por intermédio de seu jornal *Folha do Servidor Público* (setembro/2007, n. 178, p.1 e 11), denuncia o aparecimento de escritórios de compra dos precatórios, compra que se faz, evidentemente, na bacia das almas, com deságios leoninos, agravando a situação de abandono dos credores da Fazenda Pública e acentuando a vileza de um sistema que já produz um negócio lucrativo para os atravessadores (denunciando deságios de 70 a 80%, ver também *O Estado de S.Paulo* de 27.12.2008, p.A-4). Para substituir os *precatórios*, sempre pensei em algo semelhante às *Obrigações Reajustáveis do Tesouro*, somando a correção monetária aos juros correntes, garantindo os juros reais do mercado. Esses títulos pagariam tributos, poderiam ser negociados em Bolsa ou no mercado de balcão. Mas o desembargador ALOÍSIO DE TOLEDO CÉSAR demonstra

também faria, em matéria de prestígio, quase toda a reforma de que necessitamos. Entretanto, quem disse que o fim do processo é o prestígio do Judiciário? Já será bom se tal desiderato não esbarrar na solução kafkiana do *porteiro da lei*, leitura obrigatória para quem busca a visão real dos tentáculos burocráticos e injustos do Estado, que podem envolver o processo como fator de desprestígio do Judiciário.

---

que o verdadeiro objetivo do governo é o calote nos credores do Estado brasileiro que, então, não passa de um caloteiro (*O Estado de S.Paulo* de 01.03.2006, p.A-2). Assim, as suas instituições não merecem respeito. Em meu referido livro também transcrevi o trecho do "porteiro da lei" de Kafka (capítulo XIX, p.259, nota 383). Conferir, de Franz Kafka, *O processo*, tradução de Modesto Carone. São Paulo, Brasiliense, 1992, p.230-1. Ver também, de Modesto Carone, a parábola "Diante da Lei", em *Lição de Kafka*. São Paulo, Companhia das Letras, 2009, p.82-4. Sobre a obra de Kafka refletir a desumanização burocrática da Monarquia do Danúbio, idem, p.70-3. O estrepitoso caso de Serafim Machado está no seu livro *Por que acredito em lobisomem*, Porto Alegre, Livraria do Globo, 1976 (capítulos 42 e 47, p.205 e 227). O elogio do Ministro Pedro Chaves por Rezende Puech foi publicado no *O Estado de S.Paulo* de 28.07.1985, p.49. Sob o título "Justiça lenta demais...", o Fórum dos Leitores do jornal *O Estado de S.Paulo* publicou, em 16.06.2007 (p.A-3), uma carta de inconformismo de quem demanda há mais de 20 anos em uma ação trabalhista, agora em fase de execução sem perspectiva para os sobreviventes, já que 9 autores morreram no curso da lide. O reclamante tem razão, mas talvez ainda não saiba que culpados são muitos dos nossos dirigentes e políticos que, ignorando a ética e a boa doutrina, fizeram transformar o instrumento do seu direito em um processo judiciário nocivo, imoral e inútil. Prevendo pagamentos por meio de leilão, a chamada *emenda do calote* passou pelas duas Casas do Congresso (*O Estado de S.Paulo* de 03.12.2009, p.A-12). A única esperança que nos resta é a luta persistente contra tudo isso, comandada pela OAB.

Escreveu Kafka:

> Diante da lei está um porteiro. Um homem do campo dirige-se a este porteiro e pede para entrar na lei. Mas o porteiro diz que agora não pode permitir-lhe a entrada. O homem do campo reflete e depois pergunta se então não pode entrar mais tarde. 'É possível', diz o porteiro, 'mas agora não'. Uma vez que a porta da lei continua como sempre aberta, e o porteiro se posta ao lado, o homem se inclina para olhar o interior, através da porta. Quando nota isso, o porteiro ri e diz: 'Se o atrai tanto, tente entrar apesar da minha proibição. Mas veja bem: eu sou poderoso. E sou apenas o último dos porteiros. De sala para sala, porém, existem porteiros cada um mais poderoso que o outro. Nem mesmo eu posso suportar a visão do terceiro.' O homem do campo não esperava tais dificuldades: a lei deve ser acessível a todos e a qualquer hora, pensa ele; agora, no entanto, ao examinar mais de perto o porteiro, com o seu casaco de pele, o grande nariz pontudo e a longa barba tártara, rala e preta, ele decide que é melhor aguardar até receber a permissão de entrada. O porteiro lhe dá um banquinho e deixa-o sentar-se ao lado da porta. Ali fica sentado dias e anos.

É um texto longo, que continua até a morte do homem do campo, precedida da sua enorme frustração ao perceber que a porta ficara aberta só para ele e, agora, com a sua morte, ela será fechada. Modesto Carone, que foi o tradutor da obra, analisa a parábola em *Lição de Kafka*, além de revelar, entre as interpretações possíveis, aquela que me parece cabal e que atribui à desumanização burocrática da Monarquia do Danúbio o fato desses temas processuais e judiciários atravessarem a obra de Kafka (nota 30).

Não é a opacidade da burocracia processual que resume, no Brasil, a chicana forense, o cipoal de recursos e os precatórios das execuções contra a Fazenda, até nos pleitos alimentares? Enfim, que resume as fórmulas processuais do *ganha, mas não leva*? Não é a mesma frustração que, embora sob outro foco, também se acha na rumorosa demanda descrita por Serafim Machado? Se na atualidade é difícil encontrar o livro de Serafim Machado, leiam ao menos o Rezende Puech quando, nesse episódio, elogia o ministro Pedro Chaves:

> Cumprindo seu pedido de vista – a que fora aconselhado pelo ministro relator – deu voto candente, como o caso impunha e tal como se encontra na *Revista jurídica, vol.57*. Se é verdade que esse voto não prevaleceu afinal, certamente impressiona aos que lhe conheceram a fundamentação. Vencido, resultou prevalecer o testamento de senhora que possuía grande fortuna, a qual idosa e de há tempos interditada, aos 81 anos e em plena interdição, teve esta 'suspensa' para o fim especial de fazer seu testamento no qual instituía herdeiras universais as filhas de seu curador, e a este, seu testamenteiro com a vintena desde logo fixada no máximo autorizado em lei. Em vão invocou o ministro Pedro Chaves a *Súmula n. 456* do próprio Supremo, segundo a qual, conhecido o recurso, cabe julgar-lhe o mérito. Persistiu a douta maioria, depois de conhecido que fora o recurso, em entender vedada a sua apreciação meritória (nota 30).

Vedada por quê? Vê-se que, às vezes, nem os supremos juízes conseguem "entrar na lei", havendo algum porteiro mais poderoso que os impede. Nunca se saberá o que (ou quem) terá sido esse porteiro. Mas também se vê que uma simples opinião minoritária de um juiz, no tribunal, é mais eficaz para o prestígio do Judiciário que todas as pombalinas maquinações administrativas da reforma, como controles e súmulas. Foi precisamente uma de suas próprias súmulas que o Supremo Tribunal se negou a aplicar para fazer justiça na história contada por Serafim Machado. Foi também em um elogio a Pedro Chaves que Serafim Machado afirmou ainda haver juízes em Brasília, e foi em um desalento frente ao resultado desse processo que ele, descrente de almas penadas e assombrações, passou a acreditar em lobisomem... Se voltarmos os olhos para o remoto passado, veremos que também foi um voto vencido no Supremo Tribunal que levou Rui Barbosa a beijar as mãos do ministro Joaquim de Toledo Piza e Almeida, em um episódio grandioso da nossa História, mas que, infelizmente, é muito pouco sabido e muito menos contado.[31]

A reforma do processo é o segredo mais bem guardado da deficiência da prestação jurisdicional em todos os níveis. Tão bem guardado que, revelado, causa espanto. Mas não é outra coisa que repousa na base da nossa burocracia judicial, pelo menos desde as reformas de 1939 e 1973. Na de 1939, a exposição de Francisco Campos execra o sistema precedente, que se tornara uma arma do litigante, "um meio de protelação das situações ilegítimas", com benefícios maiores "para quem lesa o direito alheio do que para quem acorre em defesa do próprio". Ocorre

---

[31] O episódio que envolve o ministro Piza e Almeida está registrado no *O Centenário do Tribunal de Justiça de São Paulo*, de Manoel Ubaldino de Azevedo, impresso na *RT* (1974), editado pelo Tribunal de Justiça de São Paulo. Do Ministro Celso de Mello, do STF, ver entrevista no *O Estado de S.Paulo* de 03.09.2007, p.A-7. Quanto à composição do Senado Romano, ver José Carlos Moreira Alves, *Direito romano*, 13ª edição. São Paulo, Forense, vol.1, p.9, 16-7. O gigantismo administrativo é o único aspecto negativo dessa história. Toda burocracia gigante é incontrolável e dispendiosa. Luiz Flávio Gomes alude à burocracia do STF no *O Estado de S.Paulo* de 01.12.2007, p.A-20. E esse é um tribunal pequeno, de 11 juízes. Imagine-se a dificuldade de administração em uma dessas cortes gigantescas que possuímos.

que nada disso foi alterado, nem nos períodos democráticos da nossa História que conviveram com esses códigos elaborados sob a égide dos autocratas e burocratas, ambos infensos aos conceitos de pragmatismo e eficiência. É justamente em face do atual processo e do excesso de recursos que o ministro Celso de Mello diz que isso "atesta a própria irracionalidade do sistema processual que se instaurou entre nós" (nota 31). Outra distorção é a do foro privilegiado que, alcançando quase todo mundo (em vez de ficar limitado a poucas autoridades), acaba de entupir o STF com um processo criminal de 40 réus, afastando-o do cumprimento de suas relevantes funções. Não é razoável essa possibilidade da Suprema Corte transformar-se em juiz de primeiro grau, quando os seus ministros vivem com excesso de trabalho. O criminalista Luiz Flávio Gomes entende que, além de atarefado, o Supremo Tribunal é um órgão burocrático que "comete um erro gravíssimo ao manter sem solução ações penais que envolvem autoridades com prerrogativa de função", e devia abrir mão disso (nota 31).

No processo penal, há novidades que merecem registro (*O Estado de S.Paulo* de 23.10.2007, p.A-3), como a que permite o interrogatório e a instrução no mesmo dia, a que aumenta o valor das fianças, a que acaba com o segundo júri, na hipótese de condenação por 20 anos, e a que reduz os casos em que os réus aguardam o julgamento em liberdade. Quanto à última, uma pergunta: estão construindo mais cadeias ou as prisões serão domiciliares? Há projetos que permanecem nebulosos, como o que reduz a possibilidade de *habeas corpus* e o que impede a renovação em juízo das provas já produzidas no inquérito policial.

A despeito da advertência expressa no Capítulo 2, as reformas aumentam o número de leis. Nestas, de um lado, os efeitos decisivos, alguns inevitáveis e até convenientes, como o de extinguir os Tribunais de Alçada e ampliar o Tribunal de Justiça (aconteceu em São Paulo com alguma inspiração do Senado Romano, que chegou a 300 senadores durante a Realeza, passando com Sila, na República, a 600, com César a 900 e a mais de 1.000 no segundo triunvirato) (nota 31). De outro lado, os efeitos deletérios (ainda que se consiga superar a inconstitucionalidade), como o do STF legislar por meio de súmulas vinculativas na vigência do princípio da legalidade (o primado da lei, impondo o julgamento conforme a lei, reflete o velho brocardo *non exemplis, sed legibus, judicandum est*) e de criar um Conselho Nacional para o controle externo do Judiciário, este, apesar de não se duvidar da excelente composição, correndo o risco de confusões entre as suas funções (administrativas) e a função judiciária que nunca teve, além do risco de execrar ou menosprezar e não exaltar ou defender o princípio federativo, uma *conditio sine qua non* que decorre das dimensões continentais do Brasil, ainda que outras razões não existissem como, por exemplo, as que derivam da Constituição (CF de 1988, art. 34-IV e art. 36 § 1º, art. 60 § 4º); aquelas cimentando o centralismo do Estado, estagnando a jurisprudência (nota 144) e pondo em risco a independência dos juízes (*RT*, 826/69), tudo com *inchaço da despesa pública* (manifestação cultural). O que agora vão fazer é acelerar a inflação legislativa peculiar das autocracias, com normas *torrenciais, divagantes e arbitrárias* (conhecida e sempre ignorada lição de Manuel Carlos, em 1936),[32] é produzir novas edições dos códigos de processo e dos livros didáticos. Mas o lucro é dos editores, dos escritores e conferencistas, dos cursinhos de adap-

---

[32] Manuel Carlos de Figueiredo Ferraz, "Apontamentos sobre a noção ontológica do processo", *RT*, 1936, 2ª tiragem em 1984 (Julex), p.156. O *cavalo de Troia* referido pelo prof. Cândido Rangel Dinamarco esconde as pessoas estranhas ao Judiciário, que vão invadi-lo – conferir *Instituições de direito processual civil*. São Paulo, Malheiros, 2001, vol.1, p.405.

tação, das associações de classe, dos congressos e dos congressistas. Não dos jurisdicionados. Muito menos do povo, como cediço. Aliás, antigo presidente da OAB, o advogado José Roberto Batochio, nem mesmo acredita que a eliminação de recursos agilize os processos.[33] E ele não está isolado. Entre os que sustentam a tese, acha-se conhecido magistrado, atual presidente do Instituto Brasileiro Giovanni Falcone e exímio cronista da revista *Carta Capital*. O desembargador Wálter Fanganiello Maierovitch sustenta que a reforma judiciária "não vai tornar um minuto mais rápido o andamento dos processos".

São duas as reformas positivas que até agora fizeram, a primeira decorrente de um convênio entre o CNJ e a Receita Federal, permitindo aos juízes o acesso aos dados fiscais dos suspeitos de irregularidades. A segunda é o mecanismo da repercussão geral, pelo qual o STF escolhe o que julga, deixando de rever matéria rasteira e irrelevante para o interesse público, um filtro que diminuiu a sua carga de trabalho (*O Estado de S.Paulo* de 02.07.2009, p.A-14). Ao escrever *Fim de século e justiça*, bem antes da reforma, já havia sugerido que o STF adotasse o sistema de triagem das questões que, pela relevância, seriam submetidas a julgamento. É o que faz a Suprema Corte, em Washington, em uma visão pragmática do processo que, sempre entendi, devíamos copiar. E copiar não só nesse pequeno aspecto de higiene do STF. Todos os órgãos judiciários brasileiros precisam de limpeza, que remova as teias de aranha dessa burocracia medieval que os assola. Essa limpeza deve começar pelo processo judiciário, ou jamais conseguiremos afastar os problemas de que se trata.[34]

---

33 José Roberto Batochio, citado em matéria sobre a *reforma dos Códigos*, no *O Estado de S.Paulo* de 06.02.2005, p.A-4.

34 Wálter Fanganiello Maierovitch, "Cadáver excelente" (sobre o homicídio da missionária Dorothy Stang, sustentando que "o Brasil vive das emergências,

Não havendo uma reforma séria do processo, nunca nos livraremos do brocardo *plus ça change, plus c'est la même chose* (quanto mais as coisas mudam, mais continuam as mesmas). Essas questões do processo judicial apresentam dificuldades estranhas. Um exemplo é a eterna preocupação de contrapor a celeridade processual e os direitos fundamentais, quando a expressão celeridade só é usada em contraposição ao marasmo. Acaba prevalecendo o cânone de que a eficiência da Justiça ofende o direito. Outro exemplo se acha no apoio que merece a iniciativa de promover conciliações. Os jornais soltam fogos para as *semanas de conciliação*. Não se trata de novidade, porém. A conciliação é uma fase processual que já existe! Não é nada que alguma reforma tenha acabado de implantar. E, ao realizar a conciliação, não se pode descambar para o niilismo, como estabelecer, em uma súmula tácita, que quem não transige deve esquecer a sua causa e o seu direito, pois eles não serão apreciados, pelo menos não se resolverão em um tempo balizado pela existência útil das duas coisas, um tempo que pode consumir a própria vida dos litigantes. Não é sem razão que as chacotas andem nesse rumo, mas ainda considerando a conciliação um ideal, ela deve resultar da espontânea e legítima vontade das partes.

---

depois da porta arrombada por corpos tombados de vítimas inocentes"), na revista *Carta Capital* n. 330, de 23.02.2005, p.21. Ver também seu livro *Na linha de frente pela cidadania*. São Paulo, Michael, 2008, p.62. Quanto ao convênio entre o CNJ e a Secretaria da Receita Federal, ver *O Estado de S.Paulo* de 29.06.2007, p.A-3. Quanto ao mecanismo da repercussão geral, ou sistema de triagem das questões, no STF, ver F. P. SENA REBOUÇAS, *Fim de século e justiça*, cit., capítulo VIII, p.103-4, e capítulo X, p.128. Ver também *O Estado de S.Paulo* de 13.03.2008, p.A-3.

É uma pena que os julgamentos da História demorem, o que não deixa de ser um alento para os reformadores no propósito cultural de enganar o povo, esse que Aristides Lobo considerou um "povo bestificado" ante a proclamação da República (nota 129), mesmo sendo hoje mais politizado. Um propósito do qual não escapa um governo considerado popular! Sem falar nos temas ortodoxos da jurisdição, considerando apenas o extravagante, isto é, as novas questões que estão aí para debate e cujas consequências práticas só o tempo demonstrará (eficiência ou caos, êxito ou frustração), independentemente da Suprema Corte abençoá-las, como ocorreu, por maioria de votos, no tema do controle externo (*O Estado de S.Paulo* de 14.04.2005, p.A-11), e ainda pode ocorrer nos outros focos, como, por exemplo, o da súmula vinculante que satisfaz os burocratas (plagiato anacrônico dos assentos vinculativos da Casa de Suplicação portuguesa, contra os quais houve uma lei em 1822),[35] ninguém deve ficar surpreso se dentro de 20 anos disserem que a solução dos contratempos da Justiça passa pela condenação (por má-fé) daqueles que proponham ações, que contestem ou que recorram. Nem devem estranhar se, em um gesto final de consagração da *virtude*, esses republicanos extinguirem os advogados, como fez a Revolução Francesa.[36] A atual reforma

---

35 F. P. Sena Rebouças, *Fim de século e justiça*, cit., capítulo X, p.130. Ver também "Os caminhos de uma revolução cultural", na *RT* 826/69. Em 13.04.2005, o STF, por maioria de votos (7x4), considerou constitucional o *controle externo do Judiciário*.

36 Só em 1804, Napoleão restabeleceu os advogados (John Gilissen, *Introdução histórica ao direito*, tradução de A. M. Hespanha e L. M. Macaísta Malheiros. Lisboa, Fundação Calouste Gulbenkian, 1986, p.494). Para Montesquieu, a República tem a *virtude* como principal motor da História. A *virtude* republicana ocupou o lugar que

do Judiciário (em 2004) teve o propósito de conter o caos. A reforma de 1979 também tinha esse propósito. O que diz a História sobre o curso desses 25 anos em que a Justiça evoluiu de um caos para outro? E o que dirá a História dentro de 20 anos? É disso que se trata.

Uma coisa é pretender que a reforma processual tenha utilidade. Outra é admitir que, nem bem votada, já resolveu tudo. Editorial do jornal *O Estado de S.Paulo* diz que "aos poucos o Judiciário vai entrando nos eixos", e comenta a criação de um comitê de gestão e regulamento da Lei n. 12.019/2009, que autoriza a convocação de magistrados para a instrução de ações penais que correm no STF e no STJ (*O Estado de S.Paulo de* 13.10.2009, p.A-3). Há séculos agimos dessa forma: escondemos a realidade atrás de um grande foguetório, conseguimos ter no processo a consagração da burocracia e, nas instituições, o alvo preferido das nossas desconfianças. Editoriais como esse pregam nas novas leis elogios açodados, considerando os tribunais agilizados e os abusos terminados. Neles acredito para ser amável (é o que se pode dizer!), mas sugiro que esperemos 20 anos para comprovação da festejada eficácia (nota 36). Apoio os que torcem por um novo Código de Processo Civil, mas que tenha uma Parte Geral aplicável a todos os processos e que, além do respeito à Constituição, codifique a instrumentalidade que ainda não entendemos e o pragmatismo que sempre nos faltou. Enquanto isso não ocorrer, não se deve esperar nada de nenhuma reforma.

Por trás disso tudo, encontramos uma verdade vitalícia. Um dos riscos que podemos correr no Brasil, de olhos fechados, é apostar no colapso da burocracia (incluindo a Justiça, que é a sua face nobre), principalmente depois de uma reforma que, justamente, procure livrá-la da queda

---

a Monarquia reservava para a *honra* (conferir JULIÁN MARÍAS, *História da filosofia*, tradução de Claudia Berliner. São Paulo, Martins Fontes, 2004, p.290).

livre. O colapso é certo, porque sempre ocorreu, e continuará ocorrendo enquanto alimentamos um senso provinciano e tacanho das coisas que se relacionam com a utilidade. Entrou para a história do humorismo, o Ministério da Desburocratização – uma burocracia para acabar com outra. A burocracia continuou e o ministério acabou! Quanto à Justiça, já não falo na reforma de 1979, que, tal qual o avião do último desastre em Congonhas, estolou, ao arremeter, no final da pista. Quando a Carta de 1988 extinguiu o chamado *conselhão*, a reforma já era um fiasco. Vejam a reforma de 2004! Estou entre os que não a viram, exceto no discurso dos mentores que a redigiram, dos congressistas que a aprovaram e dos editoriais que a exaltam, mas façamos de conta que ela existiu e foi cabal, uma utopia em que muitos acreditam, inclusive parte da imprensa, outra força desvanecida pela desorientação, pois, desde que Olavo Bilac lançou o ensinamento, em 1900, os jornais não podem ignorar que as reformas nos têm servido, apenas, para espalhar pulgas.[37]

A última reforma judiciária ocorreu em 2004, mas os tribunais superiores permanecem congestionados e a imprensa cética repete o discurso de sempre: "congestionamento das cortes é fator de insegurança para a cidadania". Enfocando os principais graus de jurisdição (1ª e 2ª instâncias), editoriais de *O Estado de S.Paulo* (27.01.2009 e 10.05.2010) argumentam sobre o congestionamen-

---

37 De Olavo Bilac, *Ética*, conferir "Vossa insolência". São Paulo, Companhia das Letras, 1996. p.159. Quanto ao congestionamento dos órgãos judiciários, ver *O Estado de S.Paulo* de 16.03.2008 p.A-3, de 17.03.2008, p.A-1 e de 27.01.2009, p.A-3. Sobre os Juizados Especiais de São Paulo, *O Estado de S.Paulo* de 22.03.2008, p.A-3. Sobre os Juizados Federais, incluindo uma crítica à OAB e aos advogados, *O Estado de S.Paulo* de 10.05.2010, p.A-3. De Thomas Carlyle, conferir *História da Revolução Francesa*, tradução de António Ruas. São Paulo, Melhoramentos, p.733-4 e 747.

to da Justiça Federal e da Justiça Estadual. O último chega a culpar os advogados! Em São Paulo menciona-se a estatística macabra de milhões de processos para 652 juízes (entre desembargadores e magistrados auxiliares), revelando que já se cogitou da criação de mais 130 cargos no Tribunal. Vê-se que poucos estão dispostos a admitir que a objetividade exige a denúncia do romanismo (no que tange à ineficiência), ou logo iremos ultrapassar a administração de Sila, de César e do segundo triunvirato. E atingiremos o ponto ideal para mais uma reforma judiciária, com a convocação de brilhantes parlamentares que a resolvam, impregnados de cultura jurídica e espírito público.

No âmbito federal, já se fala na ampliação dos TRFs, com uma Proposta de Emenda (n. 544/2002) para a criação de mais quatro desses tribunais (*O Estado de S.Paulo* de 09.04.2010, p.A-3). Em São Paulo, os juizados especiais cíveis estão burocratizados, segundo uma pesquisa da Escola de Direito (Edesp), da Fundação Getúlio Vargas (nota 37). A crise nunca é privativa dos órgãos judiciários. Toda a burocracia sempre viveu entre a crise e o colapso, deslustrando a União, os Estados e os Municípios. Os precatórios (notas 30 e 151) representam a coroa desse reinado caótico. Porém, as reformas aqui referidas são as do Judiciário e, para o mundo jurídico, elas sempre foram o intervalo do teatro, a esperança de que, no segundo ato, a peça decole. Uma esperança infrutífera. Mas não resta dúvida de que há um avanço. No rescaldo das reformas, novos cargos são criados, carreiras se tornam luminosas, algumas em órbitas siderais, infinitas despesas engrossam os gastos do erário (principalmente no Poder Executivo), e é isso que sempre nos dá a sensação de progresso e a de que perseguimos a *virtude*, um prazer que continuará nos impingindo a aterradora sinfonia da má administração pública.

Nessa persecução da *virtude*, para invocar uma fonte das nossas inspirações, a Revolução Francesa resultou, de fato, em uma sucessão de fracassos humilhantes para o próprio terror. Os últimos guilhotinados que o digam! Thomas Carlyle conta que, frente à guilhotina, ferido na mandíbula por uma tentativa de suicídio, "Robespierre soltou um grito horrível de ouvir e de ver", e que "o Tribunal Revolucionário, depois de tudo o que devorou, tem agora apenas, como todas as coisas anárquicas, de se devorar a si próprio" (nota 37).

Em 1862, o nosso primeiro compêndio de direito administrativo registrou, sem reflexão, que foi a Revolução Francesa responsável pela centralização da França e que o sistema centralizado sobeja em burocracia o que falta em liberdade. Isso foi exposto pelo Visconde do Uruguai ao tempo do Império.[38] Bobbio faria um pequeno reparo ao primeiro registro, já que, na interpretação de Tocqueville, a centralização administrativa preexistia à revolução e continuou depois. Não foi obra dos revolucionários. É o fundamento pelo qual Tocqueville atribui à Revolução um movimento sem mudança (sem mudança radical).[39] Hamilton foi outro que percebeu a ilusão da Revolu-

---

38 Paulino José Soares de Souza (Visconde do Uruguai), *Ensaio sobre o Direito Administrativo*, organizado por José Murilo de Carvalho com o título de *Visconde do Uruguai*. São Paulo, 34, 2002: "Foi a Assembleia Constituinte Francesa de 1789 que lançou os fundamentos da centralização da França" (p.433). A centralização "tende a multiplicar em demasia as rodas e as peças da máquina administrativa, os empregados, as comunicações hierárquicas do serviço, a papelada, a escrita, as dúvidas e as formalidades" [...] "É incontestável que a excessiva centralização, quando se juntam a governamental e a administrativa, não é das coisas mais favoráveis à liberdade dos cidadãos" (p.441-2).

39 Norberto Bobbio, *Teoria geral da política*, tradução de Daniela Beccaria Versiani, 2ª edição. São Paulo, Campus, 2000, p.608-9.

ção Francesa. Há semelhanças entre o Brasil e a França, podendo-se dizer dos nossos governantes, como dos governantes franceses, que eles dificilmente se livram do fenômeno endêmico de serem tratados com desprezo, o que lá notou Tocqueville ao analisar a revolução que instaurou a Segunda República e, igualmente, reparou Raymond Aron um século depois da Revolução de 1848, mencionando a classe política de 1958.[40] A favor da França pode-se dizer que a televisão francesa jamais flagrou políticos recebendo propina. Mas dos nossos reformadores também se pode dizer aquilo que registrou o Visconde do Uruguai sobre um conceito de Mirabeau da Assembleia Constituinte Francesa: cada um sabia o que era preciso derrubar, mas não sabia o que era preciso estabelecer,[41] o que, sem dúvida, evoca as nossas reformas judiciárias de 1979 e 2004 e o *novo pacto republicano* firmado em abril de 2009, com os holofotes dos conclaves políticos, mas também as sombras. Tudo sem esquecer a lei da ficha limpa que

---

40 Sobre Hamilton e a Revolução Francesa, ver JOHN PATRICK DIGGINS, *Max Weber, a política e o espírito da tragédia*, cit., p.14. Sobre o desprezo referido por Tocqueville e Raymond Aron, ver ARON, *Les étapes de la pensée sociologique*. Paris, Gallimard, 1967, p.283: "*Tocqueville met en lumière un phénomène endémique en France: le mépris dans lequel sont tenus les hommes qui gouvernent.* [...] *Ainsi, cent dix ans après 1848, la classe politique qui governait la France était tombée dans un mépris si general que ce mépris paralysa ceux-là mêmes qui auraient eu le plus d'intérêt à se défendre*". Na tradução de Sérgio Bath, *As etapas do pensamento sociológico*. São Paulo, Martins Fontes, 2002, p.407.

41 "*Chacun savait alors ce qu'il fallait renverser, ne savait ce qu'il fallait établir*", conferir PAULINO JOSÉ SOARES DE SOUZA (Visconde do Uruguai), *Ensaio sobre o Direito Administrativo*, cit., p.429. Sobre o novo pacto republicano, ver *O Estado de S.Paulo* de 15.04.2009, p.A-3.

cinco ministros do STF dizem aplicada de forma inconstitucional (*O Estado de S.Paulo* de 25.09.2010, p.A-10). No nosso caso, é sempre o tempo, infelizmente com atraso, que vem nos dizer o que valeu e o que não passou de um lampejo exagerado e característico da província.

5
EQUIVOQUISMO DA JUSTIÇA E DO INTERESSE PÚBLICO

Justiça e interesse público parecem coisas equívocas e colidentes com o país. Quanto à primeira, data de 1928 a chocante sentença de Manoel Bomfim, criticando o Estado brasileiro pelo modo "como se organiza para a exclusiva injustiça". Esse Estado, no início, era a própria magistratura acumulando a política e a administração, tendo assim brotado da magistratura absolutista portuguesa, espinha dorsal do governo desde o século XIV. A impunidade, a falta de confiança nos tribunais e a busca da justiça pelas próprias mãos já eram o resultado daquilo que, em 1841, o Visconde do Uruguai chamou de "deplorável estado da administração da justiça".[42] Por certo, de lá

---

[42] Manoel Bomfim, prefácio de 1928 que lançou em seu livro *O Brasil nação*, 2ª edição. Rio de Janeiro, Topbooks, 1996, p.37 (1ª edição de 1931). Esse fato, hoje, repousa em julgamento do historiador e acadêmico José Murilo de Carvalho, de que o alto grau de injustiça é a marca registrada do país (*Quatro autores em busca do Brasil: entrevistas a José Geraldo Couto*. Rio de Janeiro, Rocco, 2000, p.14). Quanto à origem portuguesa (e absolutista) da nossa magistratura, ver José Murilo de Carvalho, *A construção da ordem*, cit., 2ª edição, 1996. Rio de Janeiro, UFRJ, p.156-8. Na 3ª edição, Rio de Janeiro, Civilização Brasileira, p.172-4. Quanto ao Visconde do Uruguai, ver introdução de José Murilo de Carvalho ao *Ensaio sobre o Direito Administrativo* de Paulino José Soares de Souza. São Paulo, 34, 2002, p.21. Sobre as células-tronco de embriões humanos, a referida decisão do STF foi comentada no *O Estado de S.Paulo* de 30.05.2008.

para cá houve mudança e a História do Brasil registrou em suas páginas a presença de luz, assim como de admiráveis julgamentos e de grandes juízes. Apenas como um exemplo, incapaz de consumir-se no rápido esquecimento e que, por certo, haverá de ecoar por muito tempo, lembro que, em maio de 2008, o STF realimentou a esperança que se deposita no Poder Judiciário, afastando a ação de inconstitucionalidade da lei que permite as pesquisas com células-tronco de embriões humanos, superando divergências e pondo o Brasil na linha de frente das pesquisas científicas da cura de lesões e doenças até hoje incuráveis (nota 42). Mas, em sentido lato, justiça é utopia que ainda conflita com o país. Quanto ao segundo (o interesse público), é preciso dizer que, para esses temas, a sombra do fracasso é incrivelmente tenaz e, salvo exceções, tal foi o proveito das reformas judiciárias que tivemos. Não foi jamais o pragmatismo, a economia, a descentralização (inclusive do processo), muito menos o prestígio da Justiça, prestígio que deve conter a eficácia e muito mais. Festejada pela atual administração, a última reforma vem derrapando, a despeito do *lobby* e do aplauso ocultos em editoriais e informações não assinadas da imprensa. O dr. Roberto Busato, presidente nacional da OAB entende que a súmula vinculante, ignorando as diferenças do Brasil continental, engessará a Justiça, mantendo-a afastada do povo, e que as reclamações pelo descumprimento das súmulas trará maior confusão ao sistema judiciário, que necessita de um aprimoramento técnico e mental, além de uma reforma do processo. Da mesma forma, o ínclito desembargador Celso Limongi, então presidente do Tribunal de Justiça de São Paulo, advertiu que o Conselho Nacional de Justiça (CNJ) fiscaliza, mas não governa os órgãos judiciários, sejam da União ou dos Estados, nem pode excluir a autonomia constitucional dos tribunais. Isso é apenas o início dos problemas que tal reforma promete como, aliás, foi previsto.[43] O chamado programa de metas (o julgamento de processos distribuídos até certa data) é um velho sistema, muito conhecido, cujos resultados se prendem a uma espécie de euforia atlética que logo arrefece, até porque processos novos, sempre em maior quantidade, não param de entrar nos cartórios e secretarias. Tais resultados, a longo prazo, não dependem só do atletismo, mas

---

43 Descentralização do processo no sentido de atribuir aos Estados competência para legislar sobre direito processual, ao menos supletivamente, como pregava HAROLDO VALLADÃO ("Aos juristas das reformas", in *Novas dimensões do direito*. São Paulo, RT, 1970, p.219). Deixei em escrito anterior, quanto ao processo judiciário, que ele deve abdicar de ser instrumento da protelação, da burocracia, da chicana e da dominação do Estado por intermédio do juiz, detentor de parcela do poder político, mas que não é sócio do governo, e sim um crítico necessário ao equilíbrio do Estado, e o mais importante instrumento de defesa contra o abuso de poder. O processo é a extensão das garantias constitucionais, meio de realização do direito substancial, instrumento formal de justiça. A Constituição da República podia mesmo deixar aos Estados um bom campo de compatibilizar normas processuais e interesses locais, que só traria benefícios para os jurisdicionados (conferir "Sob o feixe dos lictores", *Revista de jurisprudência escolhida do 1º TACivSP*. São Paulo, Jurídica Brasileira, vol.2/18). A opinião do dr. ROBERTO BUSATO, presidente nacional da OAB, foi publicada no O *Estado de S.Paulo* de 04.12.2006, p.A-7. O desembargador CELSO LIMONGI, presidente do TJSP, manifestou-se no mesmo jornal, edições de 09.12.2006 e 08.02.2007, p.A-10. Algumas previsões do desencanto da reforma judiciária estão em nosso *Fim de século e justiça*. São Paulo, Juarez de Oliveira, 2002, e no estudo "Os caminhos de uma revolução cultural: obscurantismo e inconstitucionalidade nos temas do controle externo e da súmula vinculadora do Poder Judiciário", na RT 826/69.

também exigem investimentos altos (criação de cargos e tribunais) e sonhos utópicos (a instituição de um processo judiciário pragmático, desvinculado do velho teorismo científico e de nossa cultura burocrática). Sem isso, tudo não passa de enxugar gelo, como teimamos em fazer, improvisando sistemas e métodos que se justificam para "inglês ver"! O que dizer do programa de novos presídios federais, datado de 1984? Passados mais de vinte anos, a deficiência permanece a regra.[44] Vejam a questão dos menores, sobre os quais ainda vislumbram milagres pela coragem e generosidade de pessoas, autoridades e entidades no âmbito de Estados e Municípios. Sobre esses menores, no século XX, aqui se produziram carradas de convenções, semanas de estudo, simpósios, conferências, seminários, teses, livros e bibliotecas, sistemas educativos, ordenamentos jurídicos e jurisdições especializadas. Não obstante, nada expressa um fracasso nacional com mais intensidade e com tanta veemência. É digno de nota que, sobre o assunto, Olavo Bilac escreveu em 1894, e não disse nada que não refletisse o nosso tempo ou o tempo do Brasil colonial e escravista do século XVII.[45] Somos o mesmo país há quatro séculos e, na essência, não houve reforma que nos mudasse.

---

44 Quanto ao prestígio da Justiça conter mais do que a eficácia, conferir F. P. Sena Rebouças, *Fim de século e justiça*, cit., p.169. Quanto ao frustrado programa da construção de presídios federais, ver "União contra o terror", no *O Estado de S.Paulo* de 14.07.2006, p.A-3.

45 Olavo Bilac, "Prostituição infantil", crônica reproduzida em *Vossa insolência*, organização de Antonio Dimas. São Paulo, Companhia das Letras, 1996, p.305. Quanto ao século XVII, ver Ronaldo Vainfas, "*Moralidades brasílicas*", na *História da vida privada no Brasil*, organizado por Laura de Mello e Souza sob a coordenação de Fernando A. Novais. São Paulo, Companhia das Letras, 1997, vol.1, p.271.

Vamos prosseguir em outras searas, envolvendo esses aspectos equívocos que, curiosamente, esfriaram depois de 2005, mas não desapareceram.

Enquanto o chefe de governo espanhol, que nos visitou, lembrava a necessidade de respeito à propriedade privada, aqui se abria escola para ensinar a ocupação de terras e a invasão de propriedades rurais, com a presença de um alto dignitário da República.[46]

Para evitar os dados inoportunos, o Ministério do Planejamento impõe censura prévia à divulgação de informações do IBGE, uma das entidades de maior credibilidade no país. Foi esse um desserviço prestado à nação, observando Jarbas Passarinho que a credibilidade do IBGE ficou abalada. Depois do episódio, o IBGE divulgou que a economia brasileira cresceu 5,2% em 2004, o melhor desempenho do PIB desde 1994. Era para acreditar?[47]

Que a educação básica na rede pública esteja em voo descendente não é novidade. No século XIX, quando a Europa completava o processo de inclusão da infância na escola fundamental, quando a Argentina e o Uruguai engatinhavam no mesmo processo, "o Estado de São Paulo sequer tinha escolas públicas", ingressando o Brasil no

---

46 *O Estado de S.Paulo* de 24.01.2005, p.A-4 e, na edição de 30.01.2005, p.A-3. O prof. Miguel Reale sustenta que a referida escola decorre de um movimento que obedece as diretrizes do culturalismo revolucionário de Gramsci para o comunismo italiano: quem domina a cultura domina o Estado (conferir "Culturalismo revolucionário", no *O Estado de S.Paulo* de 12.03.2005, p.A-2).

47 *O Estado de S.Paulo* de 29.01.2005, p.A-4; na edição de 30.01.2005, p.A-6 e, na edição de 31.01.2005, p.A-7. Jarbas Passarinho publicou a crônica "Inflação, Delfim e IBGE", no *O Estado de S.Paulo* de 08.02.2005, p.A-2. Sobre o crescimento da economia, ver *O Estado de S.Paulo* de 02.03.2005, p.A-1, B-1 e B-5.

século XX com 80% de analfabetismo, diz Claudio de Moura Castro. Ainda que, na primeira metade do século XX, algumas de nossas escolas públicas tenham alcançado um padrão elevado, a ONU e o Banco Mundial voltam a denunciar o péssimo nível do ensino público no Brasil. Continuará assim, até porque não se exige a necessária excelência do corpo docente, nem se paga um salário digno aos professores. E é no terreno da educação que se acham alguns fundamentos da fome. Mas, como dizem, sempre foi preferível doar o peixe a quem não sabe pescar, em vez de ensiná-lo a pescar! O último exemplo desse paternalismo é a política de cotas na universidade. Ao contrário de Weber e de Lincoln, os governantes acreditam que a política salva, a educação não. Editorial da imprensa paulista sustenta que a integração social "é um processo que só avança satisfatoriamente quando as escolas públicas fornecem educação básica de boa qualidade. O resto é demagogia, da qual o projeto das cotas é apenas um triste exemplo". Entrevistado pela *Tribuna do direito*, o prof. Luiz Olavo Baptista (da USP e OMC) denuncia o que chama de um sistema de *apartheid* pouco inteligente. Não é mesmo uma coisa lúcida, como também demonstra Antonio Paim, pois, "a obtenção de títulos acadêmicos [...] por meio de cotas, disseminará indevidamente a pecha de incompetente a pessoas que, sendo bem dotadas, poderiam alcançá-los sem benesses". O Estado deve estar presente, melhorando o nível do ensino público, concedendo bolsas, suprindo as deficiências econômicas, com o que também estará patrocinando a igualdade, ciente de que o segredo do fracasso educacional no Brasil está no curso primário, como argumenta o prof. João Grandino Rodas. O baixo nível da educação fundamental "macula a educação média e torna utópica a possibilidade de ensino superior". Exemplo disso, foi a criação, em maio de 1832, de uma cadeira de Direito Público Constitucional, proposta por Evaristo da Veiga, que, menos de um ano depois, lamentou a baixa frequência, atribuindo-a à nossa herança colonial, uma elegante metáfora da nossa ignorância. E o mais insólito é que esse fato nunca incomodou a sociedade. Diogo Mainardi comenta uma pesquisa encomendada pela revista *Veja*, revelando que "temos os estudantes mais analfabetos do planeta, e estamos plenamente satisfeitos com isso".[48] É claro que, na ausência de escolas públicas de bom nível, a cultura é inexoravelmente elitista, privilegiando uma faixa escolhida da sociedade.

Com novos fermentos, velhas ideias vão ao forno. Só uma recaída ideológica pode explicar a *lógica* de combinar segurança jurídica e direitos humanos com a China e com a ilha de Cuba. Cansada do FBI e da CIA, sendo difícil entender o sotaque de Oxford ou a fala *cockney* de agentes da Scotland Yard, consta que a inteligência brasileira passaria por treinamento em Cuba. Uma bravata! O mínimo a

---

[48] De Claudio de Moura Castro, ver "Revolução na educação", in *Por que o Brasil não é um país de alto crescimento?* Rio de Janeiro, J. Olympio, 2006, p.146. A denúncia da ONU e do Banco Mundial estão no *O Estado de S.Paulo* de 26.04.2006, p.A-16 e de 06.10.2006, p.A-3. O editorial foi publicado no mesmo jornal, edição de 15.02.2006, p.A-3. Sobre o projeto de cotas ou o sistema de apartheid, conferir Luiz Olavo Baptista na *Tribuna do direito* n. 146, junho de 2005, p.28. De Antonio Paim, ver "Discutir e condenar o racismo emergente", no *O Estado de S.Paulo* de 28.01.2008, p.A-2. Quanto ao treinamento em Cuba, ver "Aprendendo com a política cubana", no *O Estado de S.Paulo* de 06.03.2005, p.A-3. Do prof. João Grandino Rodas, ver *O Estado de S.Paulo* de 31.01.2008, p.A-2. Quanto à criação da cadeira de Direito Público Constitucional em 1832, ver Marcello Basile, Parte I, cap.9 de *Brasileiros e cidadãos,* organizado por Gladys Sabina Ribeiro. São Paulo, Alameda, 2008, p.218-21. De Diogo Mainardi, "Temperamento de rebanho", na revista *Veja* n. 2075, de 27.08.2008, p.167.

dizer é que, sendo a visão *política* essencial a essa polícia, a época não era convidativa para o empreendimento. Até por ser impagável o espírito de troça dos cariocas, o ditador Getúlio Vargas não mandaria o Filinto Müller tarimbar-se nos porões da Gestapo entre dezembro de 1941 e janeiro de 1942 (de Pearl Harbor até a ruptura com o Eixo). É certo que em outra época podia fazê-lo, já que seu próprio filho e alguns militares brasileiros, depois de 1937, andaram estagiando na Alemanha, assim como importamos instrutores da *Gestapo*.[49] A verdade é que os ventos da guerra mudavam e o próprio Filinto Müller acabou exonerado, em 1942. Atos administrativos discricionários (não vinculados) nem sempre revelam, como deviam, a preocupação por justiça, mas obrigatoriamente inalam o *princípio da oportunidade e conveniência*. Não há exceção possível, diria Oswaldo Aranha se

---

[49] "Entulho autoritário", no *O Estado de S.Paulo* de 02.03.2005, p.A-3. Na edição de 04.03.2005, p.A-7. Conferir também a crônica de Ipojuca Pontes ("A invasão cubana e a Abin", no *O Estado de S.Paulo* de 19.03.2005, p.A-2). Na verdade, a partir de 1937, antes do nosso envolvimento na 2ª Guerra Mundial ao lado dos Estados Unidos (em virtude do ataque japonês a Pearl Harbor, em 07.12.1941, e da ruptura das nossas relações diplomáticas com o Eixo, em 28.01.1942), o governo brasileiro teve um acordo de cooperação com a polícia secreta alemã (Geheime Staatspolizei ou, abreviadamente, Gestapo), o que é registrado por Thomas Skidmore (*Uma História do Brasil*, tradução de Raul Fiker. São Paulo, Paz e Terra, 1998, p.164). Ricardo Seitenfus (*O Brasil vai à guerra*, 3ª edição. Barueri, Manole, 2003, p.26 e documentos a partir da p.268 e p.313). Sobre os instrutores da Gestapo, ver Jorge Amado (*Farda fardão camisola de dormir*, 2ª edição. Rio de Janeiro, Record, p.22 e 198). Sobre o filho de Getúlio Vargas e alguns militares brasileiros que estiveram na Alemanha, conferir Goffredo Telles Junior, *A folha dobrada*. Rio de Janeiro, Nova Fronteira, 1999, p.201-2.

ainda vivesse (foi quem demonstrou a conveniência de fazer a guerra ao lado das democracias). Pelo menos de 2003 a 2009, a burocracia republicana ignorou isso. Inspirados pela mesma ilha, passamos a medir a pressão da saúde pública com um *esfigmomanômetro* fantástico, privilegiando médicos graduados em Cuba, validando aqui os seus diplomas sem as exigências legais. A eles, pois, não se aplica o princípio republicano de que *todos são iguais perante a lei.* Mesmo sendo bobagem, como se classificam as bravatas, as universidades protestaram, o Conselho Federal de Medicina intercedeu, o Conselho Nacional de Educação passou a trabalhar em um projeto mais sério de revalidação dos diplomas estrangeiros e aquele primitivo acordo foi rejeitado pela Comissão de Educação da Câmara. Ainda assim o governo insiste, mais preocupado com ideologia do que com a saúde (*O Estado de S.Paulo* de 22.03.2009, p.A-3). E a nossa República não ficou nisso. Pleiteamos uma cadeira cativa no Conselho de Segurança da ONU, mas revelamos menosprezo pela mesma organização quando pulamos para cima do muro na questão das liberdades públicas em Cuba, abstendo-nos de votar sob o fundamento de tratar-se de uma questao política, quando é precisamente nesse campo (político) que a ONU desenvolve a sua atuação. Sem razão plausível (salvo a de que o Brasil optou pelo rodízio!), o país abre mão de um cargo de juiz na Corte de Haia. Mais tarde, esquecendo a opção pelo rodízio, pleiteia e perde para o México, um outro cargo de juiz no órgão de apelação da OMC. E ambiguidade surrealista foi a que derivou da notícia de uma viagem a Washington de três assessores do nosso republicano Planalto para receber lições de eficiência da Casa Branca. Não sei se a viagem vingou e se a notícia circulou acima do equador, mas o mínimo que se podia esperar era um constrangimento em Moscou, tal a evidência de que Brasília estava a compor uma salada russa. No molho apimentado de Daniel Piza, o Brasil entrega dinheiro para o metrô de Caracas, enquanto o presidente Chávez investe em uma escola de samba do Rio de Janeiro.

Alimentando a cobiça internacional sobre a floresta amazônica, o governo brasileiro diz que concederá anistia aos que devastaram 220 mil km^2 dessas matas (*O Estado de S.Paulo* de 11.02.2008, p.A-12). Mas o escândalo levou os responsáveis a novas meditações sobre o tema.

Servidores federais e estaduais são flagrados por compras e saques dos cartões corporativos bancados pelo erário, uma invenção que serve de luva para o nosso espírito público. A artilharia que isso disparou atingiu a ministra da Igualdade Racial e ainda aponta para os mais altos dignitários da República (*O Estado de S.Paulo* de 11.02.2008, p.A-4). E, com invejável técnica processual, a investigação parlamentar prometeu elucidar o fato. Mas, com tantos falcões e condores no ar, partiu para cima dos pardais que deixaram a notícia voar, considerados os *lombrosianos* do episódio, serviçais que, em vez de cumprir os deveres da burocracia, não integralmente visíveis, já que a burocracia é o reinado anônimo e dominante da opacidade (Capítulo 3 e nota 52), ficam aí, não se sabe se *sponte sua* ou em coautoria com o chefe, espalhando segredos de Estado.

Ainda se registram estranhos rebuliços, como os do grampo telefônico no STF, do projeto de lei que não quer punir os autores desses grampos, mas sim os jornalistas, por divulgarem as conversas grampeadas (*Veja*, n. 2080, 01.10.2008, p.112). Outro episódio decorre do apoio do presidente Lula ao projeto *bolivariano* da reeleição eterna de Chávez (*O Estado de S.Paulo* de 17.01.2009), podendo isso espalhar sarna pela América Latina, como ocorreu em Honduras, cujo presidente pretendia a reeleição contra o texto constitucional, sendo deposto em um golpe de Estado ao propor uma consulta popular sobre a mudança da Constituição. Um episódio suburbano da América Latina, uma briga interna entre radicais hondurenhos, em volta de uma estranha Constituição (que permitiria o afastamento sumário do presidente), e que não devia gerar mais que uma reprovação formal de quem se diz obediente ao princípio da não intervenção, mas que, tanto quanto a aproximação do Irã, envolve o Brasil de forma temerária para as suas pretensões globais. Mahmoud Ahmadinejad é um político contestado pelas suas posições antissemitas e por um programa nuclear suspeito, além de ser o protagonista de uma reeleição que disseram fraudada. Não parece merecer a confiança que o presidente Lula nele deposita, mediando acordos que, como outros, podem não ser cumpridos, conforme as suspeitas da ONU. O embaixador Luiz Felipe Lampreia entende que a aproximação do Brasil é um gesto gratuito, cujo preço supera qualquer retorno comercial ou político (*O Estado de S.Paulo* de 25.02.2010, p.A-2), e o prof. Celso Lafer denuncia aí uma atitude ofensiva dos princípios que regem as nossas relações internacionais, princípios repudiados pela visão de mundo do presidente do Irã (*O Estado de S.Paulo* de 25.11.2009, p.A-10). Em seguida temos, no Congresso, o escândalo das passagens aéreas e, no Senado, os *atos secretos* de criação de cargos e nomeação de parentes; a abertura de uma embaixada brasileira na Coreia do Norte, um lugar inóspito, um país que só é expressivo pelas ameaças que faz à Coreia do Sul, ao Japão e aos Estados Unidos. Com o objetivo de fortalecer a generosa ideia da Unasul (União das Nações Sul-americanas), temos a atitude retórica do governo contra as bases americanas na Colômbia, quando esse mesmo governo não cobra de Chávez e de Rafael Correa a propalada cooperação da Venezuela e do Equador com os guerrilheiros das Farc (*O Estado de S.Paulo* de 08.08.2009, p.A-22). O que dizer da recusa do Senado em cumprir decisão do Supremo Tribunal? As pressões levaram o Senado a cumprir a decisão, mas a história do Legislativo não se livrará do estranho registro. Finalmente, o rocambolesco episódio de uma liminar judicial concedida por um desembargador posteriormente afastado do caso por suspeição, em um tribunal federal que, além de afastar o referido relator, se declarou incompetente para a causa, mas não revogou a liminar. Decisão de juiz suspeito é suspeita, e a declaração de incompetência não deixou dúvida quanto à nulidade dessa liminar (CPC, art. 113 § 2º), que devia ser expressamente revogada, cabendo cogitar até mesmo de uma possível consequência automática da declaração (*RTJ*, 128/624). Mas quem suporta a restrição por ordem judicial tem o direito de exigir que o Judiciário seja expresso. A tese em ebulição é que a medida *initio litis* teria resultado em censura prévia e discriminatória ao jornal *O Estado de S.Paulo*, uma questão que ainda está *sub judice* e que vai se transformando na incômoda bandeira de uma crise, além de reforçar no mundo inteiro uma visão lastimável do nosso direito, do nosso ordenamento jurídico, cujas arestas autoritárias costumam aflorar quando menos se espera, e também de enfatizar a imagem do Brasil província, que é, como disseram, o retrato de uma coisa típica de nações atrasadas (*O Estado de S.Paulo* de 05.11.2009, p.A-6 e A-11).

O cidadão brasileiro permanece um espectador da desfaçatez, além de sentir o amargo sabor da tapeação na patacoada entre a Petrobrás e a Bolívia, na lorota entre o Equador, a Odebrecht e o BNDES.[50] E, certamente, em tom de zombaria, se registra, em agosto

---

[50] Sobre o diploma dos médicos cubanos, ver *O Estado de S.Paulo* de 05.02.2005, p.A-5; 11.02.2005, p.A-5; 27.08.2008, p.A-25; 27.11.2008, p.A-24 e 22.03.2009, p.A-3. Sobre a abstenção do Brasil no tema das liberdades em Cuba, ver "Retórica Itamaratyana", *O Estado de S.Paulo* de 17.04.2005, p.A-3. Sobre o cargo de juiz da Corte Internacional de Haia, que era exercido pelo ministro Francisco Rezek, ver *O Estado de S.Paulo* de 29.01.2006, p.A-7. Sobre o cargo de juiz da corte de apelação da OMC, que foi exercido pelo prof. Luiz Olavo Baptista, conferir *O Estado de S.Paulo* de 27.05.2009, p.A-3. Sobre o aprendizado de eficiência em Washing-

de 2006, a ideia da convocação de uma nova constituinte para fazer a reforma política! Bem disse Mendes Fradique que o Brasil é uma fruta saborosa, mas difícil de descascar.

Ainda que não fosse para lembrar a advertência de Ortega y Gasset de que a massa destrói o que é egrégio, qualificado e seleto, proclamando o direito à vulgaridade, o poder público, a partir de 2003, tem mostrado o seu desapreço por talento e brilho, virtudes que, por certo, considera idiossincrasias irrelevantes, além de injustiças fragorosas, merecendo o desprezo dos exames de ingresso nas universidades. O importante é garantir a cota dos iletrados, que serão o Brasil do futuro. Uma República não admite privilégios e, exceção feita aos médicos cubanos, *todos são iguais perante a lei.*[51]

Como registrou a imprensa, era preciso investir na melhoria de qualidade do ensino público e ampliar os programas de apoio a es-

---

ton-DC, ver Paulo Sotero, *O Estado de S.Paulo* de 25.05.2005, p.A-5. Sobre o dinheiro para o metrô de Caracas, ver Daniel Piza, "Sinopse", no *O Estado de S.Paulo* de 12.03.2006, p.D-3. Sobre a crise Petrobrás-Bolívia, conferir revista *Veja* n. 1955, 10.05.2006, p.99. Sobre o episódio do Equador, a Odebrecht e o BNDES, ver, adiante, o capítulo 13, item I. Sobre Mendes Fradique, ver *História do Brasil pelo método confuso*, cit., p.226.

[51] Constituição Republicana de 1891, art. 72 § 2º. Talvez por isso, candidatos aprovados em exame de vestibular são preteridos na matrícula em benefício das cotas de inclusão. Conferir "Os excluídos da inclusão" no *O Estado de S.Paulo* de 11.03.2005, p.A-1 e A-15. Ver também "Efeitos nefastos das cotas" no mesmo jornal, edição 14.03.2005, p.A-3. É uma característica da nossa época, não que o vulgar se considere excelente, mas que imponha a vulgaridade como direito. Conferir Ortega y Gasset, "La rebelion de las masas", *Revista de occidente en alianza editorial*, p.52 e 96.

tudantes pobres. Mas o governo só pretende discursar, afirmando que os seus atos têm a índole republicana, além da *transparência*, um desses efeitos visuais que alimentam o provincianismo da República e que a modernidade transmite às instituições por fibra ótica, derrotando os ensinamentos de Weber, que não são adequados para o Brasil. Foram escritos para a Alemanha, país mais afeito, de um modo geral, aos conceitos inequívocos.[52]

---

52 Ainda sobre a demagogia das cotas, ver "O sistema de cotas na Justiça", *O Estado de S.Paulo* de 03.02.2008, p.A-3. O brasileiro que fez a República tinha mania de fraque e de discursos. Só a mania do fraque é que passou, disse Manuel Bandeira, "mas o gosto do discurso persiste" (*Crônicas da Província do Brasil*. São Paulo, Cosac Naify, 2006, p.210). Quanto a Max Weber, é precisamente nesse foco weberiano (de que não existe uma burocracia transparente, estando a opacidade na sua essência, sendo esse o segredo do seu domínio) que desenvolvo um dos temas de "Os caminhos de uma revolução cultural", cit., publicado na RT 826/69-92.

6

A REPÚBLICA PROVINCIAL

I

Portugal chamava de *províncias* *ultramarinas* os seus territórios africanos e asiáticos. O sentido remoto de *província* é o de território conquistado e submetido ao poder de Roma. Moreira Alves ensina que, no *principado*, se dividem as províncias em senatoriais e imperiais, estas administradas pelos legados de Augusto, designados pelo imperador, aquelas pelos procônsules. No *dominato* (decadência), elas foram fracionadas, para maior subordinação ao poder central. Ao tempo da referida classificação, Hubrecht exemplifica as primeiras (África, Espanha, Sicília e Córsega) e as últimas (Síria, Norte da Espanha, Portugal e Gália). O Egito era submetido a um regime especial.[53] E Ulpia-

---

[53] Moreira Alves, *Direito romano*, 13ª edição. São Paulo, Forense, 2002, vol.1, p.31 e 43. Na 14ª edição, p.33 e 45. Ver também G. Hubrecht, *Cours de droit romain*. Paris, Éditions Domat Montchrestien, 1946, p.80. De Ulpiano: *"Provinciales eos accipere debemus, qui in provincia domicilium (habent), non eos qui ex provincia oriundi sunt"* (conferir Amilcare Carletti, *Dicionário de latim forense*. São Paulo, Leud, 2004, p.473). No sentido franciscano, *província* era o conjunto de conventos subordinados a um Superior provincial, conferir Frei Vicente do Salvador, *História do Brasil*, 5ª edição. São Paulo, Melhoramentos, p.520. No Brasil, excluindo as capitais dos Estados, já houve o costume de considerar qualquer outra cidade como província. Nesse sentido se acha na literatura a expressão juiz de província (que não é da capital). Pela Constituição Imperial, Províncias eram as porções territoriais que, mais tarde, a República passou a chamar de Estados (Constituição de

no só considerava provinciano aquele que fosse domiciliado na província (nota 53), uma restrição não mais aceitável, como está

1824, art. 2º, Constituição de 1891, art. 2º). Integravam o Império como "centros de vida, de ordem e de ação administrativa", disse Pimenta Bueno, ob. cit., p.81. Sobre a "crença ameríndia no gênio agourento do caipora", ver Gilberto Freyre, *Casa grande & senzala*, 49ª edição. São Paulo, Global, 2004, p.172. A alusão à classe como agrupamento emergente da estrutura de desigualdades sociais está em Alessandro Cavalli, no *Dicionário de política de Norberto Bobbio*, p.169-71. Sobre o folclore, ver Renato Almeida, *Inteligência do folclore*. Rio de Janeiro, Livros de Portugal, 1957, p.42-3. Diz Roberto DaMatta que protegemos os animais, mas adoramos as touradas; somos igualitários e, ao mesmo tempo, insensíveis à miséria mais abjeta (*O Estado de S.Paulo* de 11.06.2008, p.D-12). De T. B. Bottomore, *Introdução à sociologia*, tradução de Waltensir Dutra e Patrick Burglin. Rio de Janeiro, Zahar, 1983, p.102-3. Sobre os *refúgios suburbanos*, ver Colin Jones, *Paris: biografia de uma cidade*, tradução de J. Carlos Volcato e Henrique Guerra. Porto Alegre, L&PM, 2009, p.382. Quanto à elasticidade da palavra, ver Manuel Bandeira, *Crônicas inéditas*, Cosac Naify, p.147-8. Quanto às lições de civilidade de Cambridge, ver José de Souza Martins, "Civilidade e corrupção" no *O Estado de S.Paulo* de 30.03.2009, p.C-6. Sobre a dicotomia posta por Ortega y Gasset, ver *La rebelion de las masas*, cit., p.45, 52, 89 e 96. Sobre a Barcelona atual e a de 1960, disse Vargas Llosa: "Barcelona era então, todavia, pobretona, cosmopolita e universal; agora é riquíssima, nacionalista e provinciana" ("Sombras de amigos", em *A linguagem da paixão*, tradução de Wladir Dupont. São Paulo, ARX, 2007, p.18). Sobre o entendimento de Claude Lévi-Strauss da diferença como alteridade, e não como inferioridade, conferir Roberto DaMatta (*O Estado de S.Paulo* de 04.11.2009, p.H-2). Quanto ao tema do assassinato de civis, a imprensa afirma que desde 2003 o governo federal engavetou o conhecimento do assunto (*O Estado de S.Paulo* de 23.02.2005, p.A-1,4,6). Mas voltou à mesa com o assassinato da religiosa Dorothy Stang. Sobre a estatística do analfabetismo no Brasil, referida por Luiza Nagib Eluf, ver capítulo 8 e nota 87. O tema do confronto entre a cultura erudita e a popular está em Alfredo Bosi, *Dialética da colonização*. São Paulo, Companhia das Letras, p.330 e seguintes.

no *Novo dicionário brasileiro ilustrado* "habitante ou natural da província" e no *Dicionário da língua portuguesa contemporânea*, da Academia de Ciências de Lisboa "pessoa que nasceu na província ou aí reside".

Provinciano, assim, é o natural da província ou o seu habitante, um conceito geográfico não relacionado com o nível cultural, abrangendo o iletrado e o erudito. É com extrema generalização que se opõe a província aos centros culturais, como está no *The Grosset Webster Dictionary*: *"region distant from a center of culture"*. Uma pequena cidade dotada de uma importante universidade é um centro cultural. Cita-se o exemplo de Cambridge. No Brasil, além da capital da República, diversas capitais estaduais têm vida metropolitana e, no Estado de São Paulo, iremos pinçar algumas metrópoles regionais (Santos, Campinas, Ribeirão Preto e outras), as quais também se classificam como centros culturais e se destacam pela melhor qualidade de vida. Entretanto, em relação às megalópoles e aos maiores centros culturais do país (Rio de Janeiro e São Paulo) permanecem em segundo plano, preservando um trem de vida menos intenso, com menor *stress*, e outras incontáveis virtudes da província. Como metrópoles brasileiras, *stricto sensu*, as cidades do Rio de Janeiro e de São Paulo são preponderantes.

É em sentido pejorativo que a palavra *provinciano* indica o matuto, o labrego e o caipira, que não se confunde com o caipora. Caipora é uma entidade da mitologia tupi, personagem que reina na mata e costuma trazer infelicidade ou má sorte. Ainda em sentido desfavorável, como provinciano é tido aquele que não consegue transpor os muros da província ou, sem alusão a classe (agrupamento emergente da estrutura de desigualdades sociais) (nota 53), o aldeão que não vence a aldeia, o povoado, o arrabalde, mesmo residindo na metrópole, o burguês que não vence o burgo, para mencionar a burguesia modesta, acanhada, sem passar pelo conceito histórico e econômico da burguesia ascendente e capitalista (século XVIII), camada social que detinha os meios de produção, situada entre a aristocracia e a plebe. Podíamos aqui falar em burguesia folclórica e nas superstições folclóricas. No estudo do folclore, Renato Almeida o localiza nos ambientes populares, onde germina e desenvolve. Mas diz que, havendo gente do povo nas cidades, o folclore se insere nas metrópoles, havendo difusão ou propagação das superstições, ocorrendo, sobretudo, nos países americanos de formação rural. Enquanto Roberto Damatta demonstra que nenhuma sociedade humana é totalmente civilizada ou primitiva, T. B. Bottomore sustenta que a cidade e o campo se influenciam reciprocamente (nota 53). Tem-se, no campo ou nas cidades, que não se permite ao noivo ver a noiva paramentada, exceto no altar. É uma superstição folclórica.

O subúrbio ou o anel exterior das metrópoles tem uma atmosfera provinciana, igualando-se a tudo que está fora das grandes cidades, como definido em *Der Sprach-Brockhaus*; F.A.Brockhaus, Wiesbaden, 1961, p.519 *(Provinz: die Gegend außerhalb der großen Städte)*. Por vezes, regiões suburbanas perdem o sentido pejorativo que o desenvolvimento urbano empurra para um lugar mais distante. E ao contrário dos parisienses, há quem siga os ingleses e norte-americanos, valorizando o subúrbio e considerando-o preferível às áreas centrais das cidades. É comum notar, então, a deterioração do centro e o florescimento de alguns bairros periféricos ou satélites, que Colin Jones chama de "refúgios suburbanos".

Manuel Bandeira admitia haver um bom e um mal provincianismo e sustentou, em 1928, a elasticidade da palavra. O que era metropolitano para a capital do Brasil, naquela época, podia ser provinciano em relação a Paris ou Londres. Não é a área urbana, mas a atmosfera cultural que fixa a diferença, como mostra José de Souza Martins nas lições de civilidade de Cambridge, cuja área de vida cultural pode ser percorrida a pé (nota 53).

É preciso frisar que aqui não se trata de distinguir o homem excelente (que se obriga ou se exige muito) do homem vulgar (que se contenta com o que é), como posto por Ortega ao estudar o advento das massas ao poderio social, cotejando a excelência e a vulgaridade. Nem se cuida de classificar inteligências ou de contrapor a elite econômica e as camadas médias ou pobres da sociedade. Como sugere Vargas Llosa, ao comparar Barcelona de hoje com a de 1960, cosmopolitismo não é a riqueza, nem o provincianismo a pobreza. Não se discute o conceito de Estado burguês, sendo a burguesia considerada como foi anteriormente exposto, mais em razão da cultura popular. Não confundindo alteridade com inferioridade, uma forma de homenagear Lévi-Strauss (nota 53), não se invoca a superioridade ou a inferioridade de ninguém, mas uma circunstância nossa peculiar, distinguindo-se na população uma expressiva maioria que se acha nas áreas suburbanas dos grandes centros, nas cidades do interior, nas do litoral, na zona rural ou que, mesmo habitando o coração das maiores capitais e, exceto pela vivência dos *shopping centers*, pouco se identifica com a metrópole inclinada à vida cultural e cosmopolita, antenada com o mundo, ligada ao universo, que é, por assim dizer, o foco de uma minoria. Embora o analfabetismo tenha peso em nossa realidade, como se vê na estatística referida por Luiza Nagib Eluf (nota 53), pode ser instruído o cidadão pinçado desse caldeirão, que contém desde o iletrado ao detentor de cultura ilustre. O provincianismo brasileiro não é incompatível nem mesmo com a educação social, bastando para isso comparar a cordialidade e a simpatia dos nossos taxistas com o contrário absoluto que se acha em Nova York. As exceções, como sempre, confirmam a regra. Não estamos no campo de confronto entre a cultura erudita e a popular, como expõe Alfredo Bosi (nota 53), nem nos falta integridade e lucidez em todos os setores.

O que conta aqui é a desproporção, a enormidade de uma endemia provincial dominante no tempo e no espaço, essa colossal e plácida burguesia existente em todas as sociedades, sendo gigantesca entre nós. A rigor, é ciclópica em toda a América Latina. Com expressão econômica e política, ela justifica a sugerida classificação do nosso regime republicano: uma *República provincial.* É desse universo que, em geral, granjeamos o que temos de bom... e de mau, as qualidades e os defeitos que nos distinguem. Aqui também conta que toda desproporção gera um desequilíbrio e, em função desse desequilíbrio, haveremos de sofrer a proliferação do mal, sempre que submetidos à influência nefasta do provinciano radical, um centurião do xucrismo que ainda será descrito e contra o qual não se descobriu uma eficaz defesa.[54]

---

[54] Sobre o provinciano caliginoso e radical ver capítulos 11 e 14. No que concerne à elevação da carga tributária, a objeção mencionada é do prof. Ives Gandra Martins, no *O Estado de S.Paulo* de 31.01.2005, p.A-2. Mas o ministro da Fazenda diz que a carga tributária não pode ser reduzida (no mesmo jornal, edição de 11.03.2005, p.A-4). O confronto se repete em 2007. O presidente da República promete uma nova proposta de reforma tributária, alertando que a carga de impostos deve continuar longe do ideal. E o prof. Ives Gandra mede o custo burocrático do Brasil, afirmando que estamos no caminho de uma republiqueta fiscal ou de uma autocracia tributária (*O Estado de S.Paulo* de 16.11.2007, p.A-2; de 20.11.2007, p.A-1). Nem bem extinto o chamado *imposto do cheque,* que era uma contribuição provisória (CPMF), já existe um movimento para restaurá-lo e perpetuá-lo (*O Estado de S.Paulo* de 15.12.2007 e 21.05.2008). Quanto aos chamados *pingentes* legislativos (normas sorrateiramente postas em diplomas de natureza diversa, com o propósito de criar obrigação ou restringir direito), não passam de costume antigo, lembrando o velho chiste de uma lei que cuidava de impostos, mas trazia um *pingente* por ninguém notado e que alterava o estatuto da mulher casada. Ver também o editorial "STJ enquadra o Fisco", no *O Estado de S.Paulo* de 29.03.2005, p.A-3. Em um projeto que beneficia investimentos e reduz tributos, o governo inseriu um *pingente* que prejudica a execução de créditos

II

Com esse gosto brejeiro de um passeio na roça, alcançamos a estrutura de que se trata, envolta em uma ampla burocracia (o reinado anônimo e dominante da opacidade, segundo um pensamento de inspiração *weberiana*, conferir *RT*, 826/69), incluindo um serviço público libertador de escravos do nosso viçoso interior (interior capinado e desmatado), ainda que não se tenha notado bravura equivalente na contenção da escalada criminosa madeireira, na qual os jagunços intimidaram e assassinaram civis e religiosos (nota 53). Um sistema de saúde (SUS) com deficiências internas e elogios da OMS a respeito de alguns programas específicos (*O Estado de S.Paulo* de 31.08.2009, p.A-17), uma previdência social cujas dificuldades se aproximam às do ensino, e um sistema tributário rendoso (se bem que objetem à elevadíssima carga, incapaz de produzir serviços públicos adequados e de superar o péssimo desempenho social), rendimento que o poder público, sem critérios éticos, consegue, às vezes, por meio dos chamados *pingentes legislativos*, no que já estabeleceu um confronto com o Judiciário (nota 54). A propósito da Medida Provisória n. 232, que elevava tributos para os prestadores de serviços e também perturbava os agricultores, o delírio do governo aglutinou a Nação para um sonoro *basta*. Invocando o advento da Magna Carta, na Inglaterra, a Declaração de Independência dos Estados Unidos, a Revolução Francesa e a nossa Inconfidência Mineira, João Mellão Neto aplicaria a "lei do morcego inteligente" contra os morcegos gulosos que sugam demais, matam o boi e acabam morrendo de inanição.[55] E

---

alimentares contra a União, gerando um protesto dos juízes federais (*O Estado de S.Paulo* de 08.10.2005, p.B-6).

[55] João Mellão Neto, "Chegou a hora do basta", no *O Estado de S.Paulo* de 18.02.2005, p.A-2.

esse *basta* foi tão sonoro que o ministro da Fazenda, desde logo, admitiu mudanças e, em seguida, tudo levou o governo, pressionado, a desistir do aumento de tributos.[56] A elevada carga tributária (que também pesou na extinção da CPMF, uma contribuição insólita, reprovada pelos tributaristas e que entrou para a história com a alcunha de *imposto do cheque*) é o maior obstáculo aos investimentos produtivos e ao crescimento econômico do país. Temos um Parlamento sazonal (alternando períodos de luz e de sombra), um Judiciário e um Ministério Público sem dinheiro para tornarem-se úteis, o remédio que lhes sonegam, substituindo por controles e súmulas, que não passam de "miragens e jogos de cena para

---

56 Conferir *O Estado de S.Paulo* de 23.02.2005, p.A-11. A notícia de que o governo desistiu da medida provisória (e do aumento de tributos) está no *O Estado de S.Paulo* de 01.04.2005, p.A-4. Seria apenas uma infeliz coincidência essa publicação no *dia da mentira(!)*, não persistisse o apetite de arrecadação do governo federal, que volta à carga, vetando dispositivo da Emenda n. 3 (Lei da Super-Receita) e mandando ao Congresso o Projeto n. 536, que transforma burocratas em juízes com o poder arbitrário de desconstituir empresas. Uma temeridade, haja à vista o critério judicioso de um desses burocratas no aeroporto de Cumbica, em Guarulhos. Transformando-se em crítico de arte ou revelando-se leitor de Susan Sontag, não reconheceu como obra de arte as fotografias de Marilyn Monroe transportadas de Nova York para uma exposição no Museu de Arte Moderna do Rio de Janeiro, recusando-se a liberá-las, inaugurando entre nós mais um desses episódios kafkianos que nos distinguem, de tempos em tempos, adiando a abertura da exposição até que um juiz determinasse o contrário. Sobre Susan Sontag e a fotografia, ver GILBERTO DE MELLO KUJAWSKI, *O sabor da vida*. São Paulo, Letraviva, 1999, p.58. Sobre a burocracia de Cumbica, ver FLÁVIA TAVARES, "Encaixotaram Marilyn", no *O Estado de S.Paulo* de 14.10.2007, p.J-8.

leigos e desavisados", como disse Manuel Alceu Affonso Ferreira,[57] um científico processo judiciário (ainda que esse conserve um festival de recursos, cavilosos meandros e caminhos lerdos e ineficazes). Temos desde razoáveis até boas prefeituras (mesmo que, excepcionalmente, também haja prefeituras ineptas, com engenharia botocuda, semáforos jecas, luzes apagadas, vias congestionadas, buracos, túneis e valetas inundados, munícipes afogados nas enxurradas ou falidos pelo excesso de impostos), e temos o tráfico de entorpecentes e de armas, comércio temperado com violência de terceiro mundo, comandada por presidiários do primeiro comando da capital (PCC) e outras máfias, além de balas perdidas, ao lado de uma fome histórica sempre contestada, contestação que, entretanto, não impede o IBGE de registrar a macabra estatística de 14 milhões de famintos, tornando-a transparente e republicana. Diga-se, aliás, que o Programa das Nações Unidas para o Desenvolvimento sustenta que 220 milhões de latino-americanos (40% da população) ainda vivem abaixo da linha de pobreza (nota 57).

Nos moldes jacobinos da reforma judiciária, a reforma universitária passa pela afronta da Constituição, e o disposto no art. 207, § 1° da CF de 1988 (autonomia universitária, até para a contrataçao de professores e cientistas estrangeiros) passa a ser lido em sentido antagônico ao que decorre do texto literal. O prof. Miguel Reale, que, além dos méritos intelectuais, foi reitor da USP, considerava tal reforma no caminho de esfacelar a universidade, uma estrada vinculada à atual políti-

---

57 MANUEL ALCEU AFFONSO FERREIRA, em artigo de FAUSTO MACEDO, "Juristas apontam necessidade de mais recursos...", no *O Estado de S.Paulo* de 02.02.2005, p.A-4. Quanto aos 14 milhões de famintos no Brasil, conferir *O Estado de S.Paulo* de 18.05.2006, p.A-6. A estatística da ONU foi estampada no mesmo veículo da imprensa, em 25.10.2006, p.A-20.

ca de reduzir a Nação a um partido estatizante, em prejuízo dos valores democráticos.[58] O Presidente da República nem sempre parece vinculado a essa facção autocrática do partido. Mas isso não tem impedido que muitos projetos deixem transparecer a ideologia anacrônica que os anima.

Os niilistas prosseguem dizendo que a Universidade deve passar pela intervenção da sociedade, com a audiência dos movimentos sociais, e com a substituição do sistema sugerido por Bobbio, que é o critério de mérito, quem sabe pelo demérito. O "desmonte da universidade" e o "demérito universitário" são análises do prof. Denis Lerrer Rosenfield sobre o projeto que, além de expulsar a bússola científica, introduz a política, o estatismo e a xenofobia, quando todos os países do primeiro mundo tiveram, na Universidade e na pesquisa, o auxílio de cérebros estrangeiros. Sem essa ajuda, nem a América seria descoberta, diz Claudio de Moura Castro.[59] E, como ficou na última crítica de Rosenfield, a tendência antiprivatista "chega a ter a conotação própria de um nacionalismo estreito", achando que podemos prescindir de modelos como Harvard ou Stanford, já que, pelos seus critérios, tais universidades estariam impedidas de vir para o Brasil.[60] Roberto Macedo também enten-

---

58 Miguel Reale, "Universidade esfacelada", no *O Estado de S.Paulo* de 26.02.2005, p.A-2.

59 Claudio de Moura Castro, "Tudo como dantes...", publicado no *O Estado de S.Paulo* de 16.02.2005, p.A-2.

60 Conferir Paulo Renato de Souza, "Na contramão da História", *O Estado de S.Paulo* de 23.01.2005, p.A-2. Ver também Denis Lerrer Rosenfield, "O desmonte da universidade", no *O Estado de S.Paulo* de 24.01.2005, p.A-2. Do mesmo autor, professor de filosofia na Universidade Federal do Rio Grande do Sul, ver

de que o autoritarismo "não se coaduna com valores e práticas das melhores universidades".[61] Uma terceira versão do projeto não se livrou dos apontados defeitos. Ensino e censura só convivem em regime totalitário como foi o III Reich sob a reitoria de Heidegger, em Freiburg. Nem a Itália de Mussolini conseguiu isso. Anotando a autobiografia de Bobbio, Alberto Pappuzzi registra que houve um conhecido bolsista alemão, em Pádua, com a sensação de estar em um país livre. É que "a fidelidade ao ensino era mais forte que a censura fascista".[62] Um governo democrático não pode pretender nenhum controle ou censura sobre o ensino universitário.

Se os sócios permitissem, gostaríamos de aplaudir a consolidação do Mercosul, com a preservação da ordem democrática nos países do bloco, bem assim louvar a política de ajudar a África, embora não seja fácil vender para quem não pode comprar, já disseram. Mas nem isso

---

"O demérito universitário", *O Estado de S.Paulo* de 07.02.2005, p.A-2. A nova versão da reforma também é xenófoba e pior do que a anterior, diz o ex-ministro da educação Paulo Renato de Souza, conferir *O Estado de S.Paulo* de 02.06.2005, p.A-11.

61 Roberto Macedo, "Reforma universitária republicana", *O Estado de S.Paulo* de 10.02.2005, p.A-2. Quanto à terceira versão do projeto, ver *O Estado de S.Paulo* de 08.08.2005, p.A-3. Esse projeto esteve parado na Casa Civil, levando o governo a tentar driblar o processo legislativo, redigindo um decreto-ponte que também se considera "um instrumento de burocratização do sistema" (*O Estado de S.Paulo* de 16.03.2006, p.A-17). A última versão terminaria como "o parto da montanha". Segundo Claudio de Moura Castro e Simon Schwartzman, nasceu um camundongo com pouco apetite de reforma (*O Estado de S.Paulo* de 07.07.2006, p.A-2).

62 Norberto Bobbio, *Diário de um século*, organização e notas de Alberto Pappuzzi. Tradução de Daniela Versiani. São Paulo, Campus, p.123.

é possível, tais as incoerências desse universalismo, levando Roberto Pompeu de Toledo a dizer que a relação com a Argentina recuou e o Mercosul está em destroços. De lá para cá, a situação se deteriorou e o Uruguai ameaçou abandonar o Mercosul (seguido pelo Paraguai), ao mesmo tempo em que, nas vizinhanças, a Petrobrás perde investimentos na Bolívia, que nacionaliza e ocupa militarmente as suas instalações em San Alberto. O Equador seguiu o exemplo, confiscando rendimentos da Petrobrás e expulsando a Odebrecht (Capítulo 13). Rubens Barbosa disserta sobre o equívoco da politização do bloco. Há até um candidato a sócio que hostiliza meio mundo, que substitui a capacidade agregadora pelo desprezo da civilidade e o exercício da bravata. Parece que os sócios não gostam da sociedade (nota 70). E à afirmação de não haver quem compre, na África, Fernando Henrique Cardoso acrescenta que a aproximação com os árabes é política e não econômica.[63]

Sem esquecer o abalo da liderança regional brasileira nos episódios da candidatura à direção-geral da OMC e à presidência do BID, mostrando esta última que o Brasil está cada vez mais isolado em relação

---

[63] Sobre a política para a África, ver *O Estado de S.Paulo* de 15.04.2005, p.A-9. de Roberto Pompeu de Toledo, ver "A joia da coroa" na revista *Veja* n. 1.903, de 04.05.2005, p.210. Do retrocesso no relacionamento com a Argentina, ver *O Estado de S.Paulo* de 03.05.2005, p.A-1,4,5. O Palácio do Planalto admite um mal--estar na sobrevivência do Mercosul (*O Estado de S.Paulo* de 21.06.2005, p.B-1). Os temas do Uruguai e da Bolívia estão no *O Estado de S.Paulo* de 02.05.2006, p.A-1, B-1 e B-5. A investida do Equador sobre a Petrobrás está no *O Estado de S.Paulo* de 14.10.2007, p.A-3. Do embaixador Rubens Barbosa, ver *O Estado de S.Paulo*, edições de 09.05.2006 e 27.07.2006, p.A-2. Do prof. Fernando Henrique Cardoso, conferir artigo de Ana Paula Scinocca, *O Estado de S.Paulo* de 01.06.2005, p.A-7.

aos seus vizinhos (prof. Celso Lafer), parece vazar da Chancelaria do governo PT que a língua inglesa não passa de um mecanismo imperialista. Antigamente, só havia uma restrição aos idiomas forasteiros. Salvo raras exceções, documentos em língua estrangeira não tinham curso legal no Brasil sem a tradução juramentada.[64] Mas agora exageram na esteira do Policarpo Quaresma. Como se não tivéssemos o que fazer, o processo legislativo se envolve nisso e estrangeirismos são criticados com aquele nacionalismo típico das autocracias xenófobas, sendo a expressão *delivery* a que mais incomoda! *Pizza* não incomoda. Quando dizem que a língua portuguesa do Brasil pode ser admitida na ONU, a presença internacional brasileira é maximizada, ainda que ninguém negue a sua relevância. É que antes não frequentávamos Davos no inverno e São Petersburgo no verão, e até nos retiramos da Liga das Nações em 1926, deixando a nossa diplomacia parlamentar, a partir daí, circunscrita ao café. É possível que servissem o nosso café nos intervalos das sessões, embora a alguns já preocupasse a produção da Colômbia, concorrência que os fazendeiros paulistas ignoravam.[65]

---

64 Quanto ao fracasso da candidatura brasileira à direção-geral da OMC, ver *O Estado de S.Paulo* de 19.04.2005, p.A-3. Quanto ao *fiasco diplomático* da candidatura brasileira à presidência do BID, e a opinião do prof. Celso Lafer, no mesmo jornal, edições de 29.07.2005, p.A-3, de 01.08.2005, p.A-8, de 21.08.2005, p.A-2 e de 18.12.2005, p.A-2. Quanto à única restrição aos idiomas forasteiros, ver F. P. Sena Rebouças, "Reconhecimento de firma nos documentos escritos em idioma estrangeiro", na *RT* 497/428. Há um segundo estudo na *RJTJSP (Lex)* 51/13, ambos reproduzidos em *Registros públicos*. São Paulo, RT, 1978, §§ 126 e 127.

65 Paulo Prado, "O café na Colômbia" em *Paulística etc.*, cit., p.334. Sobre a retirada do Brasil da Liga das Nações, ver *Obras completas* de Epitácio Pessoa. vol.XXIII. Rio de Janeiro, INL, 1960, p.27-9.

A Argentina foi um país *europeu* e o Brasil-Império um crisol luso--africano policiado por piratas e pelo Bill Aberdeen[66] e, depois, com a República, assessorado por outra imagem caricata muito a gosto de Fidel, a de um bando de apaches e o Buffalo Bill. Mas essas coisas mudaram e até Fidel renunciou. O governo argentino dos Kirchner, herdeiro dos arroubos peronistas, autocráticos e populistas, trouxe um crescimento econômico ao país, mas não conteve a inflação. Reclama do Brasil e nos impõe barreiras, reduzindo o Mercosul a uma caricatura (*O Estado de S.Paulo* de 27.02.2009, p.A-3). Estabeleceu o controle de preços e um tributo *(retenciones)* que desestimulou as exportações. Essa política eclodiu a paralização dos produtores rurais, agravou o desabastecimento e provocou um protesto popular em Buenos Aires

---

[66] Essa comparação não é exagerada, como se vê na entrevista do sociólogo argentino Torcuato Di Tella por Laura Greenhalgh: "somos em boa parte um país europeu transplantado na América", havendo quem pensasse que "a Argentina estava destinada ao predomínio regional, porque tinha mais terra que o Chile e mais raça branca que o Brasil" (conferir *O Estado de S.Paulo* de 08.05.2005, p.J-3). No Segundo Reinado, uma lei brasileira (Lei Euzébio de Queiroz, de 1850) aboliu o tráfico de escravos, sob pressão dos ataques aos navios negreiros, tudo em decorrência de uma lei inglesa (Bill Aberdeen, de 1845) que vinha sendo cumprida pela armada britânica (conferir Lúcia Maria Bastos Pereira das Neves e Humberto Fernandes Machado, *O Império do Brasil*. Rio de Janeiro, Nova Fronteira, p.348). Sobre o atual descompasso econômico e industrial entre Brasil e Argentina, conferir o editorial "Uma política ciclotímica", no *O Estado de S.Paulo* de 28.05.2005, p.A-3. Entrevistada por Ubiratan Brasil, Beatriz Sarlo diz que a prosperidade da era de Evita Perón não mais existe e que a Argentina hoje "ocupa uma posição secundária na América Latina" (*O Estado de S.Paulo* de 17.07.2005, p.D-2). Sobre a inflação na Argentina, ver *O Estado de S.Paulo* de 26.11.2005, p.A-3.

(*O Estado de S.Paulo* de 30.03.2008, p.A-3). Além de enfrentar a inflação e depender de financiamento, a Argentina carece de investimentos produtivos, enquanto, na percepção do mundo, o Brasil entrou na moda, tem uma presença enfática e chama a atenção dos investidores. Possuímos uma indústria maior e mais eficiente, diz a imprensa (nota 66), e não se ignora que, em 2008, o Brasil alcançou o cobiçado *grau de investimento,* o que, pelo menos em teoria, garante-lhe maior presença de investidores estrangeiros.

Quanto à língua inglesa não passar de um mecanismo imperialista, alio-me aos que pretendem fazer da língua portuguesa a sua pátria, no que presto homenagem a Fernando Pessoa. Mas não estou disposto a ficar cego de ufanismo por assunto algum. Para sustentar o elevado nível da diplomacia brasileira, um fato notório, sou da opinião (politicamente incorreta, no momento) de que os nossos diplomatas devem dominar o inglês, porque é no inglês que eles podem ser tungados. A história de que o português é uma das línguas mais faladas do mundo, um tema excelente para debates acadêmicos, só não se atribui ao Quaresma, porque o major não exaltaria outro idioma que não fosse o tupi. Um chiste em assunto dessa natureza é impróprio, mas quando implica um argumento *ad terrorem,* é irrecusável. Diga-se que, anteriormente à economia globalizada, que facilita a inserção do Brasil no mundo, a língua portuguesa, justamente por não ser entendida fora dos países lusófonos, sempre foi um obstáculo à divulgação da nossa cultura, respondendo pelo fato de muitos dos nossos grandes escritores não serem universalmente consagrados, como poderiam ser. Além disso, pensem os nacionalistas nativistas[67] que a língua portuguesa de-

---

[67] Gilberto de Mello Kujawski argumenta não só com a língua portuguesa, mas com a religião católica e com o regime patriarcal, fatores básicos da comunida-

sembarcada na Ilha de Vera Cruz não é aborígene, mas importada da Europa, posteriormente embelezada com regionalismos inúmeros e a inefável pronúncia de Copacabana e Ipanema. Além de mencionar a questão dos pronomes, Gilberto Freyre deixou consignado que o português do Brasil uniu a casa-grande à senzala, enriquecendo-se "de uma variedade de antagonismos que falta ao português da Europa".[68] Assim, transpostas as fronteiras da pátria, ninguém fala o português dos nossos compatrícios. Nem os portugueses.

O prof. Celso Lafer não considerou convincentes as justificativas do Itamaraty para retirar o caráter eliminatório da prova de inglês, o que resultou em nivelamento por baixo, exprimindo "a desqualificação do conhecimento". O Itamaraty voltou atrás, disse o embaixador Rubens Barbosa (nota 68). Mas resta observar que a anterior orientação só teria sentido em um coroamento do que Alfredo Bosi chama de de-

---

de nacional brasileira que, entretanto, vieram de fora, observando que o nativismo é a forma mais radical e primária do nacionalismo. Para um nativista, "só é bom o que é nosso, e que só é nosso o que é autóctone, o que brotou do chão nativo" (conferir *Ideia do Brasil*. São Paulo, Senac, 2001, p.80).

[68] Gilberto Freyre, *"Casa-grande & senzala"*, 49ª edição. São Paulo, Global, 2004, p.417. De Celso Lafer, "A Torre de Babel, as línguas e a diplomacia", *O Estado de S.Paulo* de 20.02.2005, p.A-2. Ver também Lafer, "A política externa e a crise política", no mesmo jornal, 21.08.2005, p.A-2. De Rubens Barbosa, ver "Diplomacia em tempos de mudança", no mesmo jornal, 11.04.2006, p.A-2. Dos estrangeiros escolhidos por Julio de Mesquita Filho, os mais citados são os franceses Paul Bastide, Roger Bastide, Fernand Paul Braudel e Claude Lévi-Strauss. Conferir Gilles Lapouge, "Os brilhantes jovens franceses", no jornal *O Estado de S.Paulo* de 25.01.2004, suplemento especial USP, p.4. No mesmo jornal, ver suplemento especial USP, 24.01.2009, p.H-5.

clínio dos estudos humanísticos, iniciado com o abandono do grego, latim, francês e também da filosofia nos cursos médios. E, novamente, aboliram o direito romano no bacharelado jurídico (ocorreu isso anteriormente, entre 1931 e 1935), fazendo desaparecer o cimento da cultura erudita, a formação clássica que compunha, inclusive, o alicerce do clero e da magistratura. A falta dessa instrução traz menor prejuízo às pessoas, individualmente, do que lesão ao país, culturalmente, pois, na verdade, quem sabe de seus projetos cuida de formar o cabedal necessário à realização desses interesses, suprindo as lacunas de sua formação. Mas nem todos podem pagar o ensino privado e a vida é facilitada quando as matérias de que se trata são curriculares. Logo que fundada a USP (1934), Julio de Mesquita Filho foi enviado à Europa pelo governo paulista e, sob orientação da Sorbonne, contratou professores que, no Brasil, dariam aulas na sua língua (nota 68). Quem poderia frequentá-las? E houve quem as frequentasse! Portanto, esses alunos dominavam o idioma dos mestres trazidos da Europa. Com a atual deficiência no ensino curricular de línguas estrangeiras, será que os estudantes contemporâneos fariam algo semelhante? Apenas como ilustração desse processo de declínio dos estudos humanísticos, na metade do século XX não mais ensinavam no ginásio o grego antigo que instruiu as gerações do início do século. A cadeira era um resíduo das reformas pombalinas (século XVIII), mas não se tratava de falar uma língua morta, aprendizado que, seja grego ou latim, amoleceria a inteligência, no dizer de Gilberto Freyre, e sim de abrir em todos os planos as portas de um resgate cultural que os próprios romanos fizeram há dois mil anos. Não alcançamos o mundo romano sem passar pelo mundo grego. O curso da cultura é paralelo ao da civilização, ensinou G. D. Leoni. Marguerite Yourcenar testemunhou que a experiência abrange a sabedoria do homem e a do Estado, tal como disse Adriano: "nossos vícios e nossas virtudes têm modelos gregos". George

Steiner lembra que a filosofia ocidental é uma continuidade de Platão, Aristóteles, Parmênides e Heráclito. Essas línguas mortas levam-nos ao estudo das civilizações grega e romana que, no dizer de Gramsci, são pressupostos da vida moderna (nota 69).

Miguel Reale diz que, em 1930, o exame vestibular na Faculdade de Direito de São Paulo abrangia latim, português, história da filosofia, análise lógica, história geral e do Brasil. Já em 1960, quando prestei o exame, ele se resumia às provas de latim, português e francês (ou inglês). O direito romano era ensinado no primeiro ano. Filosofia do direito no quinto ano. Mas aqui é vencedora a corrente de opinião segundo a qual essas disciplinas são perfumarias de pouca utilidade. O fenômeno é o descrito por Alfredo Bosi, de menosprezo pelos estudos das humanidades. Pelo menos a partir do Iluminismo não se nega a importância da ciência. Mas nada impõe a necessidade desse fato, também denunciado por Llosa, de que os estudos humanísticos se degradem para que os científicos alcancem a velocidade da luz.[69] Isso lembra

---

[69] De Alfredo Bosi, ver *Dialética da colonização,* 4ª edição. São Paulo, Companhia das Letras, 2005, p.310. Quanto à supressão do direito romano no curso de bacharelado, entre as reformas de 1931 e 1935, ver Alberto Venancio Filho, *Das arcadas ao bacharelismo*. São Paulo, Perspectiva, p.306 e 310. Quanto a amolecer a inteligência o ensino de qualquer língua morta, ver Gilberto Freyre, *Sobrados e mucambos,* 15ª edição. São Paulo, Global, 2004, p.437. Sobre o curso da cultura conferir G. D. Leoni, *A literatura de Roma,* 5ª edição. São Paulo, Nobel, 1958, introdução, p.13. Sobre a Grécia antiga ver Marguerite Yourcenar, *Memórias de Adriano,* tradução de Martha Calderaro, 9ª edição. Rio de Janeiro, Nova Fronteira, 1981, p.42. Ver também George Steiner, *Une certaine idée de l'Europe*. Arles, Actes Sud, 2005, p.40; na edição portuguesa, *A ideia de Europa*. Lisboa, Gradiva, 2006, p.39. Sobre Parmênides, o mais importante dos pré-socráticos, e o respectivo

o sucateamento das ferrovias brasileiras para que as rodovias vingassem. A Europa, apesar das guerras, manteve tudo em perfeito estado. No Brasil, as boas ferrovias desapareceram e as rodovias, em grande parte, deixam a desejar. É o que aspiramos na formação cultural? Daniel Piza mencionou o desbotamento da cultura, sob as rédeas de uma elite antenada, mas ignorante. A cultura geral não mais se acha entre os requisitos da cidadania. Atualmente, são as lacunas culturais que estão na moda (nota 69).

A hegemonia regional brasileira ou a sua presença integradora são temas a se discutir na esteira de Eduardo Subirats (nota 145), não estivesse o assunto deteriorado pelo campestre protagonismo externo do governo, pela resistência da América Latina e pela espreita do Chávez, que fica de atalaia na fronteira norte do Brasil, fazendo advertências e ameaças, entupindo a Venezuela de armas, submarinos e aviões de combate. Até o Brasil, que fabrica equipamentos militares, quer comprar outros (caças, submarinos, etc.). Essas ideias da presença integradora brasileira, em um teatro em que a corrida armamentista passeia pelos

---

sucessor, Heráclito; sobre Platão, autor de *A República*, que focaliza a Justiça e a ideia do Estado, e sobre o seu principal discípulo, Aristóteles, um macedônio que elevou a filosofia grega à sua plena e total maturidade, constituindo a lógica como disciplina, ver JULIÁN MARÍAS, *História da filosofia*, tradução de Claudia Berliner. Rio de Janeiro, Martins Fontes, 2004, p.23, 30, 47, 48, 65 e 82. De GRAMSCI, *apud* SERGIO PAULO ROUANET, *As razões do Iluminismo*. São Paulo, Companhia das Letras, 2008, p.309 e 311. De MIGUEL REALE, sobre o exame vestibular de 1930, ver *Memórias*. São Paulo, Saraiva, 1986, v.1, p.42. Na comparação dos estudos humanísticos e científicos, ver também MARIO VARGAS LLOSA, "As profecias de Cassandra", em *A linguagem da paixão*, cit., p.123. De DANIEL PIZA, ver "Cultura desbotada", no *O Estado de S.Paulo* de 14.06.2009, p.D-3.

bastidores, cada vez mais parecem reduzidas a uma pintura abstrata. De concreto, tem-se a moldura (emprestando ao quadro um tom ufanista) e o veto da América Latina. Daí o jornalista Rolf Kuntz atribuir ao equívoco da política externa a derrota na OMC e o resultado da reunião de chanceleres da "imaginária Comunidade Sul Americana de Nações". Em uma subsequente reunião de cúpula, faltaram Uruguai, Colômbia, Guiana e Suriname, retirando-se antecipadamente a Argentina. Na cúpula climática de Manaus, compareceram o Brasil e a Guiana Francesa. Faltaram os demais convidados, que completariam o elenco dos países amazônicos (*O Estado de S.Paulo* de 29.11.2009, p.A-3). Há quem diga que, pela ausência dos líderes árabes, a Cúpula América do Sul e Países Árabes não satisfez a meta econômica. Em setembro de 2005, a revista *Veja* apontou seis derrotas diplomáticas que, no seu julgamento, fixaram "a mais desastrosa política externa da história brasileira", orientação terceiro-mundista que leva à "consagração do atraso", disse o jornal *O Estado de S.Paulo.* O mesmo jornal, em 29.11.2009 (p.A-16), registra que a diplomacia brasileira em Honduras coleciona derrotas. Não bastasse isso, o Brasil faz barretada ao ativismo populista da Venezuela. E o país, criando uma tolerância costumeira, engole o sapo da Bolívia, que apropriou-se de investimentos da Petrobrás, impondo-nos, relativamente à América do Sul, uma pergunta sutil de cunho jurídico: onde está, nessa sociedade, a *affectio societatis?* Sabe-se que, sem ela, pode haver comunhão, mas não há sociedade que vingue! Clóvis assim pregava, o que parece ter levado a imprensa paulista, em 14.05.2006, a desprezar o convescote austríaco: "Viena, o berço da psicanálise, foi o cenário perfeito para a América do Sul expor ao mundo... sua alma dilacerada". Há um movimento centrífugo no Mercosul. Paraguai e Uruguai quase escapam pela tangente. Venezuela, em processo de admissão, ofende o nosso Senado, participa de manobras navais com a Rússia no mar do Caribe e parece um petardo preparado para detonar bem no centro de tudo.

Em 2006, suportamos o que se denominou de fiasco da rodada Doha. Em 2007, houve frustração similar em Potsdam. Em julho de 2008, avançamos sem a Argentina para um acordo na OMC, esforço inútil, já que as negociações fracassaram, deixando a Argentina muito claro que não seguirá a liberalização comercial defendida pelo Brasil. Aí entendemos que, pela oposição dos Estados Unidos, a rodada Doha é inviável, que não avançará na OMC, e retomamos a negociação de livre comércio com a União Europeia. Evidentemente, essa liberdade não se aplica ao Mercosul (quase inexistente), mas aos seus integrantes, isoladamente. Ainda assim, não se vê a luz no fim do túnel. André Meloni Nassar argumenta que as nossas relações comerciais com a Europa, no agronegócio, acumulam problemas que decorrem "de uma evidente guinada protecionista no bloco europeu" (nota 70).

O embaixador Roberto Abdenur abre outra janela, considerando ilusória a aproximação Brasil-China. Mas essa é uma questão complicada. A China é uma das três potências atuais que, longe de fazer parceria, é uma rival que nos tirou do mercado americano, confirmando a previsão de Robert Zoellick, do Banco Mundial. Isso sem falar na imagem suspeita que projeta, de uma autocracia política com parte do território submetido à economia de mercado e que, exceto na área rural, hoje inclui a propriedade privada, não se sabendo onde os chineses escondem o dragão, se no Exército ou na bolsa de Xangai. Mas Eliana Cardoso vê a China como um fato estimulante e o mundo financeiro não parece preocupado com a China. Algo semelhante se diga do Brasil, sob o prisma da indústria aeronáutica, pois a China, apesar de desistir da compra de 45 aviões (*O Estado de S.Paulo* de 24.05.2009, p.J-2), parece transformar-se em um mercado potencial da Embraer e, além disso, acaba salvando as exportações brasileiras na crise de 2009, desbancando os Estados Unidos (*O Estado de S.Paulo* de 14.09.2008, p.B-14; de 02.05.2009, p.B-3). A queda das bolsas em março de 2007 não seria causada pela China, como se pensou, mas é atribuída às incertezas sobre o futuro da economia americana e sua desaceleração, em torno das quais se explica a turbulência na bolsa de valores de Xangai,[70] e

---

[70] Assim se poderia resumir o (frustrado) objetivo da rodada Doha: os países ricos reduziriam os subsídios agrícolas e, em contrapartida, os países emergentes abririam os seus mercados para a importação de produtos industrializados. Com isso, o Brasil ainda teria de garantir a competitividade da sua indústria. Sobre o veto da Argentina e México, ver "Argentina e México se aliam contra o Brasil no Conselho de Segurança", de Ariel Palacios (*O Estado de S.Paulo* de 27.07.2005, p.A-13). De Rolf Kuntz, ver coluna "Opinião" no caderno Economia – *O Estado de S.Paulo* de 05.05.2005, p.B-2. Quanto à aproximação com os árabes, que eles usaram para alfinetar Israel e os Estados Unidos, ver *O Estado de S.Paulo* de 10, 11 e 12.05.2005. A edição de 21.09.2005 da revista *Veja* (n. 1.923, p.92-3) qualifica a referida política externa de "um fiasco mundial". Sobre a reunião de cúpula da Comunidade Sul Americana, ver *O Estado de S.Paulo* de 01.10.2005, p.A-3. Sobre "a consagração do atraso", conferir editorial do *O Estado de S.Paulo* de 24.04.2006, p.A-3. Sobre a *affectio societatis*, além de Clóvis Bevilacqua (*Código Civil comentado*. Rio de Janeiro, Livraria Francisco Alves, 1926, vol.V, p.114), ver Henri Capitant: *"El contrato de sociedad exige para su existencia: [...] que tengam voluntad de tratarse como sócios – affectio societatis"* (*Vocabulário jurídico*, tradução de Aquiles Guaglianone. Buenos Aires, Depalma, p.522). Sobre a "alma dilacerada da América do Sul", ver *O Estado de S.Paulo* de 14.05.2006, p.A-3. Ver também editorial sobre "O México e o Mercosul", no mesmo jornal, edição de 15.06.2006, p.A-3. Sobre o colapso da rodada Doha, em 2006, e os teóricos problemas disso, conferir *O Estado de S.Paulo* de 25 e 26.07.2006, p.A-3, e de 27.07.2006, p.B-10. Sobre o fiasco teatral de Potsdam, ver *O Estado de S.Paulo* de 22.06.2007, p.A-3. Sobre o avanço das negociações, levando o Brasil (contrariando a Argentina) a fazer acordo na OMC, ver *O Estado de S.Paulo* de 26.07.2008, p.A-1. Sobre o fracasso das negociações, *O Estado de S.Paulo* de 30.06.2008, p.A-1. Sobre a posterior manifestação argentina de que não seguirá o Brasil, *O Estado de S.Paulo* de 28.11.2008, p.B-9. Sobre a nossa retomada das negocia-

muitas outras coisas depois disso, como a crise imobiliária interna, falências, intervenções do governo e um esboço de recessão, com reflexos mundiais. O crescimento chinês é auspicioso para o Brasil, um exportador de alimentos e minérios (*O Estado de S.Paulo* de 04.01.2010, p.A-3).

Outra questão relacionada com o Mercosul é o aceno do governo brasileiro para o tema da *supranacionalidade* (submissão a um órgão comu-

---

ções de livre comércio com a União Europeia, ver *O Estado de S.Paulo* de 31.07.2009, p.B-10. Sobre a análise pessimista de ANDRÉ MELONI NASSAR, ver *O Estado de S.Paulo* de 19.08.2009, p.A-2. Sobre a reação brasileira (no tema Venezuela e Bolívia), ver o editorial "Um basta a Chávez e Morales", *O Estado de S.Paulo* de 19.04.2007, p.A-3. Do embaixador ROBERTO ABDENUR a entrevista na revista *Veja* n. 1.994, de 07.02.2007, p.11, na qual formula críticas apoiadas pelo prof. Celso Lafer e pelo embaixador Luiz Felipe Lampreia (*O Estado de S.Paulo* de 07.02.2007, p.A-8 e de 13.02.2007, p.A-9), críticas que Abdenur confirmou em depoimento perante o Senado (*O Estado de S.Paulo* de 28.02.2007, p.A-4). Sobre o tema da supranacionalidade conferir RUBENS BARBOSA, "Mercosul: uma nova questão", *O Estado de S.Paulo* de 27.03.2007, p.A-2. Ver também "Quo vadis?", *O Estado de S.Paulo* de 12.06.2007, p.A-2. De JOÃO MELLÃO NETO, ver "Tristes trópicos", *O Estado de S.Paulo* de 24.11.2006, p.A-2. Sobre a faca de dois gumes que representa a economia da China, ver o editorial "Um implacável competidor" e o ensaio "Questões chinesas" de ELIANA CARDOSO, no *O Estado de S.Paulo* de 12.02.2007, p.A-2 e A-3. Sobre o advento da propriedade privada na China, ver *O Estado de S.Paulo* de 17.03.2007, p.A-14. Sobre as incertezas da economia americana e o ajuste na bolsa de valores de Xangai, ver JAMIL CHADE, no mesmo jornal, edição de 12.03.2007, p.B-1. Sobre a implacável China e a previsão de Robert Zoellick, ver no mesmo jornal paulista de 22 e 23.10.2007, p. A-1 e A-3, respectivamente. Quanto ao Fórum de Davos e o desaparecimento da América latina, ver, ainda no mesmo jornal, as edições de 26.01.2006, p.A-3 e 25.01.2007, p.B-10.

nitário, envolvendo a perda parcial da soberania dos Estados-membros), coisa inadmissível na ausência de um verdadeiro mercado comum, como o da Europa, e enquanto meramente claudicamos nos estágios primários e inseguros de uma integração futura. "A discussão sobre o caráter supranacional das instituições fará sentido apenas no momento em que o processo efetivamente se aprofundar e o Mercosul caminhar, de fato, para um mercado comum, o que está longe de acontecer", diz o embaixador Rubens Barbosa (nota 70).

Há um redemoinho envolvendo o Brasil em uma espiral de paradoxos. Temos atualmente, no mundo, uma presença forte, mais forte do que parecemos no contexto latino-americano, o que, de certa forma, confunde, não sendo por outras razões que, às vezes, surge o temor de que o Brasil desenvolve um sinistro glaucoma. O mundo não parece feito nesse início de século como, pelo prisma da América do Sul, nós o desenhamos. Ou ficamos cegos ou não estamos no mundo. A despeito da crise nos Estados Unidos, ele é melhor que aquilo que vemos! Tanto que, subtraindo o provincianismo tropical que nos sufoca, temos do globo terrestre uma visão positiva. Outrossim, há críticas exageradas. João Mellão Neto diz que o interesse mundial está na Ásia e a miséria, na África. A América Latina deixou de existir, abandonada em meio ao pranto pela memória de Vargas, Evita e Guevara, ridicularizada nesse novo culto de Bolívar. Os fatos não contestam o Brasil nem apoiam a insinuação de Davos, de que a América Latina está sendo apagada do mapa dos investidores (nota 70). A América Latina não é homogênea e não parecemos apagados quando as agências de classificação de risco consideram em alta a reputação financeira do Brasil e nos concedem o *grau de investimento*. Enquanto a crise econômica de 2008 não nos envolve para valer (há quem diga que já nos livramos dela), sente-se que, na economia, estamos bem orientados.

A bitola nacionalista dificulta a visão do mundo e até a imprensa passa a ser tratada na linha de tiro das instituições já atingidas, o Judiciário e o

Ministério Público, cujo controle externo foi aprovado graças ao apoio de parte da imprensa incoerente, partidária do controle alheio, mas inimiga do controle próprio, exceto *in rem suam* (em causa própria).

A propósito, o latim de salão é provinciano e o idioma do Lácio traz à lembrança a fábula de um desses nacionalistas precursores da nova ordem latino-americana que viajou pelos países da cortina de ferro conversando com os camaradas do leste em latim. Ideias fantásticas que, ao lado do manual de guerrilhas *(La guerra de guerrillas)* do Che Guevara, sempre nos trouxeram as luzes de uma visão rigorosamente estulta! O latim devia ser o mencionado por Manuel Antônio de Almeida nas *Memórias de um sargento de milícias*, repassando exemplo do seu corrente uso provincial: no morro da Conceição, durante um rigoroso *papai-lelê*, o personagem central ficava amortalhado em um lençol, com a cabeça coberta, enquanto a chusma cantava em roda um fado, entoando o estribilho *papai-lelê seculorum!* O *seculorum (saeculorum)* fugiu da missa... como hei de suspeitar *per omnia saecula saeculorum.* Ubiratan Machado disse que Georges Bernanos leu e gostou (nota 71).

Vou resumir, de Alfredo Bosi: em noite de Santo Antônio o capelão puxava um terço que era respondido pelos fiéis. Ao rematar a reza, o capelão entoou em latim: *"Salve Regina mater misericordiae..."*, ao que, sem hesitação e "numa fusão de latim litúrgico medieval posto em prosódia e em música de viola caipira", os fiéis entoaram: "Espéco Justiça *(Speculum justiciae), ora pro nobis"*. E assim prosseguiram... em um "coral de arrepiante beleza". Isso foi testemunhado por Alfredo Bosi: "Eu olhava e não acabava de crer: aqueles caboclos que eu via mourejando de serventes nas obras do bairro estavam agora ali acaipirando lindamente a poesia medieval do responso".

E esse latim dos trópicos preserva a solenidade do genitivo plural *(saeculorum... defunctorum... delictorum...)*, como demonstram, no *Auto da compadecida* de Ariano Suassuna, as exéquias de um cão sagaz e de sentimentos nobres que deixou testamento em favor do padre e do sacristão, garantindo o funeral que desejava. Naquela toada serena de um canto gregoriano, o falecido quadrúpede é enterrado em latim, com os genitivos que fazem ecoar a encomenda da alma *ad solemnitatem,* em que pese todos eles resultarem, por não existir alma de cachorro, em uma imperdoável ofensa ao Código Canônico.[71]

Por explicável que seja – frisa Vargas Llosa –, o nacionalismo é obtuso e, além de distorções culturais, faz aflorar o *provincianismo,* como decorre desses nossos pendores republicanos do terceiro milênio. Pendores de uma *República provincial,* fruto da nossa genialidade e que – já disseram – haverá de conquistar o século XXI. Como escreveu José de Souza Martins, da USP, "estamos muito longe da sociedade moderna, contratual, republicana e igualitária. Esta é uma sociedade que teve escravidão, em que

---

[71] De Manuel Antônio de Almeida, ver *Memórias de um sargento de milícias.* São Paulo, OESP, 1997, p. 136-9. Na edição Ateliê, p.301-5. De Ubiratan Machado, ver "A literatura francesa no Brasil durante a II Guerra Mundial", na *Revista brasileira* da ABL, fase VII, n. 43. abril-junho de 2005, p.250. De Alfredo Bosi, ver *Dialética da colonização,* 4ª edição. São Paulo, Companhia das Letras, 2005, p.48-50. Alude ao *responso,* conjunto de palavras que se rezam ou cantam no coro religioso. De Ariano Suassuna, ver *Auto da compadecida,* 35ª edição (do cinquentenário). Rio de Janeiro, Agir, 2005, p.46-55 e 67. De Mario Vargas Llosa, ver *A verdade das mentiras,* cit., especialmente nos capítulos sobre James Joyce, p.58-9, e André Malraux, p.137-8 ("o nacionalismo, por mais explicável que nos pareça como reação contra o estatuto semicolonial do país, provoca distorções culturais e um certo provincianismo [...]" o nacionalismo, não menos obtuso na França que em qualquer outra parte"). O texto de José de Souza Martins está em "A República por baixo do pano", no *O Estado de S.Paulo* de 05.06.2005, p.J-3. O escrito de Herman Lima citando Gregório de Matos *(Origens da sátira política no Brasil)* está na *Revista do livro* do INL, vol.12 (dezembro de 1958), p.45-59.

a dominação decorria do poder pessoal, as instituições eram e, de certo modo, continuam a ser desdobramentos desse poder". É, ainda, uma sociedade provinciana. Herman Lima discorreu sobre as "origens da sátira política no Brasil", caricaturando um "passado provinciano" vergastado por Gregório de Matos, o *boca do inferno*, mas que, na verdade, não ficou inteiramente no passado. A nossa vida provincial não é exclusivamente um fato pretérito. No tempo passado ou no presente, ela se acha no espaço. No espaço terrestre e atmosférico. Neste último, o padrão alcança, às vezes, tão baixa qualidade que as nuvens ali formadas acabam chovendo chulice por todos os cantos, inclusive nos meios de comunicação. O prof. Miguel Reale Júnior analisa justamente esse nível ordinário com que uma audiência nacional vulgar e inculta sustenta um programa de televisão que ele chama de "baixaria brega do Brasil",[72] e que, na verdade, não esgota os exemplos deploráveis de alguns programas dessa tela invasora, com extremo poder de influência.

III

Respirando, inclusive, as emanações provenientes dos países americanos, mais de uns, menos de outros, espelhando, por

---

72 De Miguel Reale Júnior, ver "O gosto do mal e o mau gosto", no *O Estado de S.Paulo* de 02.02.2008, p.A-2. Quanto à História de Roma, a República inicia-se com a queda de Tarquínio, o Soberbo, no ano 510 a.C., e termina com o principado de Augusto (Otaviano) entre 31 e 27 a.C., após o breve período absolutista de César (entre 48 e 44 a.C.), conferir José Carlos Moreira Alves, *Direito romano,* 13ª edição. São Paulo, Forense, vol.1, p.13-30. A instituição dos dois cônsules constitui a divisão do poder na República. A História Romana de Eutrópio registra: se um quisesse ser mau, o outro o reprimiria, tendo os mesmos poderes (*"si unus malus esse voluisset, alter eum, habens potestatem similem, coerceret"*).

certo, os denominadores comuns, construímos uma *República provincial.* Nada que se amolde às velhas províncias e aos territórios ultramarinos de Portugal e, por certo, ninguém imagina que tal República provenha da *cidade ideal de Platão* que, posta em prática, seria governada aristocraticamente pelos sábios. Nem pensar. Mas ela também não se inspira na história que Roma situou entre os dois *cônsules* sucessores dos *iudices* ou *praetores,* e o principado de *Augusto* (nota 72). Aliás, não foi tisnada pelas maquinações flamejantes do século XVIII, que, barradas na Península Ibérica, só prevaleceram onde não julgavam profano o Iluminismo, onde publicaram e onde liam os volumes da *Enciclopédia* de Diderot e d'Alembert, os escritos de Voltaire, Montesquieu, Rousseau e outros, luzes essas que não eram refletidas das fogueiras da Inquisição. Ainda que tais influências nos tocassem com atraso, a partir da segunda metade do século XIX, refreadas, mais adiante, com o nazifascismo (que via no Iluminismo "o início da depravação moderna", conferir Umberto Eco),[73] o referido sistema não se confunde com a República de Campos Sales, Prudente de Moraes e Rangel Pestana. Embora aparentada, não é exatamente aquela idealizada pelo positivismo, que de república tem apenas o nome, diria Sílvio Romero,

---

[73] Editada por Diderot e d'Alembert, com a colaboração de Voltaire, Montesquieu, Rousseau, Turgot, Condorcet e outros, a *Enciclopédia* (28 volumes, 17 de texto e 11 de ilustrações) foi publicada de 1750 a 1780, um registro do Iluminismo que, na França, bem mais que na Alemanha, teve aspectos anticlericais, embora essa característica não fosse o grande foco do Iluminismo francês, mais voltado para a História, a sociedade e o Estado (conferir JULIÁN MARÍAS, *História da filosofia,* tradução de Claudia Berliner. São Paulo, Martins Fontes, 2004, p.287-91). O citado texto de UMBERTO ECO, "O fascismo eterno", é um dos *Cinco escritos morais,* tradução de Eliana Aguiar. Rio de Janeiro, Record, p.45.

mas que foi capaz de influenciar o Brasil, mais que a França, como registra Jean Touchard, e, curiosamente, a ponto do Brasil custear parte de uma escultura de Augusto Comte em Paris.[74] Não é a República da Camaradagem descrita por Paulo Prado,[75] nem a República do velho Lima que, na crônica de Gaudêncio Torquato, seria "um projeto tosco",[76] como também foi mal-feita, sem prestígio, e não se confunde com o sistema em foco – penso eu –, a República do café-com-leite. Decididamente, não é casa de estudante pobre, como sugeriu Mendes Fradique,[77] cópia das de Coimbra, tal qual a república dos baianos "debruçada sobre a várzea do Carmo, à direita dessa ladeira que rampeava para a Luz", morada que abrigou Rui Barbosa e Castro Alves,[78] ou mesmo a contraditória República

---

74 Sílvio Romero, *Introdução à doutrina contra doutrina*, organização de Alberto Venancio Filho. São Paulo, Companhia das Letras, p.140. Jean Touchard registrou: *"Le comtisme paraît avoir eu plus d'influence hors de France, notamment au Brésil, qu'en France même... "* (*Histoire des idées politiques*, tomo 2. Paris, Puf, 1993, p.670). A curiosa participação do Brasil na construção de um monumento a Augusto Comte, em Paris, vem comentada por Cláudio Veiga, da Academia de Letras da Bahia, *Um estudante em Paris*. Rio de Janeiro, Record, 2004, p.118.

75 Paulo Prado, "República da camaradagem", em *Paulística etc.*, cit., p.257.

76 Gaudêncio Torquato, "A república do velho Lima" (referindo obra de Artur Azevedo), no *O Estado de S.Paulo* de 10.04.2005, p.A-2.

77 Mendes Fradique, *História do Brasil pelo método confuso*, organização de Isabel Lustosa. São Paulo, Companhia das Letras, 2004, p.165.

78 Pedro Calmon, *A vida de Castro Alves*, 2ª edição. Rio de Janeiro, José Olympio, 1956. p.201. O próprio Rui Barbosa lembra o fato no *Elogio de Castro Alves* (lug. cit., nota 5).

de Weimar, uma das marcas indeléveis do século XX.[79] Ainda que alguém pudesse almejá-las *(de gustibus et de coloribus non est disputandum)*, não é daquelas Repúblicas cercadas de arame farpado sob a cortina de ferro, ou sob a cortina literária de *Saint-Germain-des-Prés* e de Jean-Paul Sartre, o seu grande intelecto que, pela cegueira política (lembrando Heidegger), chegou a ser descrito como um homem de passos curtos, a cabeça enfiada no paletó sujo, a garganta aquecida por alguns conhaques e, na boca, um cachimbo queimando fumo barato: a República do *Le temps modernes* e do *Café de flore*. Essa não foi a única república de Sartre que, em setembro de 1944, escrevia sobre a República do Silêncio, uma "construção mítica" defendendo os que apoiaram a resistência de forma silenciosa, deixando no mesmo barco "aqueles que pouco fizeram, como ele próprio", e os que fizeram bastante. Difere, outrossim, da República das Confeitarias citada por Heloisa Barbuy, da República dos Alucinados descoberta por Lya Luft, da República de Deus nos Acuda, curioso país tropical descrito por Roberto Damatta, e também da República da Malandragem explicada por Fernando Henrique

---

[79] Contraditória porque, antes de tudo, era uma República sem republicanos (*"République sans républicains – tel est le constat qui fut souvent dressé, en France et ailleurs, sur cette Allemagne"*, conferir LIONEL RICHARD, *"La vie quotidienne sous la République de Weimar"*. Paris, Hachette, p.265), depois porque a República de Weimar (1919) conservou a nomenclatura imperial *(Reich)*, estabelecendo a Constituição, curiosamente, que "O Império Alemão é uma República" (ver HESSE, *Elementos de Direito Constitucional*, tradução de Luiz Afonso Heck. Porto Alegre, Fabris, 1998, p.111). Essa nomenclatura imperial, mantida pelo III Reich (1933-1945), período totalitário que substituiu o constitucionalismo pelo *Führerprinzip*, só desapareceu em 1949, com a Constituição da República Federal da Alemanha *(Bundesrepublik Deutschland)*.

Cardoso. Finalmente, está longe de ser algo que, na linha de Sartre (procedendo, inicialmente, de Heidegger, Husserl e Hegel, acabou considerando o marxismo "a filosofia insuperável de nosso tempo"), ainda manifesta repulsa pelas liberdades burguesas, arregimentando os inimigos inconformados dessa democracia esmagadora das suas utopias.[80] Nada disso. A *República provincial* de que se trata,

---

80 Jean-Paul Sartre, descrito por *France-Dimanche*, conferir HERBERT R. LOTTMAN, *A rive gauche*. Rio de Janeiro, Guanabara, 1987, p.335. A descrição depreciativa é jornalística, e não apaga o brilho de sua presença filosófica e literária. Anota PAULO PERDIGÃO: na sua mais importante obra (*L'être et le néant – O ser e o nada*, de 1943), Sartre defende a criatura humana naquilo que mais a dignifica – a sua liberdade de ser. "O homem está condenado a ser livre" (conferir *Existência & liberdade*. Porto Alegre, L&PM, 1995, p.21-3). Mas GILBERTO DE MELLO KUJAWSKI diz que, muito antes de Sartre, Ortega afirmara a mesma coisa ("A atualidade de Ortega y Gasset", no *O Estado de S.Paulo* – Cultura – de 03.07.2005, p.D-6). Ver também JULIÁN MARÍAS, *História da filosofia*, cit., p.490. GILBERTO KUJAWSKI critica Sartre pela politização do pensamento "a ponto de permanecer cego face aos crimes de Stalin, que horrorizavam seus companheiros de ideologia na *rive gauche*" (*O sabor da vida*. São Paulo, Letraviva, 1999, p.12). GILLES LAPOUGE, que exalta a grandeza de Sartre, até mesmo no fracasso, descreve-o como um gênio que foi "cego no campo da política" (*O Estado de S.Paulo*, edições de 19.06.2005, p.D-1 e de 10.04.2010, p.S-4/5). E, curiosamente, o mesmo defeito se atribui a Heidegger, "tão genial em filosofia quanto limitado em política" (JOSÉ PABLO FEINMANN, *A sombra de Heidegger*, tradução de Mário Vilela. São Paulo, Planeta, p.94). Foi pelos erros políticos que Heidegger padeceu, assim como Sartre sofreu a ruptura com Camus e Aron. Com Camus, ela ocorre a partir de uma resenha de *O homem revoltado*, assinada por Francis Jeanson na revista de Sartre *(Les temps modernes)*, que inicia uma campanha contra Camus, tema do livro *Camus e Sartre* de Ronald Aronson, no qual se acha a história da República do Silêncio (so-

bem refletida nas crônicas de Manuel Bandeira, não se esgota nelas. É uma obra complexa de engenharia política. Ultimamente, teve a cabeça inanimada e, passando por uma fase de microcefalia, empolgada pela democracia venezuelana, pelo regime de Raúl Castro, em Cuba, pelas eleições suspeitas do Irã e pelas ameaças nucleares malucas da Coreia do Norte, ficou cega, surda e *impensável*. Não que não se possa imaginá-la, mas é ela que não tem pensado como já fez e, paradoxalmente, em um tempo de grande debilidade física e econômica, sem as atuais e petrolíferas perspectivas. Descrita e

---

bre os que, silenciosamente, apoiaram a resistência francesa) e onde se reproduz um escrito de Beauvoir tomando as dores de Sartre ("Sartre acreditava na verdade do socialismo, Camus defendia [...] os valores burgueses"), tradução de Caio Liudvik. Rio de Janeiro, Nova Fronteira, p.71-4 e 371. De Raymond Aron, especialmente, que escreveu sobre "o ópio dos intelectuais" *(L'opium des intellectuels)*, ver um exemplo dessa crítica nas *Etapas do pensamento sociológico*, tradução de Sérgio Bath. São Paulo, Martins Fontes, 2002, p.830, quando considera a utopia socialista radicalmente vazia de substância. No original, *Les étapes de la pensée sociologique*. Paris, Gallimard, 1967, p.569. Heloisa Barbuy cita a *República das confeitarias*, boemia dos jornalistas em torno das mesas de estabelecimentos cosmopolitas que começaram a surgir em São Paulo no início do século XX (*A cidade-exposição*. São Paulo, Edusp, p.125 e nota 96). Lya Luft descobre a visão que o nosso governo tem desses brasileiros atônitos com a derrocada que nos aflige, dizendo que eles sofrem das faculdades mentais e habitam a "República dos alucinados" (revista *Veja* n. 1956, de 17.05.2006, p.22). De Roberto DaMatta, ver "Das emoções em Deus nos acuda", no *O Estado de S.Paulo* de 21.03.2007, p.D-14. Fernando Henrique Cardoso escreve sobre a República da malandragem, no *O Estado de S.Paulo* de 03.09.2006, p.A-2. Sobre a consideração de Sartre na *Crítica da razão dialética* (*"je considère le marxisme comme l'indépassable philosophie de notre temps"*), conferir Julián Marías, *História da filosofia*, cit., p.491.

explicada por ufólogos e pessoas abduzidas, diretamente dela não se captam ondas compreensíveis, mesmo em curtíssima distância. Mas entre recônditas virtudes ainda lhe pulsa misteriosamente um coração do qual se tem um desenho esmaecido, um quadrinho rabiscado em um antigo *Atlas*, realçando velha e arretada estância sertaneja de beleza árida, transfigurada pelos próprios horizontes e alguns excelentes arquitetos em epicentro do poder. Obra de estadista. Coisa nunca dantes vista nem consignada no tratado de Maurice Duverger. Dela disse Galbraith que "é preciso ver para acreditar [...] uma das realizações prodigiosas do século XX".[81]

---

81 Manuel Bandeira escreveu *Crônicas da província do Brasil*. São Paulo, Cosac Naify, 2006. De John Keneth Galbraith, ver *Uma visão de Galbraith sobre pessoas, políticos, poder militar e as artes*, tradução de Carlos A. Malferrari. São Paulo, Pioneira, 1989, p.222-3. O referido tratado de Maurice Duverger denomina-se *Institutions politiques et droit constitutionnel*. Paris, Puf, 1990, cujo volume I *(Les grands systèmes politiques)* foi traduzido em Coimbra (Almedina), *Os grandes sistemas políticos*. Embora nascido no interior de Minas Gerais, Juscelino Kubitschek não foi um provinciano, como sabem os seus contemporâneos. Foi, aliás, o primeiro estadista a inocular o Brasil no mundo, ao mesmo tempo em que trazia o mundo para cá. Coube a ele, com a indústria automobilística, o início do enorme desenvolvimento industrial que tivemos. Marta Rossetti Batista registra que, quando prefeito de Belo Horizonte, na década de 1940, Juscelino marcou a capital do seu Estado de Minas Gerais com a arquitetura moderna de Niemeyer, com pinturas de Portinari, com a escola livre de desenho e pintura dirigida por Guignard e pela Exposição de Arte Moderna em 1944 (*Anita Malfati no tempo e no espaço*. São Paulo, 34/Edusp, 2006, p.430). Sobre o provincianismo de Getúlio Vargas, escreveu Boris Fausto que, nascido no campo, Vargas jamais abandonou a referência gaúcha. Estava longe de ser um cosmopolita e, para os seus inimigos, "não passava

E foi assim que Juscelino Kubitschek, na origem um provinciano de Diamantina, passou para a história como estadista, glória que, entre nós, ninguém mais atingiu, salvo Getúlio Vargas, um provinciano de São Borja, coisas que, enfim, aconteceram há muitos anos, no século passado, quando o Brasil superava o modernismo.

---

de um caudilho dos pampas". Com certeza, sua mulher, d. Darcy, era "uma senhora de província" (conferir *Getúlio Vargas*. São Paulo, Companhia das Letras, 2006, p.13, 83, 84, 86).

7

O ESPÍRITO ALDEÃO, O OBSCURANTISMO E O MODERNISMO

I

Por importante que tenha sido o confronto ideológico, que o século XXI talvez supere no que Miguel Reale chamou de "convergência das ideologias",[82] a alma brasileira não vê nisso nenhum estímulo, como se percebe na eleição de pessoas e não de ideias, na escolha dos compadres e não dos capazes, e nas acomodações do Parlamento ao sabor de interesses fisiológicos (troca de apoio por cargos ou verbas), às vezes com sacrifício da lealdade partidária, sem falar na violação de princípios éticos, com desculpas que não poupam o emprego deturpado do verbo *evoluir* para significar mudança de opinião, quando tudo não passa de um *mudar de casaca* em razão de interesses pessoais. Lon-

---

82 Miguel Reale, "A convergência das ideologias", no *O Estado de S.Paulo* de 07.05.2005, p.A-2. Quanto à troca de favores em Brasília, sob protestos do senador Eduardo Suplicy, o governo liberou verba orçamentária que parlamentares exigiam para boicotar a criação da CPI dos Correios (*O Estado de S.Paulo* de 27.05.2005, p.A-4 e A-6). Mas o governo voltou atrás, apoiando a CPI, em face de novas denúncias de corrupção envolvendo o pagamento de mesada *(mensalão)* para deputados da base aliada. As investigações políticas contemporâneas ao primeiro mandato do Presidente Lula atingiram resultados pífios, considerando-se o estardalhaço da instalação e da atuação dessas comissões parlamentares. Mas registra-se que, no tema do *mensalão,* o STF recebeu uma denúncia (Capítulo 2), instaurando ação penal contra 40 réus.

ge de representar uma evolução, essa metamorfose no exercício da política é a degradação do processo democrático. E o denominador que flutua nesse mar proceloso é o *espírito aldeão* que esvazia o Congresso com espantosa frequência, possibilitando a cada político revitalizar-se no encontro das bases. Com o voo semanal para os Estados, tem-se, no início da semana, a volta de um regionalista renovado, impregnado de sua mais autêntica circunstância. Fundado em Ortega *(eu sou eu e minha circunstância)* e não sendo tão numerosas as exceções (até porque as metrópoles de vida cosmopolita não são tantas por aqui), pode-se dizer que somos provincianos. As *Crônicas* de Manuel Bandeira começam com essa advertência: "O Brasil todo é ainda província. Deus o conserve assim por muitos anos!"[83] Se é exato que o regional é o ca-

---

[83] "A realidade circunstante forma a outra metade de minha pessoa" (Ortega y Gasset, conferir Julián Marías, *História da filosofia*, tradução de Claudia Berliner. São Paulo, Martins Fontes, p.501). Sobre o tema, desenvolvido em *Meditaciones del Quijote*, ver Gilberto de Mello Kujawski, *Perspectivas filosóficas.* São Paulo, Duas Cidades, p.40-4; *A identidade nacional e outros ensaios.* Ribeirão Preto, Funpec, cit., p.56-9; e "A atualidade de Ortega y Gasset", no *O Estado de S.Paulo* de 03.07.2005, p.D-6. Quanto à advertência, no livro de Manuel Bandeira, ver *Crônicas da província do Brasil.* São Paulo, Cosac Naify, 2006, p.11. Sobre a ironia de que foi vítima D. Pedro II, ver Gilberto de Mello Kujawski, *A crise do século XX.* São Paulo, Ática, 1991, p.194. Sobre os alfabetizados em 1872, conferir José Murilo de Carvalho, *Cidadania no Brasil.* São Paulo, Civilização Brasileira, 2004, p.23. Sobre a morte de D. Pedro II e a publicação do *The New York Times*, ver, do mesmo autor, *D. Pedro II*, São Paulo, Companhia das Letras, 2007 p.230 e 241. Sobre o progresso cultural e material do Brasil após a transferência da corte portuguesa, em 1808, ver Antonio Paim, *Momentos decisivos da História do Brasil*, p.177-8. Sobre a pobreza que, não obstante, ainda predominava no Brasil depois

minho do universal, também corresponde à verdade que o espírito de aldeia é provinciano e, às vezes, um bloqueador de cultura e de civilização, alimentando o obscurantismo. Gilberto de Mello Kujawski registra que, em 1882, D. Pedro II foi ironizado pela Câmara ao solicitar um modesto crédito para observar a passagem de Vênus sobre o disco solar (nota 83). Essa ironia é que merecia o deboche, mas não se podia esperar coisa diversa. O Rio era uma cidade provinciana e José Murilo de Carvalho registra que, dez anos antes (em 1872), apenas 16% da população brasileira era alfabetizada (nota 83). Já o nosso segundo im-

---

de 1821, verificar LAURENTINO GOMES, *1808*. São Paulo, Planeta, p.332. Quanto a nem tudo cheirar bem na corte do Rio de Janeiro, idem, p.303. A qualificação pejorativa de Portugal por Alan Manchester é mencionada por CELSO FURTADO, em *Formação econômica do Brasil*. São Paulo, Companhia das Letras, 2008, p.64 e nota 37. Quanto à cultura musical de D. João VI e seus familiares, o tema foi abordado em uma entrevista do maestro Ricardo Prado pela repórter Miriam Leitão, TV Globo, em 30.12.2007. Sobre a imposição da língua francesa no Paço, conferir ISABEL LUSTOSA, *D. Pedro I*, São Paulo, Companhia das Letras, 2006, p.51, 70, 286; PATRICK WILCKEN, *Império à deriva*, Rio de Janeiro, Objetiva, 2004, p.23, 68-9, 95, 234-6, 239, 241-2, 247 e LUIZ CARLOS VILLALTA, capítulo 7 de *História da vida privada no Brasil*, São Paulo, Companhia das Letras, 1997, 1/371. De MARIA JUNQUEIRA SCHMIDT, ver *Amélia de Leuchtenberg: a segunda imperatriz do Brasil*, obra datada de 1927. São Paulo, Melhoramentos, p.79-81. Quanto aos internatos referidos por GILBERTO FREYRE, conferir *Vida social no Brasil nos meados do século XIX*. São Paulo, Global, 2008, p.95. Sobre as traduções francesas de Thomas Mann, ver SÉRGIO BUARQUE DE HOLLANDA, *O espírito e a letra*. São Paulo, Companhia das Letras, 1996, vol.1, p.255. Nesse registro, RAYMUNDO FAORO cita António Sérgio (*Ensaios*. Lisboa, Seara Nova, 1928), conferir *Os donos do poder*, 3ª edição. São Paulo, Globo, 2001, p.82 e 849.

perador, um soberano culto, poliglota e civilizado, ombreando com os mestres e estadistas de alto coturno que havia no Paço, na diplomacia, na política e na magistratura, distanciava-se não só da maior parte dos súditos, como dos seus próprios ancestrais. D. Pedro II surpreendeu a Europa como um dos soberanos mais ilustrados do século XIX, o que disse o *The New York Times*, expressamente, por ocasião de sua morte (nota 83).

Mas aqui ainda prevalecia a escuridão, lembrando Patrick Wilcken que Portugal isolou o Brasil colonial para garantir a sua dependência da metrópole, proibindo a imprensa, a importação de livros e a fundação de universidades, reprimindo a indústria artesanal, restringindo a navegação fluvial e desestimulando o sistema postal.

Qual era o peso de Portugal? É inegável que a transferência da corte, em 1808, e a abolição do estatuto colonial acabaram trazendo para o Brasil um progresso cultural e material, sem falar que cimentou a sua integridade territorial. Antonio Paim lembra a instalação do aparelho administrativo, da Chancelaria, Fazenda e Tribunais, da Faculdade de Medicina e da Escola Politécnica, da biblioteca e da imprensa, assim como da chegada da Missão Artística Francesa, do ensino das belas artes e arquitetura, de outras missões científicas, sem esquecer da abertura dos portos (que inicialmente favoreceu a Inglaterra), da revogação da proibição de indústrias (imposta por D. Maria, a louca, em 1785) e do estímulo à produção (nota 83). Mas grande parte disso ficou na cidade do Rio de Janeiro e, em 1821, quando D. João VI voltou para Portugal – diz Laurentino Gomes –, o país ainda era "pobre, analfabeto e dependente de mão de obra escrava", permanecia "anestesiado por três séculos de exploração colonial que haviam inibido a livre iniciativa e o espírito empreendedor".

Entretanto, não é em relação ao Brasil, uma colônia insciente, mas é dentro da Europa que Portugal deve ser pesado ao tempo da invasão napoleônica (século XIX), não esquecendo que o século XVII em Portugal ainda foi "peripatético e medieval", segundo o registro de Raymundo Faoro, e que Portugal, desde a segunda metade desse mesmo século XVII, não passava de um vassalo comercial da Inglaterra, uma qualificação pejorativa de Alan Manchester, reproduzida por Celso Furtado (nota 83).

Naquele quadro europeu, a corte portuguesa era tida por atrasada e provinciana, ladainha repetida pela duquesa de Abrantes, mulher de Junot. E o obscurantismo era um condimento presente. D. João VI levou quase dois anos para ser coroado depois da morte de D. Maria I. A revolução de Pernambuco não foi o único motivo. Uma das desculpas, de ordem religiosa, relacionava-se com a necessidade do clero declarar que a Rainha deixara o purgatório (Wilcken, p.247). Luiz Carlos Villalta registra que, no final do século XVIII, o desembargador Tomé Joaquim Gonzaga, do Rio de Janeiro, foi denunciado à Inquisição por gabar-se de possuir livros proibidos, contaminados pela Ilustração, e "por dizer que não havia inferno e outras proposições temerárias". Há o registro de que D. João VI e seus familiares tinham cultura musical (nota 83), o que parece confirmar-se na circunstância do Hino da Independência ter sido composto pelo próprio D. Pedro I. Nesse terreno cultural, porém, a corte deixava a desejar. Embora tudo indique que D. Pedro I tenha superado a deficiência (Isabel Lustosa, p.70), de início, como D. João VI, ele não dominava o francês (Wilcken, p.239), que era a língua das monarquias e da diplomacia, e os dois jamais se destacaram pelos padrões de uma casa real europeia. Na visão austríaca, D. João habitava um palácio sujo e o monarca não mantinha higiene pessoal, decepções que a vulgaridade de D. Pedro I acabaria enfatizando. No sentido literal, Laurentino Gomes registrou que "nem tudo cheirava bem na corte do Rio de Janeiro" (nota 83). D. Leopoldina valeu-se dos padrões austríacos para imprimir "um novo caráter às recepções do Paço da Boa Vista", e esforçava-se para conviver com o baixo nível de seu círculo, no qual muitas damas da corte eram quase analfabetas. Sua sucessora, D. Amélia, trouxe o séquito da Baviera e impôs na corte a língua francesa, influenciando o orbe (Lustosa, Wilcken e Villalta, nota 83).

Em antiga biografia de Dona Amélia de Leuchtenberg, Maria Junqueira Schmidt já dissera que a segunda Imperatriz tinha como padrão a austeridade da corte da Baviera e via como simples paródia a Quinta da Boa Vista, considerando "indigna de um Imperador a corte de S. Cristóvão". Ela fez uma revolução, despedindo empregados, disciplinando a entrada dos fidalgos, nomeando como principal dama do séquito a baronesa de Stuomfeder, e exigiu o uso da língua francesa. Mas, como registra a historiadora, esse trabalho foi inútil. "A coroa, por ela abrilhantada, nem por isso deixou de lhe escapar das mãos [...]" (nota 83).

Ainda assim, o francês tornou-se imprescindível. Gilberto Freyre menciona os internatos do século XIX, administrados por religiosas francesas. No início do século XX, em alguns colégios de escol, como no colégio *Des oiseaux*, em São Paulo, a fluência do francês era de rigor e, no mesmo período, esse era o idioma estrangeiro mais divulgado e o mais falado pela elite cultural brasileira. Os livros de Thomas Mann, por exemplo, já haviam chegado ao Brasil em 1930, mas pela tradução francesa – revela Sérgio Buarque de Hollanda (nota 83). Na verdade, essa influência culta de Dona Amélia não era propriamente de Portugal, país que ainda enfrentaria um longo período de estagnação no regime de Salazar.

II

Em retumbante maioria, somos habitantes de uma vasta província, cujo espírito de aldeia reflete o quinhão tabaréu da nossa herança colonial, desde a privação do alfabeto. Enumerando as características do primeiro período da nossa história, Alfredo Bosi aponta o "domínio do alfabeto" como o "divisor de águas entre a cultura oficial e a vida popular". Tivemos escravos cultos, diz Gilberto Freyre: "importaram-se para o Brasil, da área mais penetrada pelo islamismo, negros maometanos de cultura superior não só à dos indígenas como à da grande maioria dos colonos brancos, portugueses e filhos de portugueses quase sem instrução nenhuma, analfabetos uns, semianalfabetos na maior parte".[84] Somos o produto de uma colonização provincial. E o ensino universitário ainda hoje nos ajuda nessa conclusão. O diploma superior devia ser um título de excelência cultural ou, pelo menos, de habilitação profissional. Uma presunção. Na verdade, basta um exame da Ordem dos Advogados para demonstrar o contrário: o diploma é o título da insciência de grande parte dos candidatos. E não se pode dizer que não se demonstra o fenômeno entre outros profissionais, já que esses não se submetem ao mesmo processo de avaliação.

Esse caráter provincial é um pequeno aspecto do nosso jeito, do nosso modo de ser, que nem por isso nos aproxima de defeitos ou nos afasta de virtudes. É uma faceta típica dentre outras que temos, como

---

84 Alfredo Bosi, *Dialética da colonização*, cit., p.25. De Gilberto Freyre, ver *Casa grande & senzala*, 49ª edição. São Paulo, Global, 2004, p.381-2. Gilberto de Mello Kujawski discorre sobre "a resistência invencível de nosso barroquismo hispano-tropical, para escândalo e revolta da patrulha iluminista que desejaria um Brasil desenhado voluntariamente, segundo o modelo das nações mais prósperas do Hemisfério Norte" (*O sabor da vida*. São Paulo, Letraviva, 1999, p.31-2). A descrição que faz do Brasil pela sua realidade sertaneja está em outro de seus livros (*A crise do século XX*. São Paulo, Ática, 1991, p.207).

aquela que envolve o "barroquismo" referido por Gilberto de Mello Kujawski no seu livro *O sabor da vida,* permitindo-nos ter no coração a fonte da vitalidade intelectual ("a complexidade formal prodigiosa do barroco [...] corresponde à linguagem sinuosa do coração"). Em outro livro, o mesmo autor diz que o Brasil tem aspectos "desconcertantes de riqueza" mas "é também sua misteriosa realidade sertaneja, e uma realidade caipira envergonhada de si mesma, como se não encerrasse vislumbres de sabedoria da vida e de lição das coisas" (nota 84).

III

ENFIM, SOMOS PROVINCIANOS. Provincianos com aquela tendência irresistível a desconfiar de *modernices*. E essa desconfiança de *modernices* foi o que, somado o conservadorismo de alguns, produziu tumulto no Teatro Municipal de São Paulo, na Semana de Arte Moderna de 1922, evento que não se livra de uma lacuna filosófica, como acentuaram Alceu Amoroso Lima e Miguel Reale (nota 85), e que, longe de representar o nascimento do Brasil, como sugeriu Paulo Prado, apenas nos abriu um outro rumo, no campo das artes plásticas, da música e da literatura, fazendo com que olhássemos para dentro e não para Portugal e para a Europa. Essa ideia já circulava, não se cuidando de um nacionalismo peculiar da Semana. No campo literário, no Rio Grande do Sul, Alcides Maya deplorava o destino do escritor brasileiro, criticando os que admitem que "a aristocracia pensante da humanidade reside em Paris, com um ramo genealógico em Lisboa [...]". Nossa literatura – lamentava – era um espelho do que se publicava na Europa (nota 85).

Abstraindo as conotações caboclas, a rejeição desse pendor de só olhar para fora parecia acertada e não consta que haja dissenso na análise da velha questão (da necessidade de superar o sentimento de inferioridade colonial). Como veremos, o espelho não se partiu. Ficando no campo das letras, o que se seguiu, ao lado de uma literatura de qualidade, que inclui as incursões citadinas de Alcântara Machado, foi uma tendência copiosa ao nacionalismo (movimento verde-amarelo), à fruição do folclore e da linguagem chula do povo (antropofagia e tomada de posição primitivista do movimento pau-brasil), às vezes, ao internamento na mata e no sertão, embora esta última inclinação não deixasse de conflitar, logo mais, com a atmosfera política. Boris Fausto diz que, em 1938, o Estado Novo considerou o sertão e o isolamento como inimigos da integridade do país.

Atrasado "com relação ao calendário das revoluções" (Wilson Martins), o movimento eclodiu no campo das artes e da literatura. Registra Habermas ter sido no século XVIII que se fixou a fronteira entre a época moderna e a medieval, fazendo-a incidir por volta do ano 1500 (Renascimento, descobrimentos e Reforma), e que, em meados do século XIX, o substantivo *(Modernität, modernité)* emerge no domínio das artes, conservando até a atualidade "um núcleo de significado estético, marcado pela autocompreensão da arte de vanguarda". No Brasil, isso tudo se dá no século XX, um movimento que vem questionar, na política, a legitimidade do sistema oligárquico e rural. Na literatura, rejeita os padrões lusos, buscando superar o naturalismo, o parnasianismo e o simbolismo. Na música, introduz a dissonância e o *jazz* (consagra a música moderna, que inclui o atonalismo e a rejeitada dodecafonia de Schoenberg que, segundo Carpeaux, o público considera uma "acumulação de ruídos desagradáveis"). Com as artes plásticas, traz a libertação do neoacademicismo. Inicialmente, sua geografia se limita a São Paulo, Rio de Janeiro, Minas e Estados do nordeste (nota 85).

Houve atraso, mesmo considerando – como demonstrou Marta Rossetti Batista – que o estopim do modernismo foi aceso por Anita Malfatti em 1914 e 1917, e foi esse rastilho que passou a correr pelos centros culturais, arregimentando iniciativas que levaram à detonação da Semana de 1922 e que produziram uma ampla consciência nacional. Tanto que anotou Manuel Bandeira, em 1930: "só quando Anita Malfatti e Brecheret voltaram da Europa" é que tomou-se conhecimento do movimento moderno.[85]

---

[85] Sobre a lacuna filosófica da Semana de 1922, ver Alceu Amoroso Lima (Tristão de Ataíde) e Miguel Reale, conferir *Memórias,* São Paulo, Saraiva, vol.1, 1986, p.219. Segundo Paulo Prado, éramos um arrabalde de Portugal até começarmos a pensar em francês enquanto os políticos brincavam de ingleses para, finalmente, nascer o brasileiro; *Paulística.* São Paulo, Companhia das Letras, 2004, p.272-3. De Alcides Maya, ver "Natureza opulenta", p.25, "Arte americana", p.40, e outros escritos, todos in *Textos críticos,* seleção, organização e notas de Léa Masina. Porto Alegre, Movimento, 2004, p.19-40. De Marta Rossetti Batista, ver *Anita Malfati no tempo e no espaço.* São Paulo, 34/Edusp, 2006, p.17, 97-9. De Manuel Bandeira, conferir *Crônicas inéditas, vol.I,* p.338. Quanto à exposição de Lasar Segall (1913), não consta que tenha implantado essas mesmas ideias no Brasil (ver nota 115). De Alcântara Machado, ver *Brás, Bexiga e Barra Funda,* de 1927. De Boris Fausto, ver *Getúlio Vargas.* São Paulo, Companhia das Letras, 2006, p.107. De Jürgen Habermas, ver *O discurso filosófico da modernidade,* tradução de Luiz Sérgio Repa e Rodnei Nascimento. São Paulo, Martins Fontes, 2002, p.9-14. Sobre a rejeição da *dodecafonia* de Schoenberg, ver Otto Maria Carpeaux, *O livro de ouro da história da música,* Rio de Janeiro, Ediouro, 2005, p.464. Sobre os questionamentos e a geografia da Semana, conferir Antonio Candido e José A. Castello, *Modernismo: presença na literatura brasileira.* Rio de Janeiro, Bertrand Brasil, p.9-37. De Francisco Quinteiro Pires, ver "Valdomiro Silveira e a literatura caipira", informando que *Leréias* é editado pela Martins Fontes, conferir *O Estado de S.Paulo* de 23.09.2007, p.D-8. De Erico Verissimo, ver *Breve história da literatura brasileira",* cit., p.93-4. De Sílvio Castro, ver "Raquel de Queirós e o chamado romance nordestino" na *Revista do livro* n. 23/24, julho de 1961, p.115. De Henriqueta Lisboa, conferir "A poesia de Grande

Em 2007, Francisco Quinteiro Pires escreveu sobre Valdomiro Silveira (1873-1941) que, influenciado por Euclides da Cunha e tendo Guimarães Rosa por leitor, poderia ser um dos precursores do regionalismo, com uma produção que classifica de "literatura caipira", autor de *Leréias,* objeto de edição recente. Mas só depois que Euclides da Cunha publicou *Os sertões* – diz Erico Verissimo – "brotou por todo o Brasil, com a exuberância da flora tropical, um tipo de literatura regional cujos heróis eram gente do interior e cujas paisagens eram nativas, como nativos eram, também, seus problemas, conflitos

---

sertão: veredas", na *Revista do livro* n. 12, dezembro de 1958, p.141-3. De Alfredo Bosi, ver *História concisa da literatura brasileira.* São Paulo, Cultrix, p.318. Sobre Euclides da Cunha e a incorporação do nacional, ver Afrânio Coutinho, *Introdução à literatura no Brasil.* Rio de Janeiro, Livraria São José, 1959, p.248-56 e 303. Sobre o *crash* de 1929 e a expansão do modernismo brasileiro, consultar Lucila Soares, *Rua do ouvidor 110.* Rio de Janeiro, José Olympio, 2006, p.37. De Wilson Martins, ver "Cendrars e o Brasil", na *Revista do livro,* do INL, v.18 (junho de 1960), p.179-80. Sobre a grosseria escatológica do futurismo, conferir "O futurismo", de 1922, *Lima Barreto toda crônica,* organização de Beatriz Resende e Rachel Valença. Rio de Janeiro, Agir, 2004, vol.II, p.538-9. Sobre a escaramuça acadêmica de Graça Aranha, ver Manuel Bandeira, *Crônicas da província do Brasil,* cit., p.121. Sobre a entrevista de Oswald de Andrade, conferir Maria de Lourdes Monaco Janotti, *Sociedade e política na Primeira República.* São Paulo, Atual, 1999, p.94. Sobre a falsa vanguarda do modernismo, ver Antonio Arnoni Prado, *Itinerário de uma falsa vanguarda,* e prefácio de Sergio Miceli. São Paulo, 34, 2010, p.11, 191, 251, 259. Sobre a rejeição do *american way of life* pelos intelectuais franceses, conferir Tony Judt, *Passado imperfeito* (um olhar crítico sobre a intelectualidade francesa no pós-guerra), tradução de Luciana Persice Nogueira. Rio de Janeiro, Nova Fronteira, p.261 e 268-81. De Yan de Almeida Prado, consultar *O Estado de S.Paulo* de 30.07.1989, p.23.

e paixões". Na fase modernista, propriamente dita, escrevendo sobre Raquel de Queiroz e o romance nordestino, Sílvio Castro enfatiza a exuberância da temática do nordeste. "É a ansiedade da chuva que poderá mitigar e suavizar; a seca constrangendo e sufocando [...]". E enaltecendo Guimarães Rosa, Henriqueta Lisboa destaca "a introspecção do sertanejo, a analisar exaustivamente seus sentimentos e reações diante de cada sucesso, a emitir conceitos sobre cada cousa", como "um Proust caipira, menos sutil e malicioso, mais saudável e forte" (nota 85). Outra exaltação do folclore ocorreria em 1970 com o Movimento Armorial de Ariano Suassuna, baseado nas raízes nordestinas da cultura popular, percebendo-se o enorme impacto cultural da Semana de 1922, capaz de influenciar meio século, ainda que, segundo os doutos, essa influência não passasse de 1930 e o rescaldo findasse em 1945.

Não se critica o modernismo, muito menos a literatura que, voltando-se para o sertão, já havia lançado ao prelo autores pré-modernistas. Aquele reconhecido como dos maiores escritores brasileiros, Guimarães Rosa, surge com *Sagarana*, em 1946. Mas, na década de 1930, o modernismo já produzira grandes autores, como Raquel de Queiroz, José Lins do Rego, Mário de Andrade, Oswald de Andrade, Graciliano Ramos, Gilberto Freyre, Carlos Drummond de Andrade, Sérgio Buarque de Hollanda, Rubem Braga, Jorge Amado e outros. Apenas registra-se uma circunstância: o giro do espelho que, longe de quebrar, só mudou de posição, tornando-se o espelho da bruxa. Ensimesmando-se, a bruxa perguntaria: "Haverá alguém mais bela do que eu?" "Não há", responderia o espelho! Aí se estabelecia o que Lima Barreto já havia configurado com Policarpo Quaresma, entre 1911 e 1915: "o nacionalismo tomado como bandeira isolada e fanatizante" (A. Bosi, nota 85). Quantos, sob tal influência, jamais abandonaram as trilhas da província, ignoraram o mundo e acharam que as coisas prezáveis são as que sempre estiveram aqui?

Discorrendo sobre a incorporação do nacional, desde *Os sertões*, Afrânio Coutinho enfatiza o equívoco de romper os laços precedentes, sustentando que o verdadeiro nacionalismo resulta "da fecundação exercida pelo espírito universal no magma nacional". Livrar-se do colonialismo é produzir um espírito autônomo, não um isolamento da cultura universal. Mas a expansão do nosso modernismo literário, como ocorreu nos anos 1930, não se deve apenas à orientação nacionalista da Semana ou ao talento desses escritores. Teve concausas exóticas, como a depressão mundial e as dificuldades cambiais posteriores ao pânico de 1929 na Wall Street, em Nova York, um registro de Lucila Soares sob o argumento de que esses fatores brecaram a compra de livros estrangeiros, um golpe mortal para as livrarias Garnier e Garraux, razões que, por outro lado, também passaram a responder pelo sucesso da Livraria José Olympio, a editora dos modernistas (nota 85).

Por ser nacionalista no sentido criticado na atualidade, a visão que inicialmente decorreu do modernismo (até o retorno aos valores universais) era a de isolamento. Mesmo trazendo influência da Europa, principalmente da França (Alexei Bueno, nota 118), os participantes da Semana não iriam contradizer o seu nacionalismo, mas tão só produzir um choque que, não chegando ao escárnio das manifestações dadaístas em Paris, estabeleceu um divisor de águas. Mas Paris era luz incomparável, um brilho cosmopolita que assimilava as manifestações culturais, mesmo quando reagia às desaforadas. Já o nosso modernismo – disse Wilson Martins – era provinciano e limitado nas audácias, lutando com o peso morto da indiferença. O provincianismo já atuava em Lima Barreto quando considerou o futurismo uma grosseria escatológica. Manuel Bandeira escreveu que a escaramuça acadêmica promovida por Graça Aranha (outro exemplo) foi o início da desagregação do modernismo, e Oswald de Andrade, entrevistado pelo *Correio paulistano*, em 1953, deixa claro que não rompera com o modernismo, mas com aquilo em que ele foi transformado pelos integralistas e stalinistas (nota 85).

Prefaciado por Sergio Miceli, Antonio Arnoni Prado traça o "itinerário de uma falsa vanguarda", expondo o saco de gatos do nosso modernismo, a partir de 1922, uma convivência nem sempre harmônica entre liberais, fascistas e integralistas, comunistas e socialistas. Havia os que, logo adiante, acabariam execrando a ditadura Vargas, e os que, em sentido diametralmente oposto, prestariam serviços relevantes ao Estado Novo. Houve quem criticasse o nativismo e a xenofobia de alguns modernistas, como decorrência de uma formação cultural estreita e da pouca familiaridade com as vanguardas europeias. Houve quem considerasse caipira essa diretriz de sermos intelectualmente independentes da Europa (nota 85).

Ademais, afastamos a Europa e não evitamos que o cinema americano ocupasse a vaga, sendo ele, espetáculo à parte, um produto do isolamento cultural, uma projeção influente do *american way of life*. Mesmo na França, tal distorção ocorreria. Estudando as razões pelas quais, a partir de 1944 e na década de 1950, uma geração de intelectuais franceses foi refratária aos Estados Unidos, o inglês Tony Judt discorre sobre um antiamericanismo que chegou a reviver o antigermanismo (opondo-se à regeneração da Alemanha ocidental) e, às vezes, lembrava o antissemitismo e a execração do capitalismo, objetando a um poder econômico predador e de inclinação hegemônica, de espírito vazio e falto de sofisticação cultural, exportador de um cinema nem sempre bom, "incluindo muitas produções de terceira categoria", e que era "um sinal da invasão americana". Uma postura intelectual que via os norte-americanos sem raízes e sem refinamento, mas com acesso à riqueza, poluindo a cultura ocidental "com o seu poder de consumo e as suas preferências" (nota 85).

Com isso tudo, ao lado de suas virtudes, a Semana de 1922 não podia deixar de produzir, quanto aos pressupostos, a fisionomia equívoca que levou Yan de Almeida Prado a fulminá-la (nota 85) como tendo sido fruto da impostura em uma província subdesenvolvida e sonolenta... Ele se referia a São Paulo, mas os outros centros culturais eram igualmente provincianos. A cidade do Rio, embora tivesse guardado o trono, foi semiprovinciana até o final do século XIX, como dirá Brito Broca. Nas madrugadas de 1929, ainda era uma aldeia adormecida, como disse Manuel Bandeira (notas 110 e 111). E para os diversos rincões da pátria, o século XIX, já havia representado um inútil esforço de superação dessa vida provincial que, benfazeja para uns, para outros turvava a nossa cultura e nossa eficiência.

IV

Entre a literatura e a pintura, podíamos ir ao teatro, forma de cultura que nos atrai desde os jesuítas, no século XVI. Machado lamentou a decadência do teatro dramático no século XIX (Daniel Piza, *Machado de Assis*, p.187). Lima Barreto registrou que, em 1919, o teatro não andava bem por culpa do público que, chegado à maledicência, só prestigiava as *revistas* (*Toda crônica*, cit., vol.1, p.475). João do Rio criticava o teatro nativo, a mediocridade dos autores e a pobreza das casas de espetáculo (conferir Sérgio Augusto, *O Estado de S.Paulo* de 04.07.2009, p.D-3). Entretanto, no mesmo século XX, o teatro supera o provincianismo e os padrões suburbanos, alcançando um excelente nível. No final da década de 1950, veríamos, no Teatro Brasileiro de Comédias (TBC), uma encenação de primeira grandeza. Tivemos a experiência do Teatro de Arena e do Teatro Oficina, dos espetáculos acadêmicos e da arte engajada. As novelas de televisão não faziam concorrência e os grandes atores e atrizes se achavam a um passo da ribalta, fixando um padrão de qualidade e atribuindo-nos a condição de civilizados. Anos depois, trombei em Londres com um texto de Priestley em grande destaque, um teatro excessivamente inglês e que, sem ufanismo, já tinha visto em São Paulo. Penso que possuímos um teatro civilizado, mas a civilidade provincial é cíclica. Tanto que, no momento, criticam a política cultural do governo, enredada em um projeto de substituição da Lei Rouanet que o cineasta e jornalista Ipojuca Pontes diz não ter outro objetivo que não seja o de intrometer-se o Estado na criação artística, uma espécie de "controle cultural socialista" *(sic)*, na linha da anterior proposta de criação da Agência Nacional do Cinema e do Audiovisual (*O Estado de S.Paulo* de 15.10.2007, p.D-5; de 30.03.2009, p.D-3 e de 27.04.2009, p.A-2).

V

Nas artes plásticas, o modernismo de 1922 rompe com um século do academicismo e do neoclassicismo decorrentes da influência da Família Real (1808), de Taunay, Debret e a Missão Francesa (1816). Na verdade, essa ruptura é um processo iniciado por Anita Malfatti, de 1910 a 1914, quando estudava na Alemanha, e na sua conturbada exposição de 1917, em São Paulo, que teve até a oposição de Monteiro Lobato.

Bem ao contrário dos europeus civilizados do século XVIII (Schwarcz, *O sol do Brasil*, p.61), e com alguma inspiração do Código Civil de 1916 (art. 6º, III), pode-se dizer que éramos relativamente incapazes a certas artes, isto é, sempre estivemos mais para silvícolas do que para civilizados em matéria de arte e, como expõe Francisco Alambert, desde a chegada ao Brasil, a Missão Francesa teve dificuldades, contribuindo para isso a incultura e o atraso material do Rio de Janeiro, o desinteresse da população pela atividade artística, que "era vista como coisa de escravos", e a hostilidade proveniente do reacionarismo estético dos portugueses. Schwarcz repete a observação de Araújo Porto Alegre, de que não tínhamos gosto pela pintura, nem interesse pelas belas-artes. Mas afirma que Porto Alegre exagera no tom quando se refere aos portugueses, em matéria de artes, como representantes das "trevas" (*O sol do Brasil*, p.190, 240 e 340, n.58). Pode não ser assim, mas a própria escola de formação de artistas e artífices só funcionou depois de 10 anos, em 1826, estando o Brasil independente (Alambert, "Portugal e Brasil na crise das artes", in *A abertura dos portos*. São Paulo, Senac, p.155-6 e 163).

Quase dois séculos à frente da Missão, o processo de ruptura iniciado por Anita Malfatti continua na fase instrutória. Exceção feita ao mundo profissional e a um mercado consumidor que cresce (nas grandes metrópoles), nossa formação artística ainda é medíocre e provinciana. O ensino público primário e secundário pecam pela absoluta ausência desse prisma, e nem todos somos autodidatas ou frequentamos escolas de arte.

Há quem, nesse caldo, misture a ideologia: do academicismo ao impressionismo, a arte é burguesa e, por isso, desprezada. A partir do expressionismo, ela pertence à vanguarda da esquerda, e assim é exaltada. Um conceito discutível que se explica no chamado engajamento da arte, ocorrida principalmente na Guerra Civil Espanhola, quando a esquerda artística e literária combateu o fascismo. *Guernica*, de Pablo Picasso, em 1937, tornou-se o símbolo de um engajamento que ficou mais forte quando os regimes fascistas europeus consagraram o neoclassicismo. A tese da substituição da pedra pelo vidro na atual reconstrução de Berlim ainda reflete essa visão (conferir Lampugnani, nota 122).

Muitos dos que apreciam o tema podem dizer que aprendem com o mundo, e o mundo não é integralmente futurista, havendo coisas belas no passado, que se renovam no presente. O brasileiro Juarez Machado, consagrado em Paris, devolve-nos, atualmente, um esboço da chamada arte nova e decorativa de 1900 e 1925. Suas pinturas lembram algo contemporâneo da *Maison de l'art nouveau* (*Art Nouveau*, 1896-1900) e da *Exposition des arts décoratifs et industriels modernes* (*Art déco*, 1925). E não seria o passadismo uma das razões do seu sucesso? Então, se isso ocorre em Paris, o nosso processo de modernização pode permanecer no arquivo e, como quer que seja, *de gustibus et de coloribus non est disputandum*, isto é, gosto e cor não se discutem. É assim que se encerram as discussões desses aspectos do nosso alicerce cultural. Manuel Bandeira, um sectário das virtudes provinciais, defendia o barroco, o estilo bizarro da Contrarreforma que se adaptou ao Brasil, execrando os "góticos de meia-tigela", que "não valem a igrejinha pobre de Mangaratiba ou qualquer outra capelinha caiada de arraial" (*Crônicas*, cit., p.36). Penso que o gosto pela capelinha não devia impedir a admiração de outros estilos. São Paulo e Nova York não tiveram a Idade Média, mas o belo artístico supera o falso histórico, quer na Catedral de São Paulo, quer na St. Patrick's Cathedral, de Nova York, inspiradas no estilo gótico que tomou fomento no século XIII (Hegel, *O sistema das artes*. São Paulo, Martins Fontes, p.93). Ademais, se a autenticidade histórica tem um valor absoluto, Dresden é uma cidade falsa, pois a original desapareceu em um bombardeio, assim como a capela do Pátio do Colégio, em São Paulo, é uma falsificação. A construção é do século XX, ainda que seja uma cópia da antiga capela colonial do século XVI, vítima, como tantas, da nossa incapacidade de preservar. Na verdade, a autenticidade histórica tem um valor histórico, que é um *minus* em relação ao valor estético da arte. Só esse é capaz de libertar a alma ou o sentimento.

Mas, ao lado dessas ponderações, com certeza não estivemos na vanguarda. Marta Rossetti Batista, em livro já referido (*Anita Mal-*

fatti, cit., p.43, 51, 101-4), descreve a atrasada circunstância da terra paulista no ano de 1910. Faltava tudo, galerias, salões de arte, museus de pintura e escultura, quando a Alemanha exibia um expressionismo maduro e Nova York era um centro de renovação, o que se tornou público no Armory Show de 1913.

Esse modernismo de 1922, como referem os que tratam do tema, aqui também produz a redescoberta do barroco e do Aleijadinho, que andávamos esquecendo, talvez para enterrar as sombras do atraso que o velho mundo do século XVII projetou sobre o nosso século XVIII, talvez influenciados pela crítica europeia que, segundo Manuel Bandeira, não poupava o barroco, tido por uma "degenerescência do Renascimento" (*Crônicas*, cit., p.35). Na pintura moderna inauguramos algum primitivismo (provinciano) e, novamente, o espelho europeu reflete e inspira, agora o expressionismo, um certo cubismo, etc. Até Anita Malfatti, nossa primeira modernista, foi do expressionismo ao primitivismo, conforme ainda expõe Marta Rossetti Batista, ou seja, foi do internacionalismo ao provincianismo, ainda que a pintora negasse esse rótulo primitivista, dizendo que passara a fazer "arte popular brasileira" (ob.cit., p.460 e 464). O consagrado Cícero Dias, que atravessou o século XX, veio de Pernambuco. No Rio de Janeiro, abandonou o curso de arquitetura e, com a pintura, impressionou o modernismo. A partir de 1937, empurrado pela insensibilidade matuta do Estado Novo, radicou-se em Paris, quando Picasso terminava *Guernica*. Conta Manuel Bandeira que a vanguarda parisiense o adotou, Picasso fez-lhe o retrato, Paul Éluard dedicou-lhe versos e, em 1942, antes dos alemães fecharem as fronteiras, Cícero Dias escapou para Lisboa (*Crônicas inéditas*, vol.2, p.363). Passou pela guerra e pelo abstrato. Um provinciano cosmopolita. Portanto, a ruptura com o neoclássico (ainda em curso, por haver no Brasil muitos seguidores de Lobato) e a nossa ausência no impressionismo de 1874 não nos livram das influências europeias posteriores. Nas artes plásticas, há um tráfego intenso entre o passado e o futuro, entre a Europa e o Brasil. E, nesse trânsito, o provincianismo e o cosmopolitismo empatam. Não se pode dizer que um prevalece sobre o outro.

VI

Invocando Guiomar Novaes e Villa-Lobos, vamos à música, um outro foco da Semana de 1922 – e é preciso cuidado para tocá-la, pois a presunção é tão abjeta quanto a atitude oposta e bem provinciana de considerar esnobe o que não seja caipira. Frédéric Rouvillois, em sua *História do esnobismo* (nota 86), cita alguns exemplos na área das artes e da música. Mas sempre há um meio-termo nas coisas.

Feita a ressalva, pode-se dizer que o Brasil é um país musical, tal a variedade de gêneros que exibe, e a música é o melhor termômetro dessa comparação entre o cosmopolitismo e o nosso provincianismo. Qual é o consumo musical do povo? Fora do Rio de Janeiro, a primeira e mais resplandecente metrópole, há um audível progresso em São Paulo (Guia do jornal *O Estado de S.Paulo* 190, de 27.05.2005) que, atualmente, é o nosso centro cosmopolita de maior vigor, e onde se acha, segundo o *Le monde*, a melhor orquestra sinfônica da América Latina (*O Estado de S.Paulo* de 28.10.2007, p.C-28). Mas, de um modo geral, jamais seria o barroco e o clássico, nem a música romântica e a moderna, tudo reduzido ao que chamam de música erudita. Não é o poeta, o compositor, o literato e o fadista Chico Buarque ou o seu purismo, nem a música sinfônica ou a música instrumental, não é o *jazz* ou a bossa nova, que apresentam concepções sofisticadas de harmonia e sempre tiveram um público restrito, mas é a canção popular (qualificada por adjetivos diversos) e a MPB que, em tempos inóspitos para a cultura, sucedeu a bossa nova. Além disso, a música regional, o samba, o sambão, o chorinho, o frevo, a música sertaneja e as saudosas marchinhas de carnaval, sem esquecer os inúmeros batuques a partir do mais antigo legado da nossa cultura africana.

Foi exatamente o nosso brilho, a bossa nova (brilho marcado por Tom Jobim e Vinícius de Moraes), que não nos deu a eternidade. Não teve o êxito doméstico de outras modalidades da preferência popular, embora marcasse indelével presença e envolvesse a minha geração. Aconteceu com a bossa nova, no Brasil, fenômeno semelhante ao da música de Astor Piazzolla, na Argentina. O sucesso ocorreu aqui, mas pode-se dizer que foi perene nos Estados Unidos e na Europa onde, pelos nossos preconceitos de província, existe um mercado cultural vigoroso, situado nos mais altos níveis. Nesse mercado, segundo pensamos, os consumidores não transigem ou transigem pouco. Mas até nesses lugares – é bom que se diga – a música *country* e a folclórica conservam o prestígio popular.

Marcando os respectivos sotaques carioca e portenho, superando as teses de que bossa nova é puro samba e Piazzola é puro tango, e demonstrando que o cosmopolitismo está na sua essência, bossa nova e Piazzolla têm parceria com os clássicos e promiscuidade com o *jazz*, gêneros que apreciam encontrar na plateia algum ouvido absoluto ou semiabsoluto. As pessoas que habitualmente ouvem *jazz*, no Brasil, como as que ouvem Piazzolla, formariam uma casta. Algo semelhante se pode dizer dos que se deleitam com Vivaldi, Bach, Handel, Haydn, Mozart, Beethoven, Schubert, Chopin, Schumann, Liszt, Wagner, Verdi, Brahms, Tchaikovsky, Debussy, Strauss, Ravel, Rachmaninoff e Villa-Lobos, sem falar nos regentes, pianistas e tantos outros. O povo também gosta, quando ouve, ainda que dificilmente ele possa alimentar a habitualidade, essa alavanca matreira que, em todas as coisas, até na mesa, permite-nos superar o trivial.

Para satisfazer a cultura musical que São Paulo importara com Luigi Chiafarelli, no final do século XIX (a quem, segundo Carpeaux, devemos o conhecimento das obras de Brahms), e também o que Marcia Camargos qualifica de vocação cosmopolita dos paulistas, inaugurou-se, em 1906, o Conservatório Dramático e Musical, que logo se rendeu à pianolatria, deixando o ensino dos demais instrumentos e soterrando a dramaturgia, não chegando a fornecer instrumentistas e cantores para as produções do Teatro Municipal, inaugurado em 1911 (Carpeaux, *Revista do livro,* do INL, 12/87 e Marcia Camargos, *O Estado de S.Paulo* de 26.02.2006, p.D-7).

Entre 1930 e os anos 1940, estando emoldurada a Semana de 1922, Villa-Lobos fez campanha para erradicar o nosso provincianismo musical. Proporcionou concertos e impôs o canto orfeônico em escolas, tentando enriquecer o currículo escolar. Mas não alcançou isso em todos os lugares. Em meu tempo de ginásio, na década de 1950, a tentativa se transformara nas insípidas aulas de *manosolfa,* uma palavra em desuso, um solfejo manual que resumia sinais para surdo-mudo e a marcação do tempo. Aí o nacionalismo *estadonovista* de 1937 enfatizara a obrigação de cantar os hinos. E desse surrealismo decorre a ideia musical de inúmeras gerações que passaram pelas aulas de canto orfeônico. Uma ideia provinciana. Voltando à França em 1950, o maestro residiu em Paris por quase uma década. Morreu no Brasil em 1959, depois de compor e reger as melhores orquestras, ecoando e reluzindo na Salle Gaveau e no Théatre des Champs-Élysées.

Bem perto da Madeleine, há, em Paris, um hotel que ostenta duas placas: uma delas com as armas da nossa Casa Real, em homenagem a D. Pedro II, que ali morreu em 1891 e, em câmara ardente, foi fotografado por Nadar. Para frustração da nossa recente e provinciana

República (sob a tutela do marechal Floriano), naquele hotel têm início as exéquias de *Sa Majesté, l'Empereur du Brésil.*[86] A outra placa

---

86 Exéquias que, partindo do Hôtel Bedford, com honras militares e absoluta ausência da República brasileira (José Murilo de Carvalho, *D. Pedro II.* São Paulo, Companhia das Letras, 2007, p.239-40), incluíram um convite para missa de corpo presente na Eglise Sainte-Madeleine e um traslado solene para o solo português em um *train funèbre spécial* (conferir Lilia Moritz Schwarcz, *As barbas do Imperador.* São Paulo, Companhia das Letras, 1998, p.489-93), viagem que contou com a participação de Paulo Prado. Ele estava em Paris desde 1890 – segundo Eça – "passeando o seu diletantismo" (Paulo Prado, *Retrato do Brasil: ensaio sobre a tristeza brasileira,* 8ª edição, organização de Carlos Augusto Calil. São Paulo, Companhia das Letras, 1997, Cronologia, p.34). Nadar era um fotógrafo que notabilizou-se em 1874 ao emprestar o seu *atelier* do Boulevard des Capucines para a primeira exposição daqueles que, em pouco tempo, seriam conhecidos como os pintores *impressionistas.* Sobre as audições de Villa-Lobos na Salle Gaveau e no Théatre des Champs-Élysées, a partir de 1950, ver Turíbio Santos, "Villa Lobos em Paris", na *Revista brasileira* da ABL, fase VII, n. 43, abril-junho de 2005, p.191-7. A revista *Veja* (n. 2.176, de 04.08.2010, p.80), com a correspondência de Villa-Lobos, revela a frustração do maestro, de não ser reconhecido no Brasil como era no exterior. A crônica de Lima Barreto sobre a música, no Brasil, está colecionada em *Lima Barreto toda crônica.* Rio de Janeiro, Agir, vol.1, p.131. A revelação de Estela Canto está em *Borges à contraluz,* tradução de Vera Mascarenhas de Campos. São Paulo, Iluminuras, 1991, p.190. Ela já havia dito que, na Argentina, os intelectuais são estimulados, mas não são lidos (idem, p.57). Ainda de Paulo Prado (sobre o parentesco latino-americano), ver a já mencionada *Paulística,* p.251. Sobre a autoabjeção do brasileiro, ver Gilberto de Mello Kujawski, *Ideia do Brasil: a arquitetura imperfeita.* São Paulo, Senac, 2001, p.35. Do mesmo autor, sobre a totalidade da América Latina, "totalidade heterogênea, desconjuntada, mas totalida-

elogia um hóspede residente, o maestro Heitor Villa-Lobos: *Dans cet hôtel habita de 1952 a 1959 le compositeur brésilien Heitor Villa-Lobos, grand interprete de l'âme de son pays.* Mas entre esse orgulho hoteleiro e a cultura musical do nosso povo, assim como entre a música tribal e a de Villa-Lobos, que não menospreza o folclore, há um abismo.

Além do que se expôs, esse abismo também reflete o mercado da América Latina. Tom Jobim não fez aqui a sua projeção universal, mas recebeu-a no exterior, da mesma forma que Carlos Gomes, Villa-Lobos, Guiomar Novaes e Magda Tagliaferro. Um atavismo histórico, colonialista, e outras coisas respondem por isso. Uma delas é o nosso provincianismo, circunstância que, em 1914, levou Lima Barreto a dizer que a música, entre nós, virou uma atividade feminina, está entregue às moças que querem casar. Por outro lado, o complexo da colônia tem muito peso: sermos um povo colonizado, mantido por séculos na ignorância e cujos predicados só aparecem quando reconhecidos lá fora. Não basta que alguém por aqui aponte um talento. *Allegata et non probata paria sunt,* diriam os que, com auxílio de Mendes de Castro, Lobão e Ramalho, estão sempre dispostos a negar o fato. Não basta afirmar, é preciso provar. E a única forma de transformar os nossos valores em prova plena é vê-los aclamados nos Estados Unidos e na Europa.

---

de", conferir *A pátria descoberta.* São Paulo, Papirus, 1992. p.127. Sobre o brasileiro em órbita da terra, ver *O Estado de S.Paulo* de 06.10.2005, p.A-21, e de 08.04.2006, p.A-34. É no foco de Max Weber (de que não existe uma burocracia transparente, estando a opacidade na sua essência, sendo esse o segredo do seu domínio) que desenvolvo um dos temas de "Os caminhos de uma revolução cultural", publicado na *RT* 826/69-92 (ver também Capítulo 3). O autor inicialmente citado no tema do esnobismo musical, FRÉDÉRIC ROUVILLOIS, é professor de Direito Público na Universidade Paris-V, tendo escrito *Histoire du snobisme.* Paris, Flammarion, 2008.

A autoabjeção, referida por Gilberto de Mello Kujawski, talvez seja a nossa fraqueza. Esse sentimento de ilegitimidade de um povo mestiço, "pecado original da América espanhola e portuguesa", ocorrendo quando duvidamos dos nossos valores e quando usamos expressões que diminuem o país e as suas instituições (*v.g.*, *um país de índios* ou *uma instituição tupiniquim*), expondo o menosprezo pelo que é nosso e um obstinado complexo de inferioridade cultural, coisas que, em última análise, decorrem das lacunas de nossa formação desde o período colonial e resultam sobretudo em insegurança, mas que – vale dizer – não é um mal exclusivamente brasileiro. Estela Canto revela que os argentinos acabaram aceitando Borges, não porque o tivessem lido ou entendido, "mas porque a Europa e os Estados Unidos o consideravam um grande escritor" (nota 86), o que vem de encontro ao que penso. Costuma-se individualizar o Brasil, na América Latina, pela língua portuguesa, pelo período monárquico, pela suave independência e pacífica delimitação das fronteiras. Mas, apesar das diferenças étnicas, econômicas, históricas, políticas e culturais entre o Brasil e a Argentina, assim como entre esses dois países e os seus vizinhos da América Latina, e apesar da complexidade desse universo, muitos de seus aspectos são aglutinantes, inclusive o substrato provinciano é muito parecido em todos eles, o que realça a semelhança que, sob outro prisma, já notara Paulo Prado, dizendo haver "um ar de parentesco entre todas as repúblicas das Américas Latinas". Com a lucidez habitual, Gilberto de Mello Kujawski mostra que a América latina constitui uma totalidade; "totalidade heterogênea, desconjuntada, mas totalidade" (nota 86).

VII

A DESPEITO DA GRANDE EVOLUÇÃO dos centros urbanos, inclusive no concernente ao aprimoramento musical, o nosso mercado cultural, máxime no campo das artes, não se iguala ao do Hemisfério Norte, havendo espaços a ocupar, se bem que nada nos impede de exibir o rótulo de uma sociedade moderna, civilizada e cosmopolita. Nossa adesão à economia de mercado e à globalização é um sinal disso, o sinal de um talento universalista e liberal, não limitado pelas amarras do planejamento oficial e pelas fronteiras do Estado. Podemos defender as cores da província com justo orgulho, mas gostamos da metrópole e temos uma queda pelo cosmopolitismo. O uso de cartões de crédito é difundido, e até o governo os emprega. Houve época em que os viajantes brasileiros não escapavam da classificação de milionários ou de esnobes. E viajavam com um pacote de francos suíços, de libras ou dólares, porque a nossa economia devedora, a moeda inflacionada, a atmosfera de terceiro mundo, a burocracia provinciana e a agudeza obscura dos governantes impediam que tivéssemos meios de pagamento de validade internacional. O século XX já estava no fim quando aboliram essa restrição charcosa. Para o bem e para o mal, temos *hackers* e *crakers* especializados em usar a internet para fins lícitos e ilícitos. Não ficamos a dever para ninguém. Fabricamos pela Embraer e vendemos para o mundo sofisticados aviões. Participamos da construção da Estação Espacial Internacional. Até satélites lançamos e, como se sabe, um brasileiro (tenente-coronel Marcos César Pontes) foi expelido da Terra em um foguete Soyuz (nota 86). Há *shoppings* fornecendo para o nosso consumo o que há de melhor em qualquer parte do planeta. Em uma linguagem de mercado, as melhores *griffes* estão aqui. Ainda que frente à cara torcida de enófilos exigentes, em São Paulo, participamos, no mês de novembro, do ágape sublime da gastronomia dos *bistrots* de Lyon e Paris na inauguração do *Beaujolais-primeur* (ou *Beaujolais-nouveau*), o mais famoso dos vinhos não longevos. Uma festa que vale por ela mesma, e não pelo vinho. Aí não somos provincianos. Em todas essas coisas se revela a nossa vocação cosmopolita e, às vezes, também se manifesta, como visto, uma inclinação intergaláctica.

Na mesma toada da cultura, a modernidade *lato sensu* retardou a marcha. A partir do século XVI, as caravelas, fundeadas ao largo, desembarcavam trechos da nossa história, mas também lançaram uma âncora pesada, difícil de erguer. Por isso, o modernismo, entre nós, impôs-se com procela e com atraso. Se tal modernismo aconteceu, e quando ocorreu, foi por influência de talentos excepcionais, como Santos Dumont, Anita Malfatti, Paulo Prado, Gilberto Freyre, Sérgio Buarque de Hollanda, Villa-Lobos e Cândido Portinari. Outros nomes caberiam, dos envolvidos na Semana de 1922 e até dos que vieram engrossar a corrente, que são muitos. Mas os que levantaram a âncora foram poucos. No plano político, ainda menos. E a âncora é pesada, sendo possível senti-la na educação pública, na saúde pública, em nosso sistema tributário, em nossas ferrovias, em grande parte das rodovias, nos aeroportos, na desordem política, no centralismo de uma administração dominadora, que já governou com decretos-lei e hoje governa com medidas provisórias; no residual positivismo que ainda responde pelo espírito autocrático que, como a poluição, não sai do ar; na insegurança jurídica para a qual contribuem essa guerrilha de liminares entre órgãos jurisdicionais e um processo judiciário que não impede as soluções cavilosas e kafkianas de diversos tipos, das que evitam a análise da *res in judicium deducta* ou o mérito da questão debatida, até das que, pela demora ou outro excesso, como as que transpiram uma exagerada prática processualística (hiperprocessualismo), impõem às partes o *summum jus, summa injuria*, o conhecido predomínio da técnica sobre o justo, da forma sobre o fundo ou, na execução capciosa, a singular situação dos que *ganham, mas não levam*;

na imoralidade dos precatórios que transformam a União, Estados e Municípios em sórdidos caloteiros (notas 30 e 151), e parece não haver no mundo dos vivos nenhum recurso contra isso (é aceitar ou emigrar!); em nossa burocracia cartorária e provinciana que em tudo se faz presente e, finalmente, naqueles lugares que até a atualidade vegetam no mais letárgico imobilismo, com os seus preclaros inscientes estagnados no início do século XIX, que não ouviram falar de Marx e a ascensão das massas, de Freud e a psicanálise, das influências que ambos tiveram no mundo moderno, inclusive na literatura e nas artes.

8
COSMOPOLITISMO E PROVINCIANISMO NO IMPÉRIO E NA REPÚBLICA

I

Afirmou-se que somos habitantes de uma vasta província. Com o inegável pluralismo dos seus fragmentos geográficos, regiões diferentes em tudo, às vezes inconciliáveis no confronto de ingredientes do primeiro e do terceiro mundo, "o Brasil todo ainda é província" – iniciam assim as crônicas de Manuel Bandeira – e só é inteligível como tal, faceta que, excluída, lhe tira o sentido histórico e cultural, subtrai-lhe a essência e o conteúdo, o Brasil-conteúdo referido por Gilberto de Mello Kujawski, que é "o Brasil dos alicerces coloniais, com a 'lição de força, de tranquila dignidade' da arquitetura mineira e baiana, da crônica de costumes provincianos, dos temas e modismos folclóricos, dos clássicos de nossa literatura e pintura".[87]

---

[87] Gilberto de Mello Kujawski, *Para entender o Brasil*, no *O Estado de S.Paulo* de 21.12.2006, p.A-2. De Manuel Bandeira, ver "Crônicas da província do Brasil", advertência na p.11 e p.35 e 61. Ainda de Manuel Bandeira, ver *Crônicas inéditas*, vol.I. São Paulo, Cosac Naify, p.179. De José de Souza Martins, ver "O viaduto Santa Ifigênia", no *O Estado de S.Paulo* de 12.10.2009, p.C-6. De Ondemar Dias, em citação de Roberta Pennafort (matéria sobre as escavações na antiga Sé do Rio de Janeiro), ver *O Estado de S.Paulo* de 18.10.2007, p.C-10. Sobre a demolição do prédio da Academia Imperial de Belas Artes, ver Lilia Moritz Schwarcz, *O sol do Brasil*. São Paulo, Companhia das Letras, 2008, p.314. Idem (p.311-2) sobre o arquiteto e urbanista francês Grandjean de Montigny, que veio para o Brasil

em 1816 e aqui morreu aos 74 anos. Ver também Manuel Bandeira, *Crônicas inéditas*, vol.2. São Paulo, Cosac Naify, 2009, v.2, p.290. De Paulo Bomfim, conferir "O naufrágio dos casarões", na *Tribuna da Magistratura* n. 160, setembro de 2007, p.18. De Claude Lévi-Strauss, *Tristes tropiques*, Coll. terre humaine. Paris, Plon, 2009, p.105-6: *"Un esprit malicieux a défini l'Amérique comme un pays qui a passé de la barbarie à la décadence sans connaître la civilization"*. Sobre o cosmopolitismo português, ver Gilberto Freyre, *Casa grande & senzala*, 49ª edição. São Paulo, Global, p. 274-8. De Antonio Candido, ver "O significado de Raízes do Brasil", prefácio do livro referido a seguir, p.20. De Sérgio Buarque de Hollanda, consultar *Raízes do Brasil*, 26ª edição. São Paulo, Companhia das Letras, 2001, p.63, 73, 80, 82-3 e 91. Sobre o poder da Igreja, na época, ver Antonio Paim, *Momentos decisivos da História do Brasil*. São Paulo, Martins Fontes, 2000, p.206. Quanto ao estabelecimento do registro civil pela Lei n. 1.829, de 1870, e inúmeros decretos posteriores, até o de n. 9.886, de 1888, ver Clóvis Bevilacqua, *Código Civil*, I/200, Rio de Janeiro, Francisco Alvez, edição de 1927. Quanto ao século XIX representar a renascença no Brasil, ver Gilberto Freyre, *Sobrados e mucambos*, 15ª edição. São Paulo, Global, 2004, p.430-1. Sobre a crítica de Burton ao latim de Ouro Preto, ver Manuel Bandeira, *Crônicas da província do Brasil*, cit., p.31. De Mario Vargas Llosa, conferir "Os coleguinhas", um confronto entre Jean-Paul Sartre e Raymond Aron, no *O Estado de S.Paulo*, caderno 2, de 10.04.2005, p.D-8. Do mesmo autor, ver também "A literatura e a vida", epílogo de *A verdade das mentiras*, tradução de Cordelia Magalhães. São Paulo, Arx, p.394. Cito de Fernando Henrique Cardoso um trecho de seu livro autobiográfico, publicado no exterior, *The accidental president of Brazil*. New York, PublicAffairs, p.65 ("[...] *a world-famous, ultra-leftist philosopher* [...] *giving televised speeches in a tropical country that was still largely illiterate* [...]"). De Daniel Piza, Antonio Gonçalves Filho e Diderot, ver *O Estado de S.Paulo*, caderno Cultura, de 31.01.2010, p.D-3 e D-6). De Luiza Nagib Eluf, conferir "Um país de analfabetos", no *O Estado de S.Paulo* de 22.09.2005, p.A-2. De Patrick Wilcken, ver *Império à deriva*, cit., p.171 e 192. Isabel Lustosa confirma

A propósito da arquitetura e do urbanismo, Bandeira censurou a incultura artística e histórica do Brasil, responsável pelo desaparecimento "das nossas relíquias coloniais mais significativas" (nota 87). O nosso descaso pela preservação dos monumentos e edificações, pelo próprio urbanismo, é um toque provinciano de atraso, de uma visão roceira, devendo-se às mesmas circunstâncias o esquecimento da história. José de Souza Martins exalta o viaduto Santa Ifigênia, uma das grandes expressões do espírito de São Paulo, mas que até hoje tem inimigos (nota 87). A bem da verdade, Bandeira também paga um tributo por nascer e educar-se na América e, dessa forma, ainda que superficialmente, incide na atitude que critica, demonstrando que, nesse novo mundo que viemos habitar, temos pelas coisas velhas um sentimento de indiferença, de abandono, de esquecimento, às vezes de asco, e até tiramos daí a límpida convicção da inutilidade. Tanto

---

que D. Pedro I não era estudioso e costumava dizer que ele e o mano Miguel seriam os últimos ignorantes da família (*D. Pedro I*. São Paulo, Companhia das Letras, p.69 e 316). A visão do Brasil da independência está em José Murilo de Carvalho, *Cidadania no Brasil*, Rio de Janeiro, Civilização Brasileira, 2004, p.18. O dialeto *nheengatú* foi inutilmente combatido pela Metrópole. Tornou-se fala corrente. Sobre o abandono da língua portuguesa no Brasil e a adoção das línguas-gerais (indígenas), ver Luiz Carlos Villalta, capítulo 7, de *História da vida privada no Brasil*, vol.1, organização de Laura de Mello e Souza. São Paulo, Companhia das Letras, 1997, p.335-9. No século XVII, em São Paulo, até as classes educadas e abastadas falavam a língua-geral (Sérgio Buarque de Hollanda, *Raízes do Brasil*, cit., p.125). De August de Saint-Hilaire, ver *Segunda viagem a São Paulo e quadro histórico da Província de São Paulo*, de 1822, *apud* José Luiz Pasin, *Guaratinguetá: tempo e memória*. Publicação da Secretaria da Cultura do Estado de São Paulo, 1983, p.35.

que, no jubileu da avenida Rio Branco, em 1929, ele desdenhou a velha rua do Ouvidor, que perdeu para a avenida a sua *vis attractiva*. Escreveu que "os velhos afirmam que na ruazinha apertada havia um encanto mais íntimo. Havia. Mas é inútil lastimar o encanto que passou"(nota 87). É inútil, igualmente, prantear o sumiço das nossas antiquadas relíquias.

A cidade do Rio de Janeiro começou a ser ocupada no século XVI, mas só agora, no século XXI, escavações na restauração da Igreja Nossa Senhora do Carmo, da Antiga Sé, resultaram na descoberta de parte de uma paliçada que, segundo Ondemar Dias, do Instituto de Arqueologia Brasileira, vem a ser "o único vestígio que se tem do século XVI, no Rio". Até o prédio da Academia Imperial de Belas Artes desapareceu. Construído em 1926 por Grandjean de Montigny, em estilo neoclássico, foi demolido em 1938. Não é sem razão que o poeta Paulo Bomfim caminhe em vão "pelas ruas de outrora à procura de um ponto de referência", que simplesmente deixou de existir com o "naufrágio dos casarões" (nota 87).

Essa é a realidade de uma civilização que não se interna no Novo Mundo como embrenhou-se na Europa, justificando, de certa forma, o malicioso conceito comentado por Claude Lévi-Strauss, que diz ser a América um lugar que passou da barbárie à decadência sem conhecer a civilização. Cortando o exagero, ele aplica esse conceito às cidades, fazendo referência a Nova York, Chicago e São Paulo. As cidades da América, por não conhecerem a dimensão temporal, refletem uma forma diferente de civilização. Não é aquela onde a passagem dos séculos constitui uma promoção (nota 87). Aqui, de um modo geral, e em outras palavras, as coisas velhas desvanecem, dando lugar às coisas novas, que um dia se tornam velhas e também serão apagadas. Nas cidades americanas, a falta de vestígios, diz Lévi-Strauss, "é um elemento do seu significado". De qualquer forma, parece-me impossível deixar de relacionar essa perda cultural com o nosso provincianismo.

Embora os portugueses tivessem a formação cosmopolita apontada por Gilberto Freyre, considerando a "riqueza e variedade de antagonismos étnicos e de cultura", a circunstância mais se destacou nos planos do comércio e da miscigenação racial, da "liberalidade para com o estrangeiro", da raça não impedir que alguém "fosse admitido na sociedade colonial portuguesa da América no século XVI". Na mesma época, outros povos mais modernos, com menor arrasto provinciano, sustentavam um cosmopolitismo de maior amplitude, de maior vigor. Não seria o Brasil dos portugueses, mas o "Brasil do imigrante" que fixaria o sentido moderno da nossa evolução, substituindo as características ibéricas pelas de uma civilização urbana e cosmopolita, conforme anota Antonio Candido em prefácio ao livro *Raízes do Brasil*, de Sérgio Buarque de Hollanda. E este nos mostra que os horizontes provinciais delimitam o nosso alicerce colonial. Que, ao contrário da colonização tentada no Nordeste pelos holandeses, que eram urbanos e cosmopolitas, Portugal aqui plantou uma civilização de raízes rurais. Toda a vida colonial se concentra nas propriedades rústicas, cujos donos, escravistas, exercem um pátrio poder ilimitado e uma autoridade despótica, sendo as cidades simples dependências desses domínios. Disse mais, que segundo André João Antonil (em escrito de 1711), manter os filhos no engenho era criá-los tabaréus. Mais tarde, já em curso o século XIX, com o declínio da lavoura e o desenvolvimento da vida urbana, esses senhores abraçam as atividades políticas, burocráticas e as profissões liberais. Mas, em conhecida observação, diz que o trabalho mental é um simples ornamento, não significando amor ao pensamento especulativo, mas "à frase sonora, ao verbo espontâneo e abundante, à erudição ostentosa, à expressão rara" (nota 87).

Sob esse prisma, não devemos esquecer o latim de salão já referido (Capítulo 6), sinal de uma província inebriada a partir da ortodoxia do púlpito: *Extra ecclesiam nulla salus.* A Igreja Católica tinha grande poder e forte presença cultural. Era a religião do Império (Constituição de 1824, art. 5°) e detinha o monopólio do casamento e do enterro dos mortos (nota 87). Também registrava o batismo e, *ipso facto,* o nascimento dos católicos. Só a partir de 1870 (Lei n. 1.829), estabeleceu-se o registro civil dos nascimentos, casamentos e óbitos, mas isso foi levado a sério com o Código Civil de 1916 (art. 12, n. I).

Ainda que o século XIX tivesse para nós o sentido de uma renascença, como disse Gilberto Freyre, tal – pelo ponto de vista europeu – o exotismo dessa atmosfera colonial, de traços e cores incomuns na Europa (nota 87), além de provinciana, esse perfil agreste avançou pelo século XX. Agora, no início do século XXI, o Vaticano quer a volta do latim nas missas (*O Estado de S.Paulo* de 15.09.2007, p.A-34), o que, para nós, terá o sentido de um retorno ao processo de encantamento dos fiéis pelo místico arcaísmo clerical, bem a gosto da província. É claro que vai esbarrar na circunstância de que não somos tão letrados e que, depois de longa abstinência, muitos padres nem passariam em um exame de latim. O que dizer dos leigos?

O inglês Burton, que visitou Ouro Preto em 1867, já nessa época não perdoava o latim dos chafarizes, dizendo que "a água é melhor que a latinidade", ao que replicou Manuel Bandeira, coberto de razão: "seria difícil encontrar fora do século de Augusto latinidade com a pureza da água de Ouro Preto" (nota 87). No Brasil, havia puristas no manejo do latim, que era a grande barreira no vestibular para a Faculdade de Direito, exigente dos textos de Cícero, de César e outros, só conhecidos do velho *Dicionário Saraiva,* que nem todos possuíam. Meu avô materno era um desses latinistas e pedia a lição de casa. Pelo prisma de quem enfrentava o seu primeiro ano de latim, no Ginásio, era um perigo passar perto dele.

É possível que estejamos no meio daquilo que Vargas Llosa (nota 87) denomina uma civilização do espetáculo, na qual a cultura é contaminada da teatralidade vulgar que, talvez para homenagear Aron e alfinetar os herdeiros de Sartre, Llosa vincula à intelectualidade histriônica (dizendo que os intelectuais mais populares não se destacam pelas ideias ou pela beleza de suas criações, mas pelo exibicionismo, seus desplantes e insolências, envolvendo aquela dimensão bufa e ruidosa da vida pública... que os transforma em espetáculo para a massa). Mas, ainda assim, isso tudo ocorre nas cercanias do Olimpo. O importante para o nosso povo e sua referida circunstância (nota 83) é algo inferior, dissociado da erudição, algo provinciano e despretensioso, como manejar o vernáculo sem nível acadêmico, com solecismos chulos e ofensas gramaticais grotescas. Aí está uma experiência cotidiana da televisão ao entrevistar populares na rua e nos auditórios, pessoas que não se exprimem de forma plenamente inteligível, revelando uma indigência verbal ou vocabular. Pessoas que, evidentemente, não se dedicam à leitura, em qualquer plano cultural, incluindo jornais, tornando-se, no dizer do próprio Llosa, órfãos de sensibilidade e torpes de fala. Fernando Henrique Cardoso comenta com ironia o episódio de um filósofo como Sartre que, em 1960, veio debater questões no Brasil, um país tropical iletrado na maior parte. Idêntica ironia é sugerida pela imagem paradoxal da mesma edição de um jornal trazer comentários de Daniel Piza sobre o despreparo de alunos e professores do ensino médio, no Brasil, e o escrito de Antonio Gonçalves Filho sobre Diderot, o pensador que, no século XVIII, "fundou o mundo moderno" (nota 87).

Qualquer investimento em educação e cultura ainda é, no Brasil, uma porta para a inclusão social e uma janela para nos livrarmos da corrupção. Diz isso Luiza Nagib Eluf (nota 87), a partir de uma pesquisa sobre o analfabetismo funcional (conceito da Unesco sobre a exclusão social, quando se refere aos que não conseguem utilizar-se da leitura para inserção na sociedade). Ela observa que dos nossos 170 milhões de habitantes, 130 milhões vivem na ignorância e, dos 40 milhões alfabetizados, poucos leem. O mesmo escrito sugere que haveria aqui um obscurantismo cultural respondendo, inclusive, pelas crises éticas do governo. Transmite exatamente esta imagem: mergulhado nas trevas, o povo não entende e não cobra. E os governantes provêm, em parte, dessa mesma camada iletrada, faltando-lhes preparo.

Tal circunstância tem vínculos com os horizontes herdados da província colonial e que não valorizam a correção da língua falada ou escrita. No mato e no catingal isso não é importante. Na cidade provinciana também não. Em 1808, a corte portuguesa aqui encontrou uma colônia atrasada, mas os próprios herdeiros de D. João tiveram a educação negligenciada no Brasil, diz Patrick Wilcken (nota 87). As princesas menores eram praticamente analfabetas; Pedro e Miguel tinham dificuldades em português, sintomas prováveis de uma indolência colonial a receber, no século XIX, um verniz da civilização europeia, e que essa mesma letargia não fez consolidar de forma cabal. O Brasil chegou à independência (1822) com a monocultura, o latifúndio e o absolutismo, além de uma população de escravistas e analfabetos sem consciência de pátria ou cidadania. Sendo a língua um instrumento essencial da pátria (ou sendo a língua portuguesa a minha pátria, conforme disse Fernando Pessoa), também não tinham perfeita consciência dela. Além disso, houve um lapso, no período colonial, em que a língua portuguesa foi literalmente abandonada, exceto pelos alunos dos padres. Falou-se o *nheengatú,* dialeto oriundo do tupi, misturado ao português dos colonizadores. A língua portuguesa podia ser comparada a um idioma estrangeiro, uma espécie de *nheengaíba* (língua ruim). O *nheengatú* foi falado a partir do século XVI, e ainda é possível encontrar alguma atrapalhação na conversa caipira, no jeito agreste ou roceiro de falar. No oeste do Paraná, falou-se a *língua geral guarani*; no litoral paulista, falava-se o *tupinambá* (séculos XVI e XVII). Até a primeira metade do século XVIII, em São Paulo, predominou a *língua geral do sul*, semelhante ao *tupinambá*, tornando-se hegemônica, "difundindo-se por todas as camadas sociais". Com a língua, os costumes indígenas foram adotados. Disse Auguste de Saint-Hilaire que "o uso da rede, quase desconhecido na capitania de Minas, é muito espalhado na de São Paulo a exemplo dos hábitos dos índios [...]" (nota 87).

> De modo que o processo de integração efetiva da gente paulista no mundo da língua portuguesa pode dizer-se que ocorreu, com todas as probabilidades, durante a primeira metade do século XVIII. E é possível que, mesmo nessa primeira metade e até mais tarde, não se tivesse completado inteiramente em certos lugares, ou entre algumas famílias mais estremes de contato com novas levas de europeus. (Sérgio Buarque de Hollanda, *Raízes do Brasil*, cit., p.129-30).

Quanto ao português, o pior não é falar ou escrever errado. Os erros se corrigem, o que torna possível aprender de tanto errar. "Errando é que a gente aprende", diz o provérbio. O mal é o agravamento da língua, fruto do descaso de quem deve zelar por ela, permitindo o ensino débil que comporá o seu fluxo em todas as direções, transigindo com a má publicidade, pondo-se a linguagem a piorar, ao contrário de evoluir. Não foi o que disse Olavo Bilac, no seu culto do idioma? "Não se dirá que seja enriquecer uma língua o deturpá-la, o desconjuntá-la, o transformá-la na algaravia grosseira que corre nas ruas". Não estamos longe disso, já que a missão civilizadora do Estado demitiu-se do dever de instruir, que substituiu pela proibição de reprovar e pela instituição de cotas obrigatórias (nota 48) capazes de elevar a inépcia ao grau científico e ao diploma superior, inaugurando um círculo vicioso que formará professores desqualificados.

É difícil fluir ou dissipar-se na "última flor do Lácio, inculta e bela", seguindo a inspiração de Bilac, o idioma "em que Camões chorou, no exílio amargo; o gênio sem ventura e o amor sem brilho!" Com ressalva das exceções que fazem companhia aos literatos, e invocando premissa do *habeas corpus* de Mendes Fradique sobre haver muita gente boa com dificuldade de ler e escrever, de um modo geral, nem as pessoas de nível superior enfrentariam um exame de português sem demonstrar esse apuro, exame que, aliás, podia ficar no velho e proscrito degrau de admissão ao ginásio, sem tocar naquelas figuras esdrúxulas que Ignácio de Loyola Brandão menciona para assustar os leitores que, como eu, arquivaram os registros (anacolutos, anástrofes, hipérbatos e sínquises, além de assíndetos, prolepses e silepses). Descuidos de português estão em muitos prelos e livrarias. Paulo Ghiraldelli Jr. revela que há professores mandando corrigir as suas teses e que os revisores acabam refazendo o texto. Com esta última reforma ortográfica em vigor, repleta de questiúnculas, não há dúvida de que podemos errar.

No século XIX, os jornais tinham peso literário e criticavam a violação das regras gramaticais. Rabugento e severo na vigilância do vernáculo, Osório Duque-Estrada foi chamado de "guarda-noturno da literatura brasileira", conta Brito Broca, registrando que as discussões eram tão frequentes que falavam em "emulação no conhecimento do idioma". O próprio Bilac, um parnasiano, manifestou-se, em 1896, contrário ao *gramaticalismo agudo* ou exagerado,[88] se bem que

---

[88] Quanto à "última flor do Lácio", ver, de Olavo Bilac, o soneto sobre a "Língua portuguesa". De Mendes Fradique, ver acórdão proferido em recurso de *habeas corpus*, publicado na *História do Brasil pelo método confuso*, cit., p.52: *"omissis*

essa guerra justamente travada contra uma falsa dignidade da língua, pode muito bem incidir – disse Afrânio Coutinho – em uma língua sem dignidade.[89] O acordo ortográfico de 1943 deu pretexto para rixa. A pancadaria recente (*O Estado de S.Paulo* de 15.09.2007, p.A-36) já resultou em novo acordo ortográfico. Mas será que, algum dia, brasileiros e portugueses concordarão no emprego do gerúndio?

[...] Considerando que muita gente boa experimenta sérias dificuldades em saber ler e escrever; Considerando que o impetrante passa com os pronomes o mesmo aperto que passam os ministros com os seus protegidos – o aperto de colocá-los; [...] *Acordam* em conceder [...] a ordem de *habeas-corpus* [...] em favor da livre locomoção dos referidos pronomes". De Ignácio de Loyola Brandão, ver *O Estado de S.Paulo* de 17.06.2005, p.D-10. Os dicionários resgatam o arquivo: *anacolutos,* expressões da mesma frase não ligadas pelas regras de sintaxe, havendo uma solução de continuidade; *anástrofe,* inversão da ordem de termos sintaticamente relacionados; *hipérbato,* intercalação de um termo entre dois outros que se relacionam; *sínquise,* hipérbato abusivo, instalando confusão, dificultando a compreensão do sentido; *assíndeto,* elipse de conjunção, dando mais energia ao discurso; *prolepse,* transposição para a oração principal de um termo da oração subordinada; *silepse,* emprego de uma palavra no sentido próprio e figurado. Ver também as anotações de Emanuel Paulo Ramos na 3ª edição de *Os Lusíadas de Luís de Camões.* Porto Editora, p.536 e seguintes. De Paulo Ghiraldelli Jr., ver "O tédio mata nosso ensino" no *O Estado de S.Paulo* de 11.03.2006, p.A-2. De Brito Broca, ver *A vida literária no Brasil: 1900,* 4ª edição. Rio de Janeiro, José Olympio, p.271. Idem, citando Osório Duque-Estrada, ver p.319. Ainda de Olavo Bilac, ver "Gramaticalismo", crônica reproduzida em *Vossa insolência,* repertório organizado por Antonio Dimas. São Paulo, Companhia das Letras, 1996, p.154.

89 Afrânio Coutinho, *Introdução à literatura no Brasil.* Rio de Janeiro, São José, 1959, p.311, nota 103.

Independentemente disso, há linguistas que anistiam tudo. A língua é dinâmica, o que a televisão torna ultrassônica, revelando essa capacidade de propagar a evolução de expressões como *risco de vida*, que as notícias transformaram em *risco de morte*,[90] substituindo a típica expressão portuguesa pelo artificioso, o idioma produzido em laboratório, que satisfaz os que sustentam a língua *brasileira* cada vez mais distante da portuguesa, postura respeitável, mas que, a essa altura, em pleno século da globalização, podia moderar o nacionalismo radical (radicalismo que deixou de ser politicamente correto). Há químicos que se disfarçam de filólogos. E acabamos aprendendo com os químicos.

No início do século XX, partindo da observação de que "falamos com singeleza e escrevemos com afetação", alguns espíritos "sem ranço de gramatiquices estreitas" adotaram na escrita todas as licenças da língua falada, empreendendo "em literatura a adoção integral da boa fala brasileira".[91] Até esse ponto, houve uma aceitável

---

90 *Risco de vida* (melhor que *risco de morte*), como está no *Dicionário da língua portuguesa contemporânea da Academia das Ciências de Lisboa.* Lisboa, Editorial Verbo, 2001, vol.II, p.3264, que tomo a liberdade de compulsar sem preocupação nacionalista. *Risco de vida* significa "perigo iminente de morte" ou, poderíamos dizer, "risco de [perder a] vida", ficando oculta por *elipse* a expressão [perder a], que é subentendida no texto.

91 Sobre a postura adotada no início do século XX, ver MANUEL BANDEIRA, *Crônicas da província do Brasil.* São Paulo, Cosac Naify, 2006, p.45-7. Sobre a nossa pujança intelectual na década de 1920, ver SÉRGIO BUARQUE DE HOLLANDA, *Os futuristas de São Paulo*, 1923, republicado em *O espírito e a letra*, estudos de crítica literária organizados por ANTONIO ARNONI PRADO. São Paulo, Companhia das Letras, 1996. vol.1, p.163. Quanto a sermos brasileiros com discrição, ver MANUEL BANDEIRA, *Crônicas inéditas.* São Paulo, Cosac Naify, p.198.

subversão. Nesse passo é que, ainda florescendo em São Paulo, no dizer de Sérgio Buarque de Hollanda, uma "tamanha pujança intelectual", sob a bandeira da reação ao retrógrado e ao nosso mal literário, subvertemos a gramática. Mas daí a impor expressões tiradas do tubo de ensaio, que jamais decorreram da boa fala brasileira, vai uma boa distância. Não é possível levar ao infinito as disparidades do vernáculo professado em Portugal e no Brasil, não havendo nenhuma vantagem cultural nisso. Sejamos brasileiros, mas com discrição, diria Manuel Bandeira.

Ao modernizarmos a escrita, invocando mais Lima Barreto que Rui Barbosa, passamos a admitir que só uma elite esnobe ainda se mantém pedante e afetada. Mas vendo isso por um prisma atual, quem é o esnobe? Não será justamente o inovador insurreto? Ortega talvez respondesse, revelando a etimologia de *snob,* vocábulo aparentemente inglês. Mas é latim. Não passa de uma abreviação de *sine nobilitate (s.nob.),* de gente sem nobreza.[92] Ele se referia aos provincianos ingleses, à burguesia ascendente, sem títulos nobiliárquicos, que morava em bairros nobres, submetendo-se ao recenseamento periódico. A burguesia inglesa (que, nos graus superiores e esnobes, inclui a falsa nobreza) também paga tributo ao provincianismo. No

---

92 Ortega y Gasset, "La rebelion de las masas", *Revista de Occidente en Alianza Editorial*. Madrid, 1990, p.21. "[...] *el hombre sin la nobleza que obliga, 'sine nobilitate', snob*". Os burgueses eram qualificados *sine nobilitate.* Sobre a intuição de João do Rio, ver Julia O'Donnell, *De olho na rua: a cidade de João do Rio*. Rio de Janeiro, Zahar, 2008, p.131. Frédéric Rouvillois também se refere à célebre etimologia do vocábulo *snob* mencionado por Ortega, e aplicado nos grandes colégios britânicos, segundo Rouvillois, aos alunos que não pertencem à aristocracia (*Histoire du snobisme.* Paris, Flammarion, 2008, cit., p.17).

Brasil de 1900, antes de Ortega, João do Rio intuiu o conceito. Já que, no início da República, não se pode invocar a nobreza, ele contrapõe o *snob* ao *gentleman*.

Frédéric Rouvillois, especialista no assunto, revela-nos a grande variedade de esnobes em todos os campos, desde o esnobismo menor, sem pretensões cerebrais, até o extremamente elitista, de nível superior e pós-graduado, o esnobismo intelectual, o literário, o jornalístico, o religioso e o filosófico (nota 92). Todos nós, humanos e falíveis, corremos o risco dessa empáfia, mas, no cenário a que me refiro, em grande parte dos casos, o esnobe é um provinciano que, mesmo estando na metrópole, não se despe do subúrbio. Traz consigo o estigma do colonialismo (a inferioridade), com o qual invoca o nacionalismo e outros complexos. É um imitador com um defeito ainda maior, o de ser um partidário do excesso, do exagero, coisa tão abominável quanto a febre amarela, diria Brito Broca (nota 108). Parece um nobre, mas é plebeu, um *snob (sine nobilitate)* – anotava o recenseador inglês. Parece gente da metrópole, mas não é.

II

O SÉCULO DAS NACIONALIDADES (século XIX) resultou no século das grandes guerras mundiais (século XX), porque o nacionalismo, obstinado, fanático, xenófobo (e o provincianismo correlato) são temperos da guerra. Contrapõem-se ao *cosmopolitismo* que, desde os estoicos, é um grande espectro, uma faixa iluminando o universo, doutrina que sustenta o ser dotado de intelecto como cidadão do mundo, e não apenas de uma pátria, uma nação ou um Estado (Giuseppe Ricuperati), doutrina identificada com o pacifismo e a visão universalista do Iluminismo, gerando o tratado sobre a paz perpétua *(Traktat zum ewigen Frieden)* de Kant e a formulação do direito cosmopolita, a terceira dimensão que ele fez acrescer ao direito estatal (interno) e ao direito das gentes (internacional), considerando cada indivíduo membro de uma sociedade cosmopolita "de dimensão mundial" (Soraya Nour), com direito sobre o solo, direito de visita e direito à hospitalidade, isto é, "ninguém tem mais direito do que outro de estar em um determinado lugar da terra", paragens que todos podem visitar sem receber o tratamento de inimigo. Observa Norberto Bobbio que ao contrário de Hegel, que justifica a expansão colonial, Kant justamente a reprova, condenando os Estados europeus que "sob o pretexto de estabelecerem relações comerciais, introduzem tropas [...]".[93]

[93] Sobre o nexo etiológico entre o século das nacionalidades e as guerras do século XX, ver ORTEGA Y GASSET, "Europa y la Idea de Nacion", *Revista de Occidente en Alianza Editorial,* 1985, p.25-6. Sobre o cosmopolitismo estoico, ver JULIÁN MARÍAS, *História da filosofia,* tradução de Claudia Berliner. São Paulo, Martins Fontes, 2004, p.102. De GIUSEPPE RICUPERATI, ver "Cosmopolitismo, universalismo, internacionalismo", no *Dicionário de política* de Norberto Bobbio, 4ª edição. Brasília, Editora UnB, 1992, vol.1, p.293. Para KANT, hospitalidade significa o direito do estrangeiro não ser tratado com hostilidade, pois "ninguém tem mais direito do que outro a estar em um determinado lugar da terra" (*A paz perpétua e outros opúsculos,* tradução de Artur Morão. Lisboa, Edições 70, 2008, p.148). De SORAYA NOUR, considerado o direito cosmopolita, que possui os prismas do direito de visita e do direito de hospitalidade, constituem-lhe ofensa a conquista e a colonização ("o que chega a um território estende sobre ele o seu império"), tanto quanto lhe agride a xenofobia ("o que chega a um lugar não é suportado pelos que ali já estão"), conferir *À paz perpétua de Kant.* São Paulo, Martins Fontes, 2004, p.54-6 e 168. De NORBERTO BOBBIO, ver *A era dos direitos,* tradução de Carlos Nelson Coutinho. São Paulo, Campus, p.138.

Nacionalismo e *provincianismo* são vasos comunicantes e intestinos: ficam voltados para dentro e de costas para o mundo (no Capítulo 9, nota 113, ressalvo a experiência atípica das artes). Não sendo tenaz, o nacionalismo não se opõe ao cosmopolitismo, mas o nacionalismo aqui referido é aquele fanático, obstinado, purista e xenófobo, expressando o sentimento da superioridade e da pureza nacional, que se contrapõe ao cosmopolitismo justamente por ser provinciano. Em face do cosmopolita, não é propriamente o nacional, mas o provinciano que faz o antípoda. Por sua vez, o *provincianismo* tem um sentido regionalista digno de orgulho na preservação do *folclore*, aquilo que, no dizer de Renato Almeida, "o povo cria e conserva como documento da sua existência", e digno de aplauso quando, ao focalizar a cultura moderna, Gilberto de Mello Kujawski destaca o regionalismo e o provincianismo de Gilberto Freyre, Jorge Amado, João Cabral de Melo Neto, Guimarães Rosa, Carlos Drummond de Andrade, Erico Verissimo, Manuel Bandeira.[94] Olhando para trás, há quem lembre de Machado de Assis ("não foi um escritor brasileiro, foi carioca"), como fez Lúcia Miguel Pereira.[95] Também é virtude do *provincianismo*, no Brasil, justificar simbolicamente o regime federativo, destacando a força da vida local, na medida em que identifica-

---

94 Ao mencionar Gilberto Freyre, Jorge Amado, João Cabral de Melo Neto, Guimarães Rosa, Carlos Drummond de Andrade, Erico Verissimo e Manuel Bandeira, GILBERTO DE MELLO KUJAWSKI destaca esses "grandes criadores da moderna cultura brasileira [...] que fazem questão de ser regionalistas e até provincianos", conferir *Ideia do Brasil*. São Paulo, Senac, 2001, p.61. A citação de RENATO ALMEIDA é de seu livro *Inteligência do Folclore*. Lisboa, Livros de Portugal, 1957, p.289.

95 LÚCIA MIGUEL PEREIRA, *Machado de Assis*, 5ª edição. Rio de Janeiro, José Olympio, 1955, p.292.

mos as Províncias como sucessoras das Capitanias e antecessoras dos Estados, que hoje somam um país continental ingovernável sem a Federação, uma postura republicana liberal, já que os neopositivistas não acreditam nisso, contrariando as ideias contemporâneas sobre as virtudes da descentralização, principalmente dos governos que procuram a eficiência e a qualidade da democracia, como argumenta Fukuyama. E ainda resta à província a virtude destacada por Paulo Prado, que é a de "proporcionar [...] o dom inestimável da liberdade e do sossego".[96] Justamente nesse prisma, também na literatura surgiu, com a República, um movimento federalista, que teve em Tobias Barreto e Silvio Romero os condutores da luta contra a autocracia literária do Império, daí resultando, no início do século XX, as Academias de Letras do Ceará, Maranhão, Bahia, Rio Grande do Sul, Pernambuco, Goiás, São Paulo e Minas Gerais. É nesse foco que escreveu Alcides Maya, a propósito, que "ao federalismo político" deve corresponder "o federalismo literário", evitando a centralização das letras. "O Brasil não pode ser, em estética, uma dependência da Capital Federal".[97]

---

96 Francis Fukuyama, *Construção de Estados: governo e organização no século XXI (State Building – Governance and World Order in the 21st. Century)*, tradução de Nivaldo Montingelli Jr. Rio de Janeiro, Rocco, 2004, p.97 e 100. De Paulo Prado, ver *Retrato do Brasil*, cit., p.184-5.

97 Sobre o federalismo nas letras, ver Brito Broca, *A vida literária no Brasil: 1900*, 4ª edição. Rio de Janeiro, José Olympio, capítulo VI, p.97-102. De Alcides Maya, conferir *Textos críticos*, seleção, organização e notas de Léa Masina que, no prefácio ("Um intermediador de culturas"), põe em relevo o vigor com que Alcides Maya perseguia "de modo obsessivo, o propósito de atualizar o pensamento provinciano" (Porto Alegre, Movimento, 2004, p.13 e 125).

Mas esse mesmo *provincianismo* pode ter um sentido caboclo que, como disse Lafayette Rodrigues Pereira, vem contaminado da ferrugem de aldeia,[98] deterioração capaz de zombarias e chacotas, ou de produzir a galhofa suportada por Adriano (reinado de 117 a 138 d.C.) no seu primeiro discurso, impregnado do acento provinciano que ele conservava e que o levou a tomar aulas de elocução com gente do teatro.[99] Uma experiência do Principado Romano (inaugurado em 27 a.C.), quando o absolutismo passou a decompor as instituições romanas, atingindo a magistratura. Adriano foi um provinciano que, por meio do jurista Sálvio Juliano, fez elaborar o *Edictum Perpetuum*, restringindo os poderes do pretor.[100] Gaio foi outro provinciano que fazia

---

98 Lafayette Rodrigues Pereira, *apud* Josué Montello, *Os inimigos de Machado de Assis,* cit., p.331. Ver também capítulo 7 – O espírito aldeão, o obscurantismo e o modernismo.

99 Aqui o fato histórico e a ficção se confundem com a própria obra de Marguerite Yourcenar, conferir *Memórias de Adriano,* tradução de Martha Calderaro, 9ª edição. Rio de Janeiro, Nova Fronteira, p.45. E nas palavras da escritora, o *Edictum Perpetuum* é fruto da discordância de Adriano quanto à Itália continuar administrada pelo arbítrio dos pretores (idem, p.225). Era preferível o arbítrio do tirano. Realmente, Sílvio Meira preleciona que a atividade absorvente do Príncipe era incompatível com a criação do direito pelos pretores e edís, o que impôs a elaboração do *Edictum Perpetuum,* ao tempo de Adriano, ficando os juízes vinculados à observância dessa compilação (conferir *História e fontes do direito romano.* São Paulo, Saraiva, 1966, p.135-6). Vê-se que essa questão da súmula vinculante, no Brasil, tem o seu passado remoto, sempre ligado ao despotismo, ao espírito autocrático e ao centralismo que nos convém e nos convence. Em suma, à nossa alma provinciana.

100 Sílvio Meira, *História e fontes do direito romano,* cit., p.118-9. Adriano imperou de 117 a 138 d.C. (ibidem, p.122).

ressoar nas províncias divergências que já não existiam em Roma.[101] Sob tal foco, o *provincianismo* é um funil ou um microscópio, o que não afeta a inteligência. Um tanto viscoso e contagioso, os seus defeitos são estes: limita a visão ao máximo tolerável (atraindo os intolerantes e niilistas que se valem da bitola para considerar *tudo aniquilável*[102]), não desprega com facilidade e subsiste por séculos, apesar do colírio, do banho, da vacina, da Constituição e da República. Um zarolho míope de colarinho encardido sobre um pescoço suado e rachado de sol, mesmo envergando, impávida e alheia aos trópicos, uma casaca de casimira inglesa. Tal como se apresentava na colheita dos sufrágios da Academia Brasileira de Letras: trajado com a elegância de um lorde, "o velho contínuo apresenta a urna ao Presidente, o primeiro a votar".[103] Tal como Vítor, em Portugal, pensando no seu tio, o singular Timóteo, que louvava o costume inglês "de pôr sempre casaca à noite [...] mesmo para se estar em casa a fumar", ou lembrando daquilo que, com inveja, disse-lhe o janota Dâmaso quanto a fazê-lo: "estive para pôr [...] mas

---

101 José Carlos Moreira Alves, *Direito romano*, 13ª edição. São Paulo, Forense, vol.I, p.36 e 38.

102 "Tudo é reduzível a nada", o niilismo segundo o define Günther Anders, filósofo alemão prefaciado por Norberto Bobbio; conferir Bobbio, *Diário de um século*. São Paulo, Campus, p.209. Daí a ponderação: niilismo também significa extermínio, destruição e aniquilamento, sinônimos que guardam relações com o nazismo. Segundo Gianni Vattimo, permanece viva na cultura recente uma concepção negativa do niilismo que, no campo político, encontrou sua expressão no nazismo (*Dicionário de política* de Norberto Bobbio. Brasília, UnB, vol.2, p.825). Aí está o provincianismo do III Reich (Capítulo 9).

103 Jorge Amado, *Farda fardão camisola de dormir*, 2ª edição. Rio de Janeiro, Record, p.234.

tive medo de parecer que me queria dar ares".[104] Tal como o secretário-geral do Itamaraty no Estado Novo, embaixador em Washington no Governo Dutra, que não sentindo o medo de Dâmaso, podia estar só, mas jantava de *smoking*, afirma Roberto Campos.[105] Tal como o *Senhor Embaixador,* história de Don Gabriel Heliodoro Alvarado, diplomata de uma republiqueta (República de Sacramento), e que termina fuzilado na *plaza de toros* entre o patético e o burlesco, um romance de Erico Verissimo. Tal como um brasileiro notável, o jornalista e embaixador Assis Chateaubriand, reconhecido na Inglaterra como portador das qualidades de um obstinado gênio e que, apesar de tudo, foi protagonista de chacotas como, entre as publicáveis, está a de sagrar o maior estadista do século XX, Winston Churchill, *Cavaleiro da Ordem do Jagunço,* enfiando-lhe mesmo um gibão nordestino e um chapéu de cangaceiro. Esse e outros relatos de impagável provincianismo do idealizador do Masp estão na biografia de *Chatô*, de Fernando Morais. Tal como, enfim, os suburbanos que põem o rei na barriga e blasonam a autoridade do cetro, revelando o aldeão cabotino ou a faceta provinciana do *bovarismo,* caso de um conhecido de Lima Barreto. Inchado com o cargo que lhe deu o governador, era visto pelas ruas a andar solenemente de sobrecasaca, passando pela gente "a estourar como um peru em roda, espreitando as sentinelas como quem espera brados de armas". Daí encontrar-se, no repertório cabotino, esta notável frase, objeto de repetidas análises de Roberto DaMatta: *você sabe com quem está falando?*[106]

---

[104] Eça de Queiroz, *A tragédia da rua das flores*. Lisboa, Moraes Editores, 1980, p.119 e 121.

[105] Roberto Campos, *A lanterna na popa*. Rio de Janeiro, Topbooks, p.32.

[106] Erico Verissimo, *O Senhor Embaixador* (São Paulo, Globo, 1966, e Companhia das Letras, 2009), livro que nos exibe uma das imagens provincianas que a América

Este é um país urbanizado e industrializado, mas que chegou há pouco da roça, trazendo em sua retina a imagem dessas origens, de uma sociedade agrária, escravista e patriarcal, cujo interior profundo, em muitas plagas analfabeto e ignaro, potencializava o que se podia chamar de *provincianismo provincial*, levando Diogo Antônio Feijó, em 1830, a escrever um "guia para as Câmaras Municipais", explicando-lhes as banalidades que desconheciam (ensinava cada passo desde a posse "até a maneira pela qual se devia discutir e deliberar"), contando-se que em uma dessas Câmaras um ofício deixou de ser aberto "por não haver quem o pudesse ler" (Dolhnikoff, nota 107).

III

Como obter aqui, não um rei culto e cosmopolita ou um presidente carismático e populista, mas um Poder Executivo eficiente e prestigia-

---

Latina estigmatizou. A fictícia *República de Sacramento* é governada por uma ditadura infame sucedendo uma anterior por ela derrubada e que, por sua vez, enfrenta uma guerra de guerrilhas. Segundo Fernando Morais, Chateaubriand acabou adquirindo para o Masp *As bailarinas* de Degas diretamente da Galeria Leary Knoedler, em Londres, por indicação do *marchand* Georges Wildenstein, que o considerou um gênio. E, na presença do embaixador Moniz de Aragão e do advogado Nehemias Gueiros, sagrou Winston Churchill *Cavaleiro da Ordem do Jagunço,* depois de comprar uma tela de Churchill em um leilão da Christie's (conferir *Chatô*. São Paulo, Companhia das Letras, 1994, p.488-9 e 492). A mais clássica interpelação cabotina (você sabe com quem está falando?) revela o mesmo caso agudo de bovarismo descrito por Lima Barreto ("Casos de bovarismo", de 1918, conferir *Lima Barreto toda crônica,* organização de Beatriz Resende e Rachel Valença. São Paulo, Agir, 2004, p.329-30). Esse tema foi analisado por Roberto DaMatta e é constantemente ventilado por ele (ver *O Estado de S.Paulo* de 15.03.2006, p.D-12).

do, que exerça um governo desburocratizado e descentralizado; um Legislativo que se limite a legislar com espírito público; e um Judiciário moderno, rápido e independente, que zele pela Constituição e pela segurança jurídica? Como obter uma República de elevado padrão se, em um país menos habitado e cujo governo era cercado de homens públicos notáveis, o Império não alcançou esses atributos?

Há, nessa questão, um consenso. Gilberto de Mello Kujawski vê o Império como o nosso passado mais grandioso, um "celeiro de homens e de valores de primeira grandeza" e que impôs ao país suas normas sociais, culturais e de civilidade. Daniel Piza detecta no século XIX uma das maiores concentrações de intelectuais por metro quadrado que já tivemos, além de repetir a opinião de Nabuco de que a nossa monarquia constitucional era "muito superior às chamadas repúblicas latino-americanas". Gilberto Freyre já havia dito que o Senado imperial foi uma "assembleia de espíritos brilhantes" e, ao seu tempo, Lima Barreto diria que a República só fez espalhar soldados pelas ruas, produziu a carestia, transformando-se "no domínio de um feroz sindicato de argentários cúpidos", enquanto, no antigo regime, muitos dos que ocuparam os mais altos postos morreram pobres e de fortuna só deixaram o nome.[107] Mas as regras têm exceções. Nem

---

[107] Gilberto de Mello Kujawski, *Idéia do Brasil*. São Paulo, Senac, 2001, p.139--40. De Daniel Piza, ver *Machado de Assis: um gênio brasileiro*, 3ª edição. São Paulo, Imprensa Oficial, 2008, p.14 (da apresentação) e p.175. De Gilberto Freyre, conferir *Vida social no Brasil nos meados do século XIX*. São Paulo, Global, 2008, p.61. De Lima Barreto, conferir três crônicas: "O momento", de 1915, "Sobre a carestia", de 1917 e "A política republicana", de 1918. Estão colecionadas em *Lima Barreto toda crônica*, organização de Beatriz Resende e Rachel Valença. São Paulo, Agir, 2004, vol.I, p.174, 287 e 392. Quanto a Gregório de Matos, ver Herman Lima, "Origens

todos os nobres integraram essa lista de pureza, nem todos passaram pelo crivo de Gregório de Matos. No Brasil, dizia o *boca do inferno*, "a fidalguia no bom sangue nunca está; nem no bom procedimento".

A comparação com a vida republicana é pertinente e o antigo regime, que não viu as fraudes eleitorais da Primeira República nem o escarcéu das posteriores, teve maiores virtudes, principalmente no cotejo dos estadistas. Mas, no plano econômico, apesar da promulgação de um Código Comercial em 1850, em torno do qual, disse Waldemar Ferreira, "se escreveria a história do Direito Comercial brasileiro", a começar pelos textos de Sebastião Pinto de Carvalho, Brasílio Machado e Carvalho de Mendonça (nota 107), nem por isso o Império deixou de empacar e de descartar o seu notório imobilismo. Os fundamentos econômicos do Império eram atrasados até mesmo para a época. Em um planeta que observava a pujança e a eficiência da indústria e do capitalismo, fundados na concorrência, o Estado brasileiro orbitava o velho patrimonialismo colonial português das capitanias e da grande propriedade familiar, controlando uma economia rural de patriarcas e coronéis provincianos, ancorada na escravidão, ignorando a visão empresarial do Visconde de Mauá

---

da sátira política no Brasil", na *Revista do livro* do INL, vol.12 (dezembro de 1958), p.47. O texto anteriormente referido, de Miriam Dolhnikoff, está em seu livro *O pacto imperial*. São Paulo, Globo, 2005, p.46-7. Sobre o Código Comercial do Império (1850), escreveram Sebastião Pinto de Carvalho, na *Revista da Faculdade de Direito da Bahia*, vol.I, de 1892; Brasílio Machado, na *Revista da Faculdade de Direito de São Paulo*, vol.XVII, de 1910; Carvalho de Mendonça, no primeiro volume do seu *Tratado de direito comercial brasileiro*, edições de 1910 e 1930, conferir Waldemar Ferreira, *História do direito brasileiro*, vol.1, "As capitanias coloniais de juro e herdade". São Paulo, Saraiva, 1962, p.31-2.

que, aliás, cuidou de arruinar, quando – há quem diga – tal visão das coisas poderia nos dar a presença no primeiro mundo, já no século XIX. E não garantiu a continuidade daquele celeiro de grandeza, ponto em que a República, por sua vez, falhou completamente. Esses estadistas e esses valores existem no novo regime, mas não se oferecem a granel.

Ainda preservando sólidas convicções republicanas, pode-se admitir que a monarquia brasileira foi uma experiência curta e não teve tempo para fazer o que fizeram as cortes europeias. Ela foi constituída quando os hábitos já estavam regrados, diz Lilia Schwarcz (nota 108). Mas ainda motivou barões e viscondes para reconsiderar o provincianismo e assimilar regras de civilidade. A historiadora discorre sobre "a arte de bem civilizar-se", o processo civilizador que a corte portuguesa trouxe para o Brasil no início do século XIX, um processo que busca inocular na sociedade "termos como polidez, civilidade, cortesia e urbanidade", a partir do que "o comportamento nobre e cortês passa a ser comparado aos modos rudes do camponês" (nota 108). Apesar do declínio da vida social no paço, a partir de 1852, quando o Imperador deixou de dar recepções, preferindo D. Pedro II comparecer aos bailes alheios, a verdade é que festas e bailes não deixavam de ocorrer, alguns patrocinados pela Princesa Isabel e o Conde d'Eu, outros pelos barões do açúcar e do café ou, ainda, pelo Cassino Fluminense, como relatou José Murilo de Carvalho. Muitos ainda aconteciam nas províncias e, antes disso, registrou-se a vida social na corte de D. João, de 1808 a 1821, e no período de D. Pedro I, sem as restrições do Segundo Reinado. Lúcia Pereira das Neves e Humberto Fernandes Machado dizem que, na cidade de São Paulo, os estudantes compareciam às festas e bailes da Marquesa de Santos, que já era uma das maiores damas da sociedade paulistana, casada com Rafael Tobias de Aguiar (*O Império do Brasil*, p.334). Gilberto de Mello Kujawski e Daniel Piza historiam os bailes no Rio de Janeiro, que eram faustosos:

> No Rio de Janeiro, desde a chegada de D. João VI, o âmbito maior da vida pública absorveu a esfera da vida privada. Ao tempo do Império o centro da vida estava na corte. A cidade girava em torno da corte, que forjava os modelos de convivência, das preferências sociais e estéticas, das tendências literárias, políticas e filosóficas, da moda e da etiqueta. A corte ensinava e a província aprendia. Toda a sociedade carioca valsava, gloriosamente, ao redor da corte com o imperador e a imperatriz, barões e baronesas, condes e condessas. Os eventos da vida privada, um sarau, um baile, uma recepção, uma festa em família ou simples visita, reproduziam, em menor escala, os rituais e a liturgia do Paço de São Cristóvão. O luxo, as boas maneiras, o comportamento, o gosto, as preferências e o estilo da burguesia eram pautados nos padrões suntuosos da Casa de Bragança, a qual, por sua vez, refletia, modestamente, o esplendor das monarquias europeias. (Gilberto de Mello Kujawski, *A identidade nacional e outros ensaios*, cit., p.202.)

> A festa mais famosa "era realizada anualmente, sempre em 15 de agosto, na residência do Visconde de Meriti (mais tarde, Marquês de Abrantes), na Glória, desde os anos 1840. Seges, carruagens e tílburis chegavam, e os convidados iam aos salões dançar sem parar as valsas, polcas e quadrilhas, não raro com a presença do imperador". (Daniel Piza, *Machado de Assis*, p.59.)

Bem diz Gilberto Kujawski que o reflexo da Europa era modesto. Apesar do esforço das duas primeiras Imperatrizes (D. Leopoldina e D. Amélia) para instilar na corte brasileira o nível de civilização da Áustria e da Baviera, o resultado esbarrava no sufoco tropical, deixando evidente a inadequação de alguns padrões, como a roupa, os trajes, impropriedade que, segundo Gilberto Freyre, prolongou-se pelo século XIX até os princípios do século XX. Para Laurentino Gomes, havia gente envergando "casacas de veludo [...] sob o sol escaldante dos trópicos". E as frivolidades? Para Martins Pena, autor de comédias teatrais criticando o estrangeirismo da elite e as futilidades francesas da corte, tais exageros de importação eram motivo de chacota. Lilia Moritz Schwarcz menciona o fato e as peças (nota 108). Em que pese o futuro urbanismo de Pereira Passos, o Rio de Janeiro é um lugar quente. Não era Paris, adverte Lilia Schwarcz: "A corte era uma ilha cercada pelo ambiente rural [...], e a escravidão estava em qualquer parte. No fundo, a elegância europeia e calculada convivia com o odor das ruas" (nota 108). Qualquer excesso teria o seu preço. E excesso é um tema apropriado ao assunto principal deste ensaio, cuidando-se de um traço da província.

Lionel Richard diz que, na Alemanha de 1870, a habitação burguesa adotou um estilo espalhafatoso, de imitação grosseira. No Brasil, Gilberto Freyre expõe justamente os excessos litúrgicos das casas-grandes na adoção de regras de bom-tom para a criação dos filhos. E menciona, na arquitetura e no mobiliário do mesmo século XIX, a rejeição do gosto português pelo chamado bom gosto francês, inglês, italiano ou alemão. Exageros e excessos (que contrariam a austeridade, a sobriedade e a discrição) também sinalizam o *provincianismo*, como demonstram os exemplos que foram vistos, colhidos em páginas imortais da literatura. Era proibido exagerar, rematou Lilia Schwarcz (nota 108). Mas somos provincianos e, assim, exageramos. Os provincianos exageram. Brito Broca era um crítico disso, comparando os nossos exageros à febre amarela.

Vejam a questão da raça, desde Portugal. Considerando a presença dos mouros, dos árabes, dos muçulmanos, disse Gilberto Freyre que a nobreza lusitana foi "tão mesclada de raça quanto a burguesia ou a plebe". Nos tempos coloniais, acrescem os escravos africanos e os ameríndios e ninguém mais discute que a mistura racial, no Brasil, está entre os fatos da nossa formação. Mas no início do século passado houve quem, realidade à parte, aí também notasse a manifestação de um exagero provincial, uma espécie de provincianismo cívico. Até Lima Barreto criticava o *caboclismo* enoculado na alma brasileira pelos poetas indianistas, sobretudo José de Alencar, alimentando a jactância das pessoas ao se dizerem descendentes dos caboclos.

No seu campo, a própria Academia Brasileira de Letras cometia exageros, conta Francisco de Assis Barbosa. Atribuiu a imortalidade a boêmios como Guimarães Passos e Olavo Bilac, mas Emílio de Menezes, pela maledicência contumaz e pelo fato de não saber beijar a mão das senhoras, "teve de esperar até que passasse no exame de civilidade".[108] Exageros à parte, é de se admitir que, na época, um ho-

---

108 Lilia Moritz Schwarcz, *As barbas do Imperador*. São Paulo, Companhia das Letras, 1998, p.112, 116, 197, 199, 203-4. Quanto à decadência da vida social do Império e à higiene dos palácios ao tempo de Pedro II, ver José Murilo de Carvalho, *D. Pedro II*. São Paulo, Companhia das Letras, 2007, p.90-5. De Lionel Richard, *La vie quotidienne sous la République de Weimar*. Paris, Hachette, 1983, p.187-8. Ver também Gilberto Freyre, *Casa grande & senzala*, 49ª edição. São Paulo, Global, 2004, p.504 (impropriedade dos trajes europeus), p.509 (impropriedade dos excessos litúrgicos das casas-grandes) e p.207 (a nobreza mesclada de raça). Do mesmo autor, sobre a rejeição do gosto português, ver *Sobrados e mucambos*, 15ª edição. São Paulo, Global, 2004, p.456. Ainda sobre os trajes, ver Laurentino Gomes, *1808*. São Paulo, Planeta, p.141. Na mesma obra, o relato de Rose Marie de Freycinet sobre o caipirismo da corte brasileira (p.263). Sobre a crítica ao caboclismo de José de Alencar, ver Lima Barreto, "O nosso cabo-

mem com o próprio retrato pintado na parede de uma cervejaria não podia pertencer à Academia de Machado de Assis!

Há quem sonegue créditos ao Império, destacando um provincianismo que não pode ser negado. José Murilo de Carvalho discorre sobre a higiene dos palácios, revelando que, por volta de 1875, era imundo o da cidade, utilizado para cerimônias, e que o palácio residencial, o Paço de São Cristóvão, lembrava um hotel de província. Nessa linha e na esteira de um escriba inglês e outro alemão, Paulo Prado já havia visitado com acidez o final do século XVIII e o início do século XIX, à chegada do príncipe regente. E invocou esse testemunho de que o Rio de Janeiro não era tão diferente da Bahia, tanto que o inglês (John Luccock) pensava estar na África. Segundo Prado, a corte teria uma presença antiquada, pobre e desmazelada. Era uma corte caipira, como Laurentino Gomes resume do relato de Rose Marie de Freycinet. Por outro lado, "isolada no seu altiplano, defendida do contágio europeu pelo Caminho do Mar, a cidade de São Paulo, ainda por essa época, vegetava na indigência de lugarejo provinciano e serrano".

---

clismo", 1919, em *Lima Barreto toda crônica,* cit., vol.II, p.32. Francisco de Assis Barbosa conta o referido episódio em "Lima Barreto, precursor do romance social", na *Revista do livro* do INL, vol.8 (dez/1957), p.123. Quanto a Emílio de Menezes, na verdade, era um boêmio detestado por Machado de Assis. Depois da morte de Machado, Menezes foi admitido na Academia, mas faleceu antes da posse (conferir Brito Broca, *A vida literária no Brasil: 1900,* 4ª edição. Rio de Janeiro, José Olympio, 2005, p.41-2). Sobre a poesia degradante de Emílio de Menezes e os ares suburbanos do Rio de Janeiro, no início da República, ver, na mesma obra, p.71-85. O próprio Francisco de Assis Barbosa, prefaciando Brito Broca, revela que o escritor considerava o *exagero* uma doença tropical semelhante à febre amarela, e que devia ser exterminada (ob.cit., p.17).

No início do século XVIII, os paulistas, em grande parte, nem falavam o português (nota 87). Longe de exibir a potência e o cosmopolitismo que o século XX solidificou, São Paulo não chegava a ser uma cidade. Levaria mais de cem anos para introduzir a pavimentação das ruas, a iluminação a gás (1872-1875), e para revelar o seu cosmopolitismo, recebendo na Hospedaria dos Imigrantes, a partir de 1887, quase três milhões de trabalhadores de 64 diferentes nacionalidades. Descrevendo o urbanismo, Heloisa Barbuy focaliza a área central de São Paulo e registra que "até o final do século XIX, havia na cidade um único edifício de três andares acima do térreo". Nessa época, porém, São Paulo já era a locomotiva do Brasil, liderando a produção de café que escoava pelo porto de Santos. Já se iniciara, desde meados do século XIX, o que Gilberto Freyre chamou de hegemonia de São Paulo.[109]

---

109 Paulo Prado, *Retrato do Brasil: ensaio sobre a tristeza brasileira,* 8ª edição, organização de Carlos Augusto Calil. São Paulo, Companhia das Letras, 1997, p.155-9. A potência e o cosmopolitismo de São Paulo atual, em uma apertada síntese, é transcrita de uma crônica de João Mellão Neto: Estado "que concentra um terço da riqueza do Brasil" e tem por capital um pulmão que respira o presente e o futuro, "a quarta maior metrópole do mundo", cidade pujante que, contrariando a lenda da arrogância de quatrocentos anos, é aberta aos imigrantes internos e estrangeiros que fazem a sua maior riqueza, que exerceram a sua administração política e integram a sua elite econômica (conferir "Bandeirantes e imigrantes", no *O Estado de S.Paulo* de 20.01.2006, p.A-2. Ver também "O espírito paulistano", no mesmo jornal, de 22.01.2007, p.A-2). A respeito da pavimentação e iluminação a gás, entre 1872 e 1875, ver Sueli Robles Reis de Queiroz, "A cidade de São Paulo na Primeira República", in *A história na política, a política na história.* São Paulo, Alameda, 2006, p.213. Sobre o Memorial do Imigrante, antiga Hospedaria

Importante no século XIX, porém, era o Rio de Janeiro, prestígio advindo da circunstância de ser a principal cidade brasileira, a capital do único Império do Novo Mundo. Além disso, o mérito decorrente da sua natureza deslumbrante. Não obstante, ficou na crônica de Manuel Bandeira que, em 1828, o Rio "contava apenas 73 ruas, 23 becos, seis praias, um caminho, um campo, dez largos, cinco ladeiras, dez travessas e o Arco do Teles". Brito Broca descreve a capital do Império como semiprovinciana, tendo "a vida centralizada em uma pequena área". Começou a perder essa atmosfera no final do século XIX, com as reformas de Pereira Passos, o *barão Haussmann* fluminense, que emprestou ao Rio "uma fisionomia parisiense, um aspecto de cidade europeia", importando-lhe requintes de civilização que iam fazendo recuar a alma provinciana para o subúrbio, "com sua peque-

---

dos Imigrantes, na Móoca, escreveu JULIANO MACHADO, expondo as primeiras raízes de São Paulo cosmopolita (conferir *O Estado de S.Paulo* de 11.05.2006, p.C-10). Quanto ao único edifício paulistano de três andares, referido por HELOISA BARBUY, era "ocupado pela Casa Paiva, na esquina da rua 15 de Novembro com a rua do Tesouro". A mesma autora anota que, em 1907, a Lei municipal n. 1.011 concedeu isenção de impostos para quem construísse prédios com mais de dois pavimentos acima do solo. No final desse mesmo ano, inaugura-se o Palacete Tietê, que seria ocupado pela Casa Lebre e outras lojas, na esquina da rua Direita e rua 15 de Novembro. Em 1908, projetou-se majestosa obra na rua São Bento. Em 1910 ergueu-se na rua Direita uma grande loja de departamentos para a Casa Alemã e, em 1912, elevou-se o Palacete Guinle, na mesma rua Direita (conferir *A cidade-exposição*, cit., p.60-1, 62-4, 157-8, 213-4), iniciando-se a verticalização, consolidada no século XX, de uma das maiores metrópoles do mundo. Quanto à hegemonia de São Paulo, ver, de GILBERTO FREYRE, *Vida social no Brasil nos meados do século XIX*. São Paulo, Global, 2008, p.68.

na burguesia de costumes simples – antagonismo de que a obra de Lima Barreto constituiria uma admirável ilustração".[110] Lima Barreto dizia que, na verdade, era preciso elevar o Rio de Janeiro ao nível urbanístico de Buenos Aires.

Descrevendo a chegada de D. João, diz Laurentino Gomes que o Rio de Janeiro era "uma vila colonial, provinciana, inculta, suja e perigosa", uma visão histórica tão veemente que se reflete na literatura, como na de Ruy Castro, onde o verdadeiro e o imaginário se misturam, contando-nos que, para Jeremy Blood, um inglês versado em tretas e mutretas, que afundou em um mangue de dejetos e acabou devorado por caranguejos, o Paço Real no Rio de Janeiro, ao tempo de D. João VI, não passava de um casebre, "pouco mais que uma estrebaria", e a cidade era "o mais imundo ajuntamento humano sobre a terra".[111]

---

110 De Manuel Bandeira, ver *Crônicas da província do Brasil*, cit., p.66-7. De Brito Broca, *A vida literária no Brasil: 1900*, 4ª edição. Rio de Janeiro, José Olympio, capítulos I e II, p.35-40. Sobre o propósito de aproximar o Rio da cidade de Buenos Aires, ver Lima Barreto, "O convento", de 1911, em *Lima Barreto toda crônica,* organização de Beatriz Resende e Rachel Valença. São Paulo, Agir, 2004, vol.I, p.99.

111 De Laurentino Gomes, ver "O rei do Rio", na *National Geographic – Brasil*, n. 94, janeiro/2008, p.35. De Ruy Castro, ver *Era no tempo do rei*. Rio de Janeiro, Objetiva (Alfaguara), 2007, p.24-5 e 234-5. Sobre o período da reforma urbana à revolta da vacina, ver José Murilo de Carvalho, *Cidadania no Brasil*. Rio de Janeiro, Civilização Brasileira, 2004, p.73-4. Quanto ao imposto do charuto, ver Elias Thomé Saliba, "A dimensão cômica da vida privada na República", capítulo 4 da *História da vida privada no Brasil*, vol.3, organização de Nicolau Sevcenko. São Paulo, Companhia das Letras, 1998. p.293. Menciona crônica de Machado de Assis sobre dois fatos, o *encilhamento* e o imposto do charuto, buscando "tirar a luz da fumaça" *(Ex fumo dare lucem)*. Sobre a vacina da varíola na *belle époque* parisiense, ver Giova-

No início da República, nossa principal cidade ainda era insalubre e, no verão, expulsava as elites e o corpo diplomático para Petrópolis. Entre 1902 e 1904, iniciaram-se a reforma urbana e o combate à febre amarela e à varíola, campanha esta última que fez eclodir a revolta da vacina. Uma equação tão provinciana quanto o imposto do charuto, gerando a greve das charutarias, a primeira da República, segundo um relato machadiano. Conta Giovana Girardi que, na mesma época, em Paris, qualquer evento, inclusive a vacinação contra a varíola, era motivo de festa e comemoração. Mas, no Brasil, o espírito

---

NA GIRARDI, citando Eugen Weber, em "A Paris do início do século 20", no *O Estado de S.Paulo*, caderno de Santos Dumont, 23.10.2006, p.8. Circunscrita à minoria de cultura e posses, principalmente no Rio de Janeiro, a nossa *belle époque* sobreviveu até 1917. Em 1916, as temporadas francesas ainda estavam no Municipal, e "uma onda de felicidades, de prazeres, de enebriamento continuava a envolver o ambiente carioca" (conferir BRITO BROCA, *A vida literária no Brasil,* 4ª edição. Rio de Janeiro, José Olympio, p.343, 348 e 350). Sobre o Rio de Janeiro e o "viveiro de pestes", ver ISABEL LUSTOSA, *D. Pedro I,* cit., p.48. Sobre o Marechal Deodoro da Fonseca e o embarque do Imperador, ver LILIA MORITZ SCHWARCZ, *As barbas do Imperador*. São Paulo, Companhia das Letras, 1998, p.459-66. Ver também JOSÉ MURILO DE CARVALHO, *D. Pedro II*. São Paulo, Companhia das Letras, 2007, p.219-20. Quanto a ser o Rio de Janeiro uma aldeia adormecida, ver MANUEL BANDEIRA, *Crônicas inéditas,* cit., vol.I, p.252. Sobre as recordações de René Thiollier, ver HELOISA BARBUY, *A cidade-exposição,* cit., p.96. Sobre a sociabilidade republicana, ver JULIA O'DONNELL, *De olho na rua: a cidade de João do Rio*. Rio de Janeiro, Zahar, 2008, p.59-60. Sobre Assis Brasil, ver BORIS FAUSTO, *Getúlio Vargas*. São Paulo, Companhia das Letras, 2006, p.20. Ver também PAULO BROSSARD, "Joaquim Francisco de Assis Brasil", p.27, *apud* Tupinambá Miguel Castro do Nascimento, "Gaspar Martins e a revolução de 1893", no *Caderno de Literatura da Ajuris*, n.14, p.31.

provinciano sufocava a *belle époque* (no Rio notou-se algo semelhante à *belle époque* até 1917), o mesmo vento abafado que soprou desde os tempos da colonização. Apesar da formosura que a natureza depositou na cidade do Rio de Janeiro, reproduz Isabel Lustosa o registro de Rugendas de que os viajantes dessa época consideravam-na um "viveiro de pestes" (nota 111).

Os últimos anos do século XIX e os primeiros do século XX foram semelhantes e tiveram essa veia de província, como Brito Broca demonstra à saciedade. Na época em que surgiram as casas de chope e o bom vinho continuava importado em garrafões de Portugal, muitos literatos, inspirados pela imagem do *Chat noir*, famoso cabaré parisiense, imitavam as tertúlias de *Montmartre*. Mas, ao jeito da Corte tropical em que se achavam, praticavam a maledicência nos cafés do Rio e na Confeitaria Colombo de Manuel Lebrão, um costume provinciano que emergia do verso velhaco e degradante, como o de Emílio de Menezes, especialista em hostilizar, e que – andaram dizendo – só pelo temor de suas rimas, foi eleito para a Academia. Com alívio acadêmico, certamente, o fato é que ele morreu antes da posse (nota 108). A capital da República tinha ares suburbanos, como Manuel Bandeira deixou em crônica de 1929: depois de uma hora da manhã o Rio é uma "imensa aldeia adormecida" (nota 111).

Na entrada do século XX, Heloisa Barbuy descreve os jovens paulistas afinados com a modernidade, mas também afeitos à vida caipira das fazendas, citando as recordações de René Thiollier sobre o provincianismo paulista, que girava à noite pelas ruas do triângulo iluminadas por lampiões, onde à porta das confeitarias e dos cafés "formavam-se grupos bisbilhoteiros que mexericavam" (nota 111).

Tal qual a Monarquia, a República teve virtudes e a maior delas foi o impulso urbano, uma força direcionada para a modernidade, levantando âncoras, abalando o imobilismo herdado do Império.

Como anotou Julia O'Donnell, a República trouxe para o Rio de Janeiro a sociabilidade urbana, antes contida nos salões, nas varandas e no temperamento ilhota da população do século XIX (nota 111). Isso significou uma primeira ruptura daquela atmosfera provinciana que respirávamos desde os tempos coloniais, da qual, como sabemos, restou uma brisa que até hoje percorre o litoral, recendendo o tempero de sururu com arroz de côco. Esse vento passa por Alagoas, o pequeno Estado que deu ao Brasil o primeiro presidente, eleito pelo Parlamento, o Marechal Deodoro da Fonseca, que proclamara a República e chefiara o governo provisório. Homem da província e que, como escreveu Lilia Moritz Schwarcz, "evitava encarar de frente o velho monarca", assumiu o poder que embarcou D. Pedro na calada da noite. Uma lancha transportou o Imperador para o *Parnaíba,* que zarpou para a Ilha Grande, onde ocorreu o transbordo para o navio que, em seguida, levaria-o para a Europa. O navio também se chamava *Alagoas.*

Os Estados do sul não ficam atrás. Boris Fausto alude indiretamente ao provincianismo sulista, na primeira metade do século XX, quando exalta a figura de Assis Brasil, por ele considerado um aristocrata liberal e que, "ao contrário dos líderes do PRR", era culto e cosmopolita. Assis Brasil foi o gaúcho de São Gabriel que, entestando a bancada riograndense, logo no início da República, não votou em Deodoro, mas em Prudente de Morais, um paulista de Itu que, mais tarde, acabaria sendo o nosso primeiro presidente civil eleito por sufrágio universal. O voto de Assis Brasil é referido por Paulo Brossard (nota 111).

E completando o panorama da aldeia, havia o que Sílvio Romero chamava de pauperismo da nação inteira. Com a exceção de fazendeiros, senhores de engenho e negociantes, a classe média congregava a "mendicidade envergonhada; porque é diplomada e veste casaca". Mencionava os médicos sem clínica, os advogados sem clientela, os engenheiros sem obras, os professores sem discípulos, os literatos sem leitores etc.[112]

É claro que o regime monárquico não acabou no vermelho, como se lança em contabilidade. Ele deixou crédito em conta, mesmo respirando a atmosfera da província, levando Laura de Mello e Souza a concluir bem: "Com a corte, por mais provinciana que se mostrasse quando comparada às demais da Europa, vieram hábitos e costumes

---

112 Sílvio Romero, *Introdução a doutrina contra doutrina*, organização de Alberto Venancio Filho. São Paulo, Companhia das Letras, 2001, p.89. De Laura de Mello e Souza, ver a conclusão que escreveu para o 1° volume de *História da vida privada no Brasil*. São Paulo, Companhia das Letras, 1997, p.440. De Lúcia Maria Bastos Pereira das Neves e Humberto Fernandes Machado, ver *O Império do Brasil*. Rio de Janeiro, Nova Fronteira, p.40-1. De Nero Senna, conferir "Ontem e hoje", crônica reproduzida por José Luiz Pasin em *Guaratinguetá: tempo e memória*, publicação da Secretaria de Estado da Cultura do Estado de São Paulo, p.87-8. Já havia sido reproduzida por Homero Senna no livro *Um mineiro de Guaratinguetá*, Rio de Janeiro, Serviço Gráfico do IBGE, 1974, p.97-8. Sobre a palavra *civilização*, conferir Vargas Llosa, *A linguagem da paixão*, cit., p.117. Sobre as cidades na Europa medieval, ver Jacques Le Goff, *Uma breve história da Europa*, tradução de Maria Idalina Ferreira Lopes. Petrópolis, Vozes, p.77-9. Sobre a aparência de civilização em que vivíamos, ver Paulo Prado, *Retrato do Brasil*. São Paulo, Companhia das Letras, 1997, p.210-1. Sobre o *choque cultural dissolvente*, ver o exemplo do confronto entre a cultura europeia e a ameríndia, degradando esta última completamente (Gilberto Freyre, *Casa grande & senzala*, 49ª edição. São Paulo, Global, 2004, p.177). De Marta Rossetti Batista, ver *Anita Malfatti no tempo e no espaço*, São Paulo, 2006, p.43, 50-1, 81, 85, 203 e seguintes, 235 e 244. Quanto a ser tabu a pintura no Brasil, ver Manuel Bandeira, *Crônicas inéditas*, vol.I. São Paulo, Cosac Naify, 2008, p.233.

civilizatórios [...]" além do que "a abertura dos portos contribuiu da mesma forma para que o Reino do Brasil – como logo passaria a se chamar a antiga Colônia – fosse aos poucos recebendo as modas e os usos da Europa" (nota 112). Só que o maior beneficiário foi o Rio de Janeiro, onde essas influências desembarcaram, e onde a vida social urbana efetivamente ganhou esplendor a partir de 1808, como historiam Lúcia Pereira das Neves e Humberto F. Machado. A presença dos soberanos emprestou ao Rio de Janeiro "um brilho e uma dimensão desconhecida. Instalava-se na cidade uma sociedade de Corte, cujos hábitos e exigências tendiam a difundir-se pela população, contribuindo para aquilo que Norbert Elias denominou um processo civilizador" (nota 112).

Não se deve concluir que isso tenha gerado um reflexo imediato nas outras cidades brasileiras. Diferentemente da Europa, onde, desde a Idade Média, cidades como Bolonha, Paris, Oxford, Cambridge, Salamanca e outras floresceram como centros econômicos e de poder, de cultura e de arte, no início do século XX, já na República, as nossas cidades eram vertentes da província. A vida urbana desenvolveu no século XIX, mas o nosso mundo ainda estava na zona rural, nas fazendas e usinas que existiam em volta das cidades e que também proporcionavam "belas noitadas de São João na roça", como registrou Nero Senna (nota 112). Muito longe ficava a *civilização*, uma palavrinha fora de moda e politicamente incorreta – explica Vargas Llosa (nota 112). Na época, porém, era correta e estava na moda, mas andava longe, na Europa, ditando os padrões do mais alto nível de vida, abalando e mobilizando os que almejavam esses padrões. Um abalo que se propagava em ondas sísmicas, tendo o epicentro em Paris. Mas essas ondas não atingiam o nosso litoral. Aqui, o sol, o marasmo e o sertão resumiam tudo e, apesar das influências do Rio de Janeiro (que também não era a Europa), a nossa vida urbana estava tão próxima da civilização europeia quanto da Constelação de Órion.

Como disse Paulo Prado, apesar da aparência de civilização, vivíamos "isolados, cegos e imóveis, dentro da própria mediocridade" em que se comprazia m governantes e governados.

Pode-se dizer que a consciência desse desnível (desnível ignorado pelo nacionalismo de província) nunca foi generalizada, o que contribuiu para protraí-lo e para aumentar a potência dos *choques culturais dissolventes,* como os qualificou Gilberto Freyre.

Marta Rossetti Batista descreve o choque cultural que atingiu Anita Malfatti. Para aperfeiçoar-se na pintura, ela esteve na Alemanha a partir de 1910, ano de "amadurecimento do expressionismo", um movimento de literatos e artistas contestando valores e procurando uma nova ordem, lembrando que nada disso existia por aqui, não havia galerias, salões anuais, museus de pintura e escultura que nos aproximasse dos modernos cenários de Dresden, Munique e Berlim. Quando voltou, realizou uma exposição individual, em 1914, em um mundo artístico que permanecia "pequeno, desestimulante e quase inexistente", mundo em que as raras pessoas que se interessavam pela pintura, continuavam presas ao academicismo, e no qual, três anos mais tarde, em 1917, a impiedosa crítica de Monteiro Lobato (desqualificando a arte moderna, um exemplo de paranoia ou mistificação) a levaria para um período de depressão e isolamento.

Após uma década, em 1929, o atraso era idêntico. Nada havia mudado, levando Manuel Bandeira a sustentar que pintura no Brasil era tabu, como se via no sofrimento dos pintores em cada exposição. "O pobre do artista [...] tem primeiro que fazer economia sobre o almoço e o jantar para arranjar o dinheiro necessário ao emolduramento das telas. Depois procura uma galeria. Não há uma galeria, isto é, um local apropriado, com luz bem orientada e distribuída. Não a tem no Rio nem mesmo o único comerciante que negocia exclusivamente em pinturas, o esperto Jorge da rua do Rosário" (nota 112).

9
PROVINCIANISMO E NACIONALISMO

I

PRELECIONA JOSÉ MURILO de Carvalho que no período colonial só havia no Brasil a realidade da província, não existindo um sentimento de pátria comum, exceto um simulacro que decorria do ódio ao estrangeiro, sobretudo ao português. Um sentimento nacional brasileiro aparece ao tempo da guerra do Paraguai, quando ainda trazíamos na alma um *arquipélago de capitanias*. Não há nisto novidade, mas pode-se perguntar se a união dos brasileiros para expulsar os holandeses (século XVII) não teria sido a primeira manifestação de um patriotismo nacional? O fato é que, com essas soluções de continuidade, a pátria de cada qual era a sua província. Acrescento que, na visão dos positivistas, a política dos governadores, na primeira República, também foi um resquício desse sentimento provincial contra o qual eles posicionaram a Revolução de 1930 e todo o centralismo burocrático e antifederativo que, mercê dessa mesma Revolução, do golpe de 1937 e do pronunciamento militar de 1964, ainda regem o país. As reformas judiciárias de 1979 e 2004 demonstram essa tendência.

Brasil e os países europeus não se subordinam às mesmas circunstâncias (históricas e socioeconômicas), mas o nacionalismo provincial, esse nosso sentimento regional, nortista, nordestino, baiano, carioca, mineiro, paulista, sulista, gaúcho, um sentimento relacionado à província (inimigo do cosmopolitismo), ainda existe na Europa onde, aliás, é mais radical e sustenta focos de separatismo na Bélgica, na Inglaterra, na Espanha, na Hungria, na Bósnia etc. (*O*

Estado de S.Paulo de 02.11.2008, p.A-20). Assim, também na Europa, exceto nas artes, *provincianismo* e nacionalismo andam juntos nessa campanha de rejeição do universal (são vasos comunicantes e intestinos, ficam voltados para dentro e de costas para o mundo), sendo o nacionalismo uma ideologia isolacionista e belicosa, sobre a qual discorre Gilberto de Mello Kujawski. É a ideologia da autarquia nacional, que manipula o patriotismo e tudo o mais. "O nacionalismo é sempre isolacionista, fechado em si mesmo, reduzindo ao mínimo o comércio com o exterior, não só o comércio de mercadorias e de capitais, como o comércio de ideias e formas de vida, preso e encarcerado na mística das raízes", fazendo regredir a nação. Isaiah Berlin também escreve sobre esse nacionalismo, que "não é a consciência da realidade do caráter nacional, nem o orgulho de possuí-lo. É a crença na missão singular de uma nação como intrinsecamente superior aos objetivos ou atributos de qualquer coisa que se localize fora dela". É, por exemplo, o xucrismo de quem ignora, como diz Llosa, que imigração "é injeção de vida, energia e cultura".

Esse tema faz lembrar que a xenofobia não se afasta da história europeia desde o Império Romano. Em latim, uma só palavra *(hostis)* designava o estrangeiro e o inimigo. Eram a mesma coisa. E continuam sendo, como provam alguns episódios europeus neste início do século XXI. O correspondente Andrei Netto informa de Paris que as denúncias de violência racial são cada vez mais frequentes na Alemanha, e também ocorrem na Inglaterra, França, Suíça, Dinamarca, Finlândia, Irlanda e Áustria.[113] Escrevi anteriormente:

---

113 Quanto as reformas judiciárias de 1979 e 2004 demonstrarem a tendência ao centralismo burocrático e antifederativo, ver as publicações da *RJTJSP (Lex)*, 44/504, 53/389, 56/467 e da *RT* 826/69. Quanto ao tema deste capítulo, o *Dicio-*

Agora, em pleno século XX, transcorridos pouco mais de 20 anos desde o holocausto, bastou o desaparecimento do otimismo econômico, no começo da década de 1970 – diz Mark Mazower – para que os imigrantes se transformassem de fatores valiosos que eram, quando imigraram, em estrangeiros indesejados. Pior do que isso, registra Mazower que "entre 1984 e 1990, o Parlamento Europeu registrou uma assustadora escalada de ataques racistas em toda a Europa ocidental". E como recentemente se

---

nário da Academia Francesa, no século XVIII (1762), registra o conceito de que *"un cosmopolite n'est pas un bon citoyen",* tese retomada em 1926 por Julien Benda (ver GIUSEPPE RICUPERATI, no *Dicionário de política de Norberto Bobbio,* cit., vol.1, p.298 e 300) e o nacionalismo argentino chegava ao extremo de pregar que "um argentino não pode ser cosmopolita sem atraiçoar sua pátria" (conferir ESTELA CANTO, *Borges à contraluz,* tradução de Vera Mascarenhas de Campos. São Paulo, Iluminuras, 1991, p.208). O conceito de THOMAS MANN está em *Ouvintes alemães (Deutsche Hörer),* tradução de Antonio Carlos dos Santos e Renato Zwick. Rio de Janeiro, Zahar, 2009, p.220. Quanto ao sentido universal do nacionalismo no campo das artes, ver OTTO MARIA CARPEAUX, *O livro de ouro da história da música,* 7ª edição. Rio de Janeiro, Ediouro, 2005. p.444. De JOSÉ MURILO DE CARVALHO, ver *Cidadania no Brasil,* cit., p.76-8. Ver também GILBERTO DE MELLO KUJAWSKI, *O sabor da vida.* São Paulo, Letraviva, 1999, p.235. Ver também ISAIAH BERLIN, *Limites da utopia,* organização de Henry Hardy, tradução de Valter Lellis Siqueira. São Paulo, Companhia das Letras, 1991, p.142. MARIO VARGAS LLOSA acha que os países deviam receber a imigração como bênção, conferir "Os imigrantes" em *A linguagem da paixão,* cit., p.133. Sobre a escalada racista e rejeição dos imigrantes na Europa, cito MARK MAZOWER, *Continente sombrio,* tradução de Hildegard Feist. São Paulo, Companhia das Letras, 2001, p.320 e 341. Ver também F. P. SENA REBOUÇAS, *Fim de século e justiça,* cit., capítulo XX, p.265. Do correspondente ANDREI NETTO, ver "Xenofobia aumenta na UE", no *O Estado de S.Paulo* de 13.02.2009, p.A-12.

> reviveu na Áustria, o espírito autocrático europeu é sempre mais visível que o democrático, ainda quando se pratica a democracia. Uma parte da Europa sintoniza o velho compasso da valsa (nota 113).

O que é nacional se tornou província, disse Thomaz Mann. Mas o campo das artes é atípico. Há casos em que o nacionalismo alcança um sentido universal. Richard Wagner (1813-1883) exaltou o nacionalismo alemão e, a despeito de pesada crítica, a sua obra é universal. Mesmo exilado, Pablo Picasso (1881-1973) em tudo revela a alma hispânica. Mas só *Guernica* já o torna universal. Carpeaux reproduz a opinião de Mellers: "no mundo moderno, toda arte, inclusive a mais nacionalista, quando não é provinciana, é universalista" (nota 113).

É no sentido de bitola que o nacionalismo tem uma pulsante veia provinciana. Circunstância mais enfática do que admitiu Vargas Llosa,[114] nada demonstraria isso melhor que o escorregão de Monteiro Lobato (em uma repentina agravação da taxa de arcaísmo suburbano que nós, os burgueses, trazemos no sangue), revelando naquele grande escritor e, principalmente, grande brasileiro, a face provinciana de um esteta conservador que, desabrido, errou nos apressados conceitos sobre a exposição de Anita Malfatti em 1917. Precisamente na pintura, Alfredo Bosi qualifica Lobato como um medíocre paisagista acadêmico, avesso às correntes estéticas do século XX. Convenhamos que, exceto pela compreensível reação de choque frente ao niilismo do século XX (sendo esse o benefício da dúvida que o nosso escritor merece), só a

---

114 *"O nacionalismo... provoca distorções culturais e um certo provincianismo* [...]*"* conferir Mario Vargas Llosa, *A verdade das mentiras*, cit., p.58-9. A opinião de Alfredo Bosi sobre a pintura medíocre de Monteiro Lobato está na *História concisa da literatura brasileira*. São Paulo, Cultrix, p.333.

mentalidade provinciana, preconceituosa e obscurantista podia considerar aquela arte moderna caricatural e psicótica (paranoia ou mistificação). Foi essa uma atitude em oposição ao que Rouanet denomina "autonomia intelectual" (no caso, ao livre desenvolvimento da criatividade artística) preconizada pelo Iluminismo. Os quadros de Lasar Segall já haviam sido aqui expostos em 1913, sem causar escândalo. É verdade que essa exposição teve o patrocínio de Freitas Valle, fator que desencorajava as manifestações provincianas, quer da imprensa, quer da sociedade, pois, além da sua posição de homem de cultura, ele "manobrava a política das artes em São Paulo". Autoritário, o senador andava rodeado por *satélites*, artistas que dele dependiam para o pão, como sugeriu Anita Malfatti.[115] Também não consta que Lobato tenha comparecido à exposição de Segall para poder criticá-la em termos suburbanos e trevosos.

---

115 Sobre essa comparação entre o estrépito causado por Monteiro Lobato na exposição de Anita Malfatti e a precedente aceitação dos quadros de Lasar Segall, especialmente sobre o patrocínio de Freitas Valle, que manobrava a política das artes, conferir PAULO MENDES DE ALMEIDA *apud* MARCIA CAMARGOS, *Villa Kyrial*. São Paulo, Senac, 2001, p.46. Quanto aos textos de Monteiro Lobato, consultar MARTA ROSSETTI BATISTA, *Anita Malfatti no tempo e no espaço*. IBM, 1986, p.68 e seguintes. Na edição de 2006 (34 e Edusp), p.204 e seguintes. Sobre a ideia iluminista e a autonomia intelectual, ver exposição de SERGIO PAULO ROUANET, *Mal-estar na modernidade*. São Paulo, Companhia das Letras, 1993, p.33. Sobre ser Freitas Valle rodeado por *satélites*, ver Marta Rossetti Batista, cit. (edição de 2006, p.92-4). Curiosamente, PAULO PRADO também achava niilista a nossa arte moderna, mas de um niilismo voltado contra as oligarquias (conferir *Paulística, etc.*, cit., p.296). Sobre a influência do pensamento alemão nos intelectuais franceses de 1930, como Aron e Sartre, ver TONY JUDT, *Passado imperfeito*, tradução de Luciana Persice Nogueira. Rio de Janeiro, Nova Fronteira, p.112. Ver também RONALD ARONSON, *Camus e Sartre*, cit., p.54.

II

Ainda não havíamos alcançado a década de 1930, período em que o moderno pensamento alemão se impôs e passou a influenciar a intelectualidade francesa, o que sabidamente ocorreu com Raymond Aron e Jean-Paul Sartre quando este sucedeu o primeiro, em Berlim, para estudar Husserl (nota 115). Estamos em uma época anterior em que a cultura francesa tinha maior prestígio. Foi então que o diplomata Graça Aranha "se desfaz do alemanismo da Escola de Recife, que lhe informara as páginas de *Canaã,* para se deixar levar pelos encantos da civilização francesa". Não se tratava mais da questão de viver na Europa, mas de viver em Paris, como também fizeram Eça de Queiroz, Eduardo Prado e outros. Paris não se abalava, apenas, com o luxo mirificante de Racalvo e outros tipos da ressaca fluminense do *encilhamento* concebidos pela literatura de Taunay, mas também recebia os nossos valores, os nossos talentos. O *parisianismo,* a intoxicação pela *parisina,* foi a óbvia predileção cosmopolita que, depois de arrancar o nacionalista Chopin do seu nascedouro provincial para os salões de Paris, arrebatou brasileiros por muitos meses, até por alguns anos. Olavo Bilac que, antes de embriagar-se com a França, escrevia como um sequaz da Província (que os viajantes envelhecem e "feliz o aldeão que nunca saiu de sua aldeia"), sempre regressava de Paris com um único desejo, o de partir de novo! Conheceu-se um turrão já famoso, de quem disseram ser "de uma casmurrice hostil e desconcertante", que preferiu internar-se no Acre e na floresta amazônica. Chamava-se Euclides da Cunha, o consagrado escritor de *Os sertões,* um positivista da nossa República Provincial. Alberto Santos Dumont e Alceu Amoroso Lima (Tristão de Ataíde) são presenças brasileiras notórias em Paris, até a eclosão da Guerra de 1914. Um pouco depois, com a mesma intoxicação, atravessaram o Atlântico os modernistas, na década de 1920, em pleno curso dos anos loucos (*les années folles*), como registra Marta Rossetti Batista. Prestigiados pelo embaixador Souza Dantas, em Paris, se instalaram Brecheret, Rego Monteiro, Di Cavalcanti, Anita Malfatti, Antônio Gomide, Oswald de Andrade, Sérgio Milliet, Tarsila do Amaral, o maestro Villa-Lobos, o pianista Souza Lima e a cantora Vera Janacópulos.[116]

---

[116] O escritor português Eça de Queiroz tinha casa nas proximidades, em Neuilly, e seu amigo brasileiro Eduardo Prado, monarquista perseguido na República, estabeleceu-se em Paris, na rue de Rivoli, onde também (em certo período, a partir de 1890) morou Paulo Prado (conferir PAULO PRADO, *Retrato do Brasil*, 8ª edição. São Paulo, Companhia das Letras, 1997, cronologia na p.34). Infectado pelo nacionalismo polonês, tornando-se o gênio musical do fervor nacionalista de uma terra ocupada e sem soberania, Chopin seria um *esteta provinciano*. Menos por ser filho de um francês, acabou em Paris porque (fazendo jus ao cosmopolitismo) Paris era a única cidade que acolhia como heróis os exilados de Varsóvia. Benita Eisler projeta essa fase de Chopin em Paris. Ainda que Chopin fosse um nacionalista, não teria o radicalismo que os críticos lhe atribuíam, a personificação do gênio polonês cuja música "era a voz e o espírito da velha Polônia heroica e o toque de clarim diante de uma nova nação que se formava". Ele não queria voltar à Polônia e os seus conterrâneos exilados não o viam com bons olhos. Chopin "raramente punha os pés em alguma das muitas igrejas de onde, a cada missa, elevavam-se as preces pela libertação da Polônia" (conferir BENITA EISLER, *O funeral de Chopin*, tradução de Anna Olga de Barros Barreto. São Paulo, Planeta, 2005, p.13, 46, 58, 63-4). Quanto a Racalvo, personagem picareta do *encilhamento fluminense* que, em Paris, refugiava-se no Grande Hotel, fugindo de patrícios, ver VISCONDE DE TAUNAY, *O encilhamento*, 2ª edição. São Paulo, Melhoramentos, 1923, p.313. Quanto ao *parisianismo*, Graça Aranha e os encantos da civilização francesa, ver BRITO BROCA,

Os de fala inglesa também chegaram nessa época (James Joyce, Ernest Hemingway e Scott Fitzgerald, os mais citados, dentre muitos

---

A vida literária no Brasil: 1900, cit., capítulo IX, p.141-52, mencionando jornalistas e escritores brasileiros que se renderam ao cosmopolitismo e viveram em Paris, além de Graça Aranha e Olavo Bilac (este descrito como intoxicado por doses exageradas de Paris), apontando a exceção recalcitrante de Euclides da Cunha. Quanto a dizerem que Euclides era "de uma casmurrice hostil" ver BRITO BROCA, cit., capítulo XVII, p.260. Sobre a afirmação de que os viajantes envelhecem, ver a crônica "São Paulo", de OLAVO BILAC, reproduzida em *Vossa insolência*, organização de Antonio Dimas. São Paulo, Companhia das Letras, 1996, p.45. Sobre os modernistas brasileiros que chegaram em Paris na década de 1920, ver MARTA ROSSETTI BATISTA, *Anita Malfatti no tempo e no espaço*, 2006, cit., p.309 e seguintes. Sobre James Joyce, Ernest Hemingway, Scott Fitzgerald, Gertrude Stein, SYLVIA BEACH e a sua famosa livraria que existiu em Paris de 1919 a 1941 e, quando fechada, estava no número 12 da rue de l'Odéon, ver SYLVIA BEACH, *Shakespeare and company*, tradução de Cristiana Serra. Rio de Janeiro, Casa da Palavra, 2004 (ver p.248). Ver também ERNEST HEMINGWAY, *Paris é uma festa*, tradução de Ênio Silveira. Rio de Janeiro, Bertrand Brasil, 2000; e WILLIAM WISER, *Os anos loucos*, tradução de Leonardo Fróes. Rio de Janeiro, José Olympio, 1991. A livraria que na atualidade existe com o mesmo nome (*Shakespeare and company*) foi assim batizada pelo proprietário George Whitman, em 1964, sobre ela existindo um livro de JEREMY MERCER, *Time was soft there* (com outro nome em português, conferir *Um livro por dia*), tradução de Alexandre Martins. Rio de Janeiro, Casa da Palavra, 2007, ver p.46. O texto DE CÉSAR está em *Comentarii de Bello Gallico*: *"Gallia est omnis divisa in partes tres, quarum unam incolunt Belgae, aliam Aquitani, tertiam qui ipsorum lingua Celtae, nostra Galli appellantur. Hi omnes lingua, institutis, legibus inter se differunt"*. Toda a Gália se divide em três partes, os Belgas ocupando uma delas, os Aquitanos outra, e a terceira habitada pelos que, na sua fala, são Celtas e, em nosso idioma, Gauleses. Distinguem-se pela língua, pelas instituições e pelas leis.

outros), orbitando dois centros americanos de Paris, o de Gertrude Stein e o de Sylvia Beach, da livraria *Shakespeare and company*, fechada durante a ocupação alemã, em 1941, existindo hoje uma réplica dessa livraria na trilha do Quai de Montebello, na margem esquerda da Notre-Dame (nota 116).

E essa é uma intoxicação antiga, bem anterior ao século XX, uma atração cativante, imantada, que pode ter começado nos tempos de Lutécia e do Império Romano. Quando César escreveu os famosos comentários sobre a guerra na Gália, essa região da Europa se dividia em três partes, com povos diferentes, belgas, aquitanos e celtas (nota 116). Em uma das ilhas do Sena, os romanos acharam um povoado celta, e o nome, Lutécia *(Lutetia)*, corresponde hoje à *Ille de la cité*, em Paris. Daí ser Lutécia o antigo nome de Paris.

O germanismo que alcançou Graça Aranha se manifesta no campo jurídico (com Teixeira de Freitas, Antonio Joaquim Ribas, Lafayette Rodrigues Pereira, e maior vigor a partir desse *fenômeno de origem provinciana*, Tobias Barreto.[117] Depois, com Clóvis Bevilacqua, Eduardo Espínola,

[117] São palavras do prof. SILVIO MEIRA: "um fenômeno estranho, singular mesmo, aquele homem de origem provinciana, criado e educado em pequena cidade interiorana, tornou-se o propulsionador de um movimento de cultura germânica no nordeste brasileiro em pleno século XIX" (conferir "O germanismo precursor de Tobias Barreto", na *Revista Jurídica*, n. 123, dezembro de 1973, p.83). Mas Tobias Barreto não teve unanimidade. A propósito de um desentendimento com Sílvio Romero (nota 19), o jurista Lafayette Rodrigues Pereira faz restrições a Tobias Barreto, enfatizando a crítica a um provinciano: "um esquisitão de algum talento, nunca um gênio, nem ainda um grande espírito; apenas uma inteligência acima do medíocre e do comum, desvairada pelo orgulho e pelas ilusões da meia ciência, e perdida nas nébulas de um germanismo obscuro e malcompreendido" (conferir

Carlos Maximiliano, Pontes de Miranda e outros), de forma que quase tudo no âmbito do direito encontre um *tatbestand*, um fato teutônico e uma base germânica (conferir Clóvis do Couto e Silva, *A teoria da base do negócio jurídico no direito brasileiro*) que lhe dê o prestígio de solidez inexpugnável e profundidade definitiva, superando a perspectiva da Revolução Francesa (ou do constitucionalismo americano) como origem das coisas. Nem sempre isso se faz com adequação, como se vê no tema do federalismo. Os que invocam o regime federal alemão esquecem que tal regime, na Alemanha, só se aplica à Administração. A legislação é predominantemente federal e a regra constitucional do art. 31, dispondo que o direito federal anula o estadual conflitante *(Bundesrecht bricht Landesrecht),* estabelece uma heresia, uma hierarquia estranha ao regime federativo, mais adequada à realidade de um Estado unitário.

Franz Kafka e Max Weber, o primeiro em Praga, sob a influência do Império Austro-Húngaro, são gênios que escreveram em alemão. E aqui também são paradigmas por isso; porque escreveram em alemão, não só porque foram gênios. Um exemplo do nosso provincianismo colonial, levando Lima Barreto a criticar os germanófilos inveterados, para os quais "tudo o que havia no mundo de bom era alemão. Pascal, Dante, Descartes, Cervantes, não eram nem espanhóis, nem franceses,

---

JOSUÉ MONTELLO, *Os inimigos de Machado de Assis*. Rio de Janeiro, Nova Fronteira, 1998, p.347). Quanto ao sistema federal alemão (art. 31 da Constituição), ver comentários de ELIZABETH ZOLLER, *Droit constitutionnel*, Paris, Puf, 1998, p.377. Quanto a CLÓVIS DO COUTO E SILVA e a *teoria da base do negócio jurídico*, ventilando a doutrina de Windscheid, Larenz, Rinck, Ulmer, Wieacker, etc., ver *RT* 655/7. Na sua *Methodenlehre*, LARENZ faz referência à jurisprudência do Tribunal do *Reich* sobre essa teoria, conferir *Metodologia da ciência do direito*. Lisboa, Gulbenkian, 1978, p.493.

nem italianos; eram alemães". Ressalva-se que, excepcionalmente, há quem, por escrever em alemão, se considere obscuro e, nesse sentido, Verissimo fez chacota do difícil pensamento de Hegel. Verissimo é um literato, mas essa troça também se acha na filosofia, e Gilberto de Mello Kujawski critica os que consideram que o filósofo só mereça credibilidade se for alemão (de preferência), se adotar posição olímpica e hermética, se escrever de modo arrevesado e obscuro.[118]

---

[118] Sobre os germanófilos, quando, genericamente, sem outra razão específica, exaltam a superioridade germânica (a superioridade do pensamento alemão ou de quem escreve em alemão, como Kafka), a propósito dos autores citados (Kafka, Weber e Hegel), ver a crítica de Lima Barreto em *Lima Barreto toda crônica*, cit., vol.II, p.93. Hegel é notoriamente um problema. O seu pensamento "é de uma dificuldade só comparável à sua importância", disse Julián Marías (*História da filosofia*, tradução de Claudia Berliner. Rio de Janeiro, Martins Fontes, 2004, p.348), tanto que, a despeito de revisões que o aproximam dos filósofos liberais (Carl Friedrich, *Perspectiva histórica da filosofia do direito*, tradução de Álvaro Cabral. Rio de Janeiro, Zahar, p.154-5), a tradição francesa era a de considerá-lo teórico do absolutismo prussiano, apologista dos direitos absolutos do Estado em face do indivíduo (Jean Touchard, *Histoire des idées politiques*, tomo 2. Paris, Puf, 1993, p.499), combinando isso com a definição de Estado da sua "Filosofia do Direito" (*Der Staat ist die Wirklichkeit der konkreten Freiheit*, ou seja, *"É o Estado a realidade em acto da liberdade concreta"*, conferir Hegel, *Princípios da filosofia do direito*, tradução de O. Vitorino. Lisboa, Guimarães Editores, 1990, p.233), definição que contribuiu para a visão estatista do século XX e justificou o seu autor como referência de diversas formas de totalitarismo; conferir Luís Fernando Verissimo, que considera Hegel obscuro, favorecendo interpretações díspares, desde a de precursor do marxismo até a de inspirador do nazismo ("O que diria Hegel", no *O Estado de S.Paulo*, de 02.11.2006, p.D-12). Ainda que se considere

errada essa leitura de Hegel – como diz Simone Goyard-Fabre –, o fato é que ela uniu os teóricos do *Rechtsstaat*, "preocupados em se opor a tudo o que, de perto ou de longe, aparenta-se com o despotismo ou com a tirania" (conferir *Os princípios filosóficos do direito político moderno*, tradução de Irene Paternot. São Paulo, Martins Fontes, 2002, p.342). Sobre a crítica ao germanismo filosófico, ver Gilberto de Mello Kujawski, "O jornal, esta 'praça pública' intelectual", *O Estado de S.Paulo* de 08.02.2001, p.A-2. Sobre a exaltação nacionalista de François Mauriac, "creio que os nossos imbecis são mais instruídos que os de outros países" (*[...] même nos imbéciles sont, je crois, mieux avertis que ceux des autres pays)*, ver Tony Judt, *Passado imperfeito: um olhar crítico sobre a intelectualidade francesa no pós-guerra*, tradução de Luciana Persice Nogueira. Rio de Janeiro, Nova Fronteira, 2007, p.335. Sobre Gustave Flaubert, em carta de 25.06.1876 a Ivan Turguéniev, conferir apêndice, nos *Três contos*, tradução de Milton Hatoum e Samuel Titan Jr. São Paulo, Cosac Naify, 2004, p.133. Quanto à poesia ("saborear as fugazes delícias do melhor dos nossos dias"), é de Alphonse de Lamartine, "Le lac", em *Méditations poétiques*, edição de Marius-François Guyard. Paris, Gallimard, 1992, p.65. Sobre não ser a França o centro do mundo, ver Tony Judt, *Passado imperfeito*, cit., p.399. Herbert Lottman dissertou sobre a fase áurea da intelectualidade francesa, e registrou que, nos anos 1950, "os tecnocratas tomariam dos filósofos as rédeas do poder" e, nessa nova ordem, um observador diria que Sartre pode assinar mil manifestos e continuar, respeitavelmente, sem influência (*A rive gauche*, cit., p.30 e 411). Sérgio Buarque de Hollanda publicou na imprensa dois artigos sobre "O sentido universal da literatura francesa", reproduzidos em *O espírito e a letra*, cit., vol.II, p.113 e 118. De Alexei Bueno, ver "Influências francesas no Modernismo brasileiro", na *Revista brasileira*, da Academia Brasileira de Letras, fase VII, abril-junho de 2005, n. 43, p.145. Ver também Maria de Lourdes Monaco Janotti, *Sociedade e política na Primeira República*, cit., p.88. De Renato Almeida, ver *Inteligência do folclore*, cit., p.279. Sobre Alberto Santos Dumont, *"Cavaleiro da Légion d'Honneur"*, Jean Jaurès, o Kaiser Wilhelm II e o presidente Poincaré, ver Alcy

Da mesma forma que, no impulso de François Mauriac, os idiotas franceses são mais instruídos do que os parvos estrangeiros (nota 118), pode-se dizer que o tabaréu da Baviera, por sua vez, é mais civilizado que o nosso! São as duas posturas existentes, uma valorizando o germanismo, em si, a exatidão incontestável, o alemão (*deutsch*), o inequívoco (*deutlich*) e a clareza (*Deutlichkeit*), independentemente de se tratar da língua de Goethe e de Schiller, da qual também se utilizavam Leibniz, Kant, Hegel, Husserl, Heidegger, não esquecendo os gênios de Bach, Beethoven e Wagner. O último aspecto é o que deve ser exaltado. Mas há um germanismo valorizando, não o que o alemão representa de culto e humanista, mas o que tem de inequívoco e de intransigente, *ipso facto* de intolerante e limitado (o que tem de provinciano). Como Graça Aranha percebeu, o último não consegue competir com os "encantos da civilização francesa" e com o fascínio de suas letras! Não é sem razão que, sobre a crista do maior esplendor literário do século XIX, Flaubert pressentisse que a prosa francesa chegaria "a uma beleza de que mal se faz ideia". E só a poesia francesa lhe fazia frente, deixando-nos *savourer les rapides délices des plus beaux de nos jours* (nota 118).

Cheuiche, *Nos céus de Paris.* Porto Alegre, L&PM Pocket, 2003, p.281-95. Em 1911, Lima Barreto havia protestado contra o ostracismo de Santos Dumont, banido da imprensa, que não mais se referia a ele. Escreveu a crônica "Que fim levou?"; conferir *Lima Barreto toda crônica,* organização de Beatriz Resende e Rachel Valença. São Paulo, Agir, 2004, vol.I, p.94.

III

Já se falava, na segunda metade do século XX, que a influência dos intelectuais parisienses havia decaído, assim como Paris declinara como capital da Europa. Lottman faz esse registro, mas não é o único. Com frequência ainda se diz isso, que "a França não é mais o centro do mundo"(nota 118). Mas no tempo que ficou entre as duas guerras mundiais, e ainda que se considere o contágio do pensamento alemão, na década de 1930 (Capítulo 9–II e nota 115), a França foi "o centro do mundo literário e artístico, e Paris, naturalmente, o centro desse centro", como ainda escreveu Lottman. Tal fascínio avançara pela primeira metade do século XX, alcançando-nos, assim como aos ingleses e norte-americanos. Ezra Pound disse, em 1918, que "a vida intelectual em Londres depende de pessoas que compreendem o francês". Por isso que, na década de 1940, partindo desse conceito e referindo-se ao nosso provincianismo intelectual, disse Sérgio Buarque de Hollanda que não iria negá-lo, "mas apenas sugerir que nesse particular, ao menos, não andamos em má companhia". Alexei Bueno sustenta que o nosso modernismo respirou influência francesa, citando Aragon, Tzara, Cocteau, Blaise Cendrars, Apollinaire, Mallarmé, Claudel, Victor Hugo, Musset, Valéry, Verlaine, Debussy, etc. É evidente que não se resumiu nessa influência, não representando esse *encosto* mais que uma percentagem ínfima do que foi o modernismo brasileiro, voltado para a ruptura da "ambiguidade fundamental" da nossa cultura, como a define Maria de Lourdes Monaco Janotti: "sermos um povo latino, de herança cultural europeia, mas etnicamente mestiço, situado no trópico, influenciado por culturas primitivas, ameríndias e africanas". Tanto isso é exato que – continua ela – "a mestiçagem, apontada pela geração anterior como um traço de inferioridade, adquiriu um significado construtivo e heroico. O primitivismo tornou-se fonte de beleza e inspiração". Primitivismo é provincianismo que, na observação de Renato Almeida, aproveita o folclore "pela própria essência da escola" (nota 118), vendo-se que, até sob o signo das artes, o nacionalismo e o provincianismo haviam de nos envolver.

Ainda no apogeu, no auge da influência, a França tinha eclipses e a polícia francesa, no verão de 1914, exporta-nos um episódio jeca. O único brasileiro envolvido não era um provinciano, mas Alberto Santos Dumont, residente na França há 20 anos, com um nível cultural diverso do padrão de um sitiante de Palmira, nas Minas Gerais. Em 1914, ele não mais reinava, como no início do século XX, mas era consagrado na França e podia sepultar-se no esquecimento da imprensa, em que pesem os protestos de Lima Barreto. Conta-nos Alcy Cheuiche que, tão logo mataram Jaurès e o Kaiser declarou guerra à França, Santos Dumont foi preso em sua casa, na praia de Deauville, sofrendo a apreensão de um telescópio com o qual o comissário de polícia o acusava de espionar a costa em prol da Alemanha. Foi a interferência direta do presidente Poincaré que livrou do provinciano e xenofóbico constrangimento aquele gênio que a França inscreveu na *Légion d'Honneur* (nota 118).

Sob a mira prussiana (um foco da província, apesar da postura nobre da oficialidade, desde os tempos do Kaiser), foi preciso dominar militarmente a França para conter as luzes da intelectualidade francesa. Não teve outro alvo a ação cultural alemã durante os quatro anos da ocupação, que Stéphanie Corcy chamou de anos negros, *"quatre années noires"*. Anotou Herbert Lottman que, encontrando apoio em Vichy, a ocupação destruiu a vida cultural francesa e converteu Paris, a cidade luz, em um lugar escuro e maligno. A vida cultural foi especialmente banida na Alsácia, onde a política fez de Estrasburgo uma vitrina da cultura alemã, a despeito de Thomas Mann difundir que não passava de uma presunção analfabeta essa transformação da França em um quintal da Alemanha.[119]

Gilbert Joseph relata que os ocupantes pressionaram os editores franceses a retirar das livrarias os livros indexados na denominada *lista Otto* (mais de uma existiu). Nela figuravam escritores judeus e refugiados políticos, além daqueles livros contrários aos interesses germânicos. Para escrever e atuar no mundo cultural parisiense, Sartre e Beauvoir pisavam em ovos, bem assim Camus e outros que se submeteram à censura nazista, havendo quem sustentasse a premissa de que, para honra das letras francesas, era melhor publicar qualquer coisa que não publicar nada. Esses escreveram livros importantes, a despeito do *black-out,* Camus com a ajuda de um alemão francófilo, antigo bolsista em Toulouse, o tenente *(Sonderführer)* Gerhard Heller, presença importante na Paris ocupada e cujo objetivo pessoal – segundo Lottman – era preservar a cultura francesa. Assim, foi editado *O estrangeiro,* de Camus e, certamente, idêntico *imprimatur* não faltou para *A convidada,* de Simone, e *O ser e o nada,* de Sartre, embora Gilbert Joseph afirme

---

119 Sthéphanie Corcy, *La vie culturelle sous l'Occupation.* Paris, Perrin, 2005, p.7. Sobre a Alsácia anexada pelos alemães, ver na p.317: *"la région est soumise à l'autorité du Gauleiter Robert Wagner qui suit à la ligne la double politique préconisée par le Reich: bannir toute influence française et faire de Strasbourg une vitrine de la culture allemande"*. De Herbert Lottman: "[...] *el desmantelamiento* [...] *de la vida cultural y social del país, para lo cual los alemanes en París encontraron aliados en Vichy.* [...] *La Ciudad de la Luz se convirtió en un lugar oscuro y maligno durante cuatro largos años"*, conferir *La caida de Paris,* tradução de Jordi Fibla. Barcelona, Turquets Editores, 1993, p.371-2. Sobre o provincianismo prussiano ver, adiante, a análise de Isaiah Berlin (ver também nota 121). De Thomas Mann, *Ouvintes alemães,* cit., p.56.

que estes jamais mencionaram Heller. Mas Camus, Sartre e Beauvoir são exceções, já que o embaixador Otto Abetz queria manter Paris *a serviço da Alemanha* – e uma coisa é certa, escreveu Lottmann: "nenhuma literatura duradoura saiu das páginas da *Nouvelle revue française* durante a ocupação, nenhuma obra nova que marcasse a história da literatura contemporânea". Apareceram edições clandestinas e engajadas, mobilizando os intelectuais à resistência não violenta contra o ocupante; uma delas realmente extraordinária, *Le silence de la mer,* de Vercors, manteve a identidade do autor (Jean Bruller) como o verdadeiro segredo da guerra, *"le seul vrai secret de la guerre"*, disse Aragon. O país ocupado empobreceu de tal forma que, nessa ocasião, Sartre esteve na Espanha e em Portugal, tendo aí uma impressão incrível de riqueza.[120]

---

120 Gilbert Joseph, *Une si douce occupation.* Paris, Albin Michel, 1991, p.237. *"Le comportement de Camus était partagé par la plupart des auteurs qui se pliaient à la censure allemande en déclarant avec hypocrisie que pour l'honneur des lettres françaises mieux valait publier quelque chose plutôt que rien du tout"*. Quanto à *Lista Otto,* na mesma obra, p.126-7 e 232. Sobre a presença do *Sonderführer* Gerhard Heller, ver Herbert Lottman, *A rive gauche,* tradução de Isaac Piltcher. Rio de Janeiro, Guanabara, 1987, p.253-5. Ainda sobre esse *"protecteur allemand des lettres françaises"*, ver Gilbert Joseph, *Une si douce Occupation,* cit., p.158-9, 235 e 314. *"Le nom de Heller était sur toutes les lèvres et resta dans les mémoires. Sartre et Beauvoir ne le citeront pas une fois"* (idem, p.238). Conforme Sthéphanie Corcy, Sartre e Beauvoir organizaram uma espécie de resistência intelectual (conferir *La vie culturelle sous l'Occupation.* Paris, Perrin, 2005, p.198). Quanto ao embaixador Otto Abetz, os livros de Camus, Beauvoir, Sartre, e a baixa produção da *NRF,* ver Lottman, *A rive gauche,* cit., p.211, 215 e 218. Sobre Vercors (Jean Bruller) e Aragon, ver Sthéphanie Corcy, cit., p.210. Vercors é o nome de uma cordilheira onde

Malgrado o declínio que registram, a França ressurgiria das trevas com a libertação de Paris, em agosto de 1944, e a literatura francesa reconquistaria o seu espaço, ainda que – na análise de Vargas Llosa – a política cultural, às vezes, incida em nacionalismo, dando "sinais manifestos de provincianismo", estabelecendo censuras, cotas obrigatórias e, para fugir dos anglicismos, confinando o idioma em "campos de concentração vigiados por *flics* e *mouchards* disfarçados de lexicólogos"(nota 120).

Bruller convalesceu de uma perna quebrada quando, no início da guerra, servia no Regimento Alpino (conferir Lottman, cit., p.265). *O silêncio do mar* foi aqui traduzido por Vitor Ramos e editado pela Difusão Europeia do Livro, em 1955. Na França ocupada, as *Éditions de minuit* (fundada e inicialmente administrada por Jean Bruller, conferir Lottman, cit., p.265) acabaram publicadas por Yvonne Desvignes e distribuídas por Éluard (conferir Sylvia Beach, *Shakespeare and company*, tradução de Cristiana Serra. Rio de Janeiro, Casa da Palavra, 2004, p.249). A insólita impressão causada em Sartre, quando esteve em Portugal e Espanha, é revelada por ele mesmo na entrevista publicada por Simone de Beauvoir, in *A cerimônia do adeus*, tradução de Rita Braga. Rio de Janeiro, Nova Fronteira, 1982, p.316. Mario Vargas Llosa critica a política cultural francesa ao escrever sobre "A identidade francesa" em *A linguagem da paixão*, cit., p.90-1. O citado texto de René David & John Brierley está em *Major legal systems in the world today*. Londres, The Free Press, Collier-MacMillan Limited, p.8 (*"Juridical nationalism is provincialism, and irreconcilable with a truly scientific spirit; it impoverishes and indeed is dangerous to the development and even the application of a national law")*. Quanto ao nacionalismo econômico, ver *O Estado de S.Paulo* de 07.02.2009, p.A-3. *Recessão* é declínio da atividade econômica. Quando se prolonga de forma acentuada e incontrolada passa a ser *depressão*, como a de 1929.

IV

O *PROVINCIANISMO* SEMPRE se encontrará sob o nacionalismo, ocorra em uma democracia ou em um Estado autocrático, no plano político, econômico ou jurídico. Neste, René David e John Brierley advertiram textualmente que o provincianismo é incompatível com o espírito científico e põe em perigo o desenvolvimento e a aplicação do direito nacional. No plano econômico, o nacionalismo se manifesta, atualmente, no *protecionismo* com tendência a afetar a circulação de capitais, bens e serviços, priorizando os nacionais, contrariando os interesses estrangeiros, comprometendo as perspectivas do crescimento econômico, uma experiência que, na década de 1930, ajudou a transformar a recessão em depressão (nota 120).

Vejamos isso no plano histórico. O historiador Henrique Carneiro relaciona a Guerra dos Trinta Anos (1618-1648) ao pior momento do século XVII (o século barroco), que conduziu a Alemanha a um retrocesso de 200 anos. O tema passa pela análise de Isaiah Berlin do fundamento germânico do *nacionalismo*. Berlin parte do argumento de que as terras alemãs ficaram à margem da grande Renascença europeia ao final do século XVI, marcada por imensa onda de criatividade na França, na Inglaterra, na Espanha e nos Países Baixos. As cidades e os principados alemães eram relativamente *provincianos* e a Guerra dos Trinta Anos aumentou o distanciamento cultural e o sentimento de inferioridade que decorria do desprezo dos vizinhos, gerando "o exagero patológico das próprias virtudes reais ou imaginárias". A partir dos escritos de Herder, no final do século XVIII, pela primeira vez sob a forma de uma coerente *doutrina nacionalista*, os alemães passaram a hostilizar o ocidente, particularmente os franceses, coisa transformada em febre durante a resistência a Napoleão, exemplo que fluiu para as sociedades exploradas e protegidas. Com relação a isso, diz Berlin: os que "não podem se vangloriar de grandes realizações políticas, militares ou econômicas, nem tampouco de uma esplendorosa tradição artística ou intelectual, buscam conforto e força na noção de vida livre e criativa de seu espírito, não corrompida pelos vícios do poder ou do refinamento". O mesmo escritor desenvolve o tema na biografia de Karl Marx, um provinciano de alma cosmopolita que eclodiu nas grandes metrópoles, a partir da capital, Berlim, onde chegou no outono de 1836, com 18 anos, mas que nasceu e cresceu em Trier, provinciana cidadezinha "da velha ordem, intocada pela grande revolução social e econômica que estava mudando o perfil do mundo civilizado". Tal a atmosfera reinante na Prússia, sustentada por uma nobreza rural atrasada que possibilitou a Frederico Guilherme III estancar o desenvolvimento social, criando "uma oficialidade despótica" para isolá-la da contaminação liberal, "induzindo uma atmosfera de desesperançosa estagnação ao lado da qual a França e a Inglaterra durante seus períodos reacionários pareciam liberais e vivas".[121]

---

[121] Henrique Carneiro, "Guerra dos Trinta Anos", em *História das guerras*, organização de Demétrio Magnoli. São Paulo, Contexto, 2006, p.163-4. Isaiah Berlin, *Limites da utopia*, organização de Henry Hardy, tradução de Valter Lellis Siqueira. São Paulo, Companhia das Letras, 1991, p.195-7. Diz que "o pensamento de Herder é dominado por sua convicção de que, entre as necessidades básicas do homem, como alimentação, procriação ou comunicação, também está a de pertencer a um grupo" (ibidem). *"Herder y Fichte pueden ser considerados los padres del nacionalismo cultural alemán"* (Andrés de Blas Guerrero, "El nacionalismo", capítulo IX de *Historia de la teoria política*, compilação de Fernando Vallespín. Madrid, Alianza Editorial, 1991, p.505). Na Guerra dos Trinta Anos (1618-1648), a França obteve a Alsácia e a Lorena, vindo a perdê-las na Guerra Franco-Prussiana (1871) e a reconquistá-las pelo Tratado de Versalhes, ao fim da 1ª Guerra Mundial (guerra de 1914-1918). A última ocupação alemã ocorreu na 2ª Guerra Mundial (guerra de

Como falamos antes nos temperos da guerra (Capítulo 8, II), esse nacionalismo provinciano e xenófobo acaba desaguando na autocracia, no totalitarismo, no militarismo, no belicismo, presente na lupa de Yourcenar a observação de Adriano de que a paz, demasiadas vezes, não é para o exército "senão um período de ociosidade turbulenta entre dois combates" (nota 121), também presente a concepção da guerra como um bem, um fator de aperfeiçoamento social que possibilita, pelo caráter higiênico, o aniquilamento do que é nocivo, ensejando postulados não humanitários, como: "a guerra é o único remédio para os povos doentes" (*"Der Krieg ist für krankende Volker das einzige Heilmittel"*). A falta de compaixão, a frieza, a insensibilidade, revelam o denominador comum de tudo. Nietzsche, que denigre o Estado moderno (Simone Goyard-Fabre), exalta o valor da guerra e vê na compaixão o mal supremo (Julián Marías). Daí para chegarmos a *Eichmann e a banalidade do mal* (Hannah Arendt) resta um pequeno passo. E o que aconteceu uma vez, disse Primo Levi, pode acontecer de novo, sendo esse o ponto principal de tudo que ele tinha a dizer. E tudo começou com o nacionalismo provinciano e xenófobo.[122]

1939-1945), cessando com o término do conflito. Ainda de Isaiah Berlin, conferir *Karl Marx*, tradução de Hélio Pólvora. São Paulo, Siciliano, 1991, p.36-7 e 44. De Adriano ver Margherite Yourcenar, *Memórias de Adriano*, cit., p.123.

122 De Simone Goyard-Fabre ver *Os princípios filosóficos do direito político moderno*, tradução de Irene Paternot. São Paulo, Martins Fontes, 2002, p.426. De Hannah Arendt ver *Eichmann em Jerusalém*. São Paulo, Companhia das Letras, 1999. Ver também *Origens do totalitarismo*. São Paulo, Companhia das Letras, 1989. De Nietzsche *apud* José Pablo Feinmann, *A sombra de Heidegger*, cit., p.111 e 150. Nietzsche exalta o valor da guerra, anota Julián Marías, valoriza "a vida forte, sadia, impulsiva, com vontade de domínio. Isso é o bom, e todo o fraco [...] é mau.

A Alemanha do *III Reich*, quer pelo aspecto nacionalista, quer pelo prisma totalitário, foi provinciana em inúmeros aspectos. Para Thomas Mann, o nazismo foi a expressão mais intolerável da presunção provinciana do germanismo. Mostra-nos Roderick Stackelberg como os nazistas consideraram degenerada a arte não inspirada pelos clássicos *(Entartete Kunst)*, revelando, como já foi dito, aquela tendência provinciana a desconfiar de *modernices*. A literatura devia focar

---

Por isso, a compaixão é o mal supremo", conferir *História da filosofia,* tradução de Claudia Berliner. São Paulo, Martins Fontes, 2004, p.403. De Primo Levi, ver *Os afogados e os sobreviventes (I sommersi e i salvati),* tradução de Luiz Sérgio Henriques. São Paulo, Paz e Terra, 1990, p.124. De Thomas Mann, *Ouvintes alemães,* cit., p.214. De Roderick Stackelberg, ver *A Alemanha de Hitler,* tradução de A. B. Pinheiro de Lemos. Rio de Janeiro, Imago, 2002, p.181, 183, 188-90. De Mario Vargas Llosa, conferir *A verdade das mentiras* (capítulo sobre Gatsby, de Scott Fitzgerald), tradução de Cordelia Magalhães. São Paulo, Arx, 2004, p.85. De Clausewitz, quando se refere à *landsturm*, conferir *Da guerra (Vom Kriege),* tradução de Maria Teresa Ramos. São Paulo, Martins Fontes, 2010, p.669. De Jean Marabini, ver *Berlim no tempo de Hitler,* tradução de Marina Appenzeller. São Paulo, Companhia das Letras, p.214-5. Sobre os intelectuais radicais de Berlim, no século XIX, ver Isaiah Berlin, *Karl Marx,* cit., p.44. Sobre o cosmopolitismo de Berlim, que *"draine toutes les ambitions et toutes les énergies, toutes les richesses et toutes les misères"*, e o semáforo da *Potsdamer Platz,* ver Lionel Richard, *La vie quotidienne sous la République de Weimar.* Paris, Hachette, 1983, p.79-83. Na mesma obra, Richard menciona o brilho superficial que Berlim conservava para encantar os estrangeiros (p.105). Sobre Werner Hegemann e seu livro *A Berlim de pedra,* ver Joseph Roth, *Berlim,* tradução de José Marcos Macedo. São Paulo, Companhia das Letras, 2006, p.107. Sobre as relações entre a arquitetura e a política, ver Vittorio Magnano Lampugnani, na revista *Humboldt,* editada em Bonn, fascículo 79, p.58-9.

o regional *(Heimatliteratur)*, celebrando as virtudes rurais do povo. Os domínios femininos precisavam conter-se no triplo *"k" (Kinder, Kirche und Küche)*, limitando-se às crianças, à igreja e à cozinha. O *III Reich* premiava as mulheres pelos filhos que tinham e reduziu a 10% a quota feminina nas universidades (nota 122).

A única metrópole alemã absolutamente cosmopolita *(Weltstadt)* era Berlim, lampejo que manteve o brilho superficial dos anos dourados (assim chamaram a década de 1920, em Berlim), apenas para encantar os estrangeiros, como disse Lionel Richard. Esses anos talvez cintilassem em sua ambiguidade. Foram o espelho do desastre da guerra de trincheiras e do gás-mostarda, o prenúncio do nazismo e de milhões de mortos. Em parte equivalem aos anos loucos de Paris, hoje enterrados nos cemitérios de Montparnasse e de Père Lachaise, e à era dos *gangsters* em Chicago, que desaguou na depressão. Foram, como diz Llosa, anos de uma "festa de disfarces", ocultando "monstros e horrores". No conflito seguinte, Berlim conservou a alma cosmopolita; não a vendeu para o *III Reich*. Não tinha queda pelo provincianismo. Não obstante, seguiu o destino do *Reich*. Nas últimas semanas, os russos combatiam dentro da cidade, enfrentando o que restava da *Wehrmacht*, além dos velhos e crianças integrantes da *Volkssturm*, uma fracassada inspiração da *Landsturm* referida por Clausewitz (nota 122). A *Potsdamer Platz* transformara-se em ruína, Tiergarten era um campo de batalha e a *Gestapo* enforcava berlinenses como traidores, por exibirem a bandeira branca (J. Marabini, nota 122), e até para exemplificar o fanatismo final de ser a morte preferível ao domínio vermelho *(Lieber tod als rot)*. Em Berlim, sempre houve quem objetasse à barbárie. Pelo menos desde o século XIX, tornando-se aquela capital o lugar de encontro dos intelectuais radicais que se opunham à burocracia prussiana (Isaiah Berlin), entre os berlinenses achavam-se humanistas, democratas, liberais e cosmopolitas; também os *bolcheviques*. Muito antes de Hitler, na referida década de 1920, Berlim drena todas as ambições e todas as energias, escreve Lionel Richard, todas as riquezas e todas as misérias, elevando-se ao nível de uma cidade internacional, e foi a primeira a instalar um semáforo, que iluminou a *Potsdamer Platz* antes de ser adotado em todas as grandes cidades da Europa. Nenhuma outra cidade alemã pode tirar-lhe o primeiro lugar (*plus aucune autre cité allemande ne peut lui ravir le premier rang*) (nota 122). Já Berlim oriental, ao tempo da Guerra Fria e mesmo com importantes faces restauradas (*Pergamon Museum, Altes Museum, Rotes Rathaus, Deutsche Staatsoper, Alte Bibliothek am Bebelplatz, Humboldt-Universität,* etc.), tornou-se apagada e provinciana. Só voltou a brilhar com a queda do muro, com a reunificação do país, com o fim da escuridão do leste, com os novos edifícios de vidro, onde cabem, substituindo as velhas estruturas de pedra do fascismo e da intolerância e, antes, como disse Werner Hegemann, do "absolutismo e da corrupção". Daí, com a nova cúpula de vidro do *Reichstag,* na *Platz der Republik,* a objeção teórica de utilizar a pedra na reconstrução do centro histórico de Berlim, conforme já dissera Lampugnani, estudando as relações entre a arquitetura e a política (nota 122).

A literatura também reflete a desarmonia entre Berlim cosmopolita e a Alemanha provinciana do *III Reich.* Rainer Minder, um camisa-parda amigo de Dieter Müller e de Heidegger, revela a sua repugnância pelo cosmopolitismo decadente de Berlim e volta feliz a Marburg, para aprender com os homens da província e com a alma dos camponeses alemães.[123]

---

[123] Conferir José Pablo Feinmann, *A sombra de Heidegger,* cit., p.19-22. De Colin Jones, ver *Paris: biografia de uma cidade,* tradução de J. Carlos Volcato e Henrique Guerra. Porto Alegre, L&PM Editores, 2009, p.439. Ver também Renzo de Felice, *Explicar o fascismo (Le Interpretazioni del Fascismo"),* tradução de Carlos

Na França ocupada, o regime fascista de Vichy também foi provinciano, diz Colin Jones. O *slogan* do trabalho, família e pátria endossava os valores do campo e não os da cidade moderna. "Na escala

---

Veiga Ferreira. Lisboa, Edições 70, p.278-93. Sobre as ideias caricatas de Oswald de Andrade, ver MARIA DE LOURDES MONACO JANOTTI, *Sociedade e política na primeira república*, cit., p.93. De RAÚL RIVERO, ver "Na ilha, os silêncios finais de uma ditadura pessoal", no *O Estado de S.Paulo* de 09.08.2006, p.A-20. De SÉRGIO BUARQUE DE HOLLANDA, ver *Raízes do Brasil*, 26ª edição. São Paulo, Companhia das Letras, 2001, p.187. Do CONDE AFONSO CELSO interessa mencionar *Por que me ufano de meu País*, um livro apologético do Brasil, escrito para contrabalançar o desânimo generalizado que aflorou no país com o despotismo e os deslizes éticos da República. Quanto aos alemães desconfiarem dos camisas-verdes, ver SÉRGIO CORRÊA DA COSTA, *Crônica de uma guerra secreta*. Rio de Janeiro, Record, 2004, p.25 e 123. De JÜRGEN HABERMAS a ponderação de que o adjetivo *moderno* só recebeu a atual roupagem substantiva *(modernidade)* em meados do século XIX, no domínio das belas-artes, ligando-se ao significado estético da arte de vanguarda, conferir *O discurso filosófico da modernidade*, cit., p.13-4. Vide nota 85. De MARTA ROSSETTI BATISTA, ver *Anita Malfatti no tempo e no espaço*. São Paulo, IBM, 1986, p.11. Na edição de 2006 (34 e Edusp), p.47. ANTONIO GONÇALVES FILHO escreveu "Pinacoteca expõe gigantismo de De Fiori", no *O Estado de S.Paulo*, caderno 2, de 20.10.1997, p.D-7. BORIS FAUSTO e a imagem de Capanema como defensor da livre expressão artística, no livro *Getúlio Vargas*. São Paulo, Companhia das Letras, 2006, p.120. Quanto à *literatura francesa no Brasil durante a II Guerra Mundial*, ver estudo de UBIRATAN MACHADO na *Revista brasileira* da Academia Brasileira de Letras, fase VII, n. 43, abril-junho de 2005, p.247. Antes disso, na Paris de 1910 publicaram *Canaã*, de Graça Aranha, e uma seleção de contos de Machado de Assis. Em 1913, Coelho Neto foi traduzido na Alemanha (conferir BRITO BROCA, *A vida literária no Brasil: 1900*, 4ª edição. São Paulo, José Olympio, 2005, p.333, 335 e 337).

de valores do regime de Vichy, o camponês valia mais do que o proletário – e certamente mais do que o parisiense" (nota 123).

O nazi-fascismo teve esse caráter *provinciano* ligado à base social, um dos elementos históricos pinçados por Renzo de Felice na sua "interpretação do fascismo". Os mais ardentes defensores do totalitarismo estavam na pequena burguesia urbana e rural, encontrando-se vinculada a mitos pequeno-burgueses, como, na Alemanha, "a superioridade da raça ariana" e, na Itália, "os direitos que a nação proletária e jovem" tinha sobre "as nações plutocráticas e velhas". A alta burguesia nunca aceitou completamente o fascismo, anota Renzo de Felice. É dele esse registro:

> Será que a classe capitalista e os *Junker* se tinham tornado fascistas? De maneira alguma. No fundo, desprezavam o 'pintor de paredes'... e o movimento absolutamente plebeu [...] apoiado por pequenos burgueses, camponeses [...] pensaram poder servir-se do movimento nacional-socialista para vencer a influência da social-democracia e dos sindicatos; para quebrar a resistência da classe operária contra a diminuição dos salários, contra o desmantelamento da legislação que protegia o trabalho e dos seguros sociais, contra a política de deflação de uma ditadura do capital e da grande propriedade fundiária. (Idem, p.297-8.)

Se a alta burguesia não engoliu o fascismo, menos ainda o aceitaria a nobreza. Aliás, é sintomático que um dos mentores e executor do último atentado contra Hitler tenha sido o Conde von Stauffenberg, coronel da *Wehrmacht* e descendente da aristocracia prussiana.

V

Entre nós, pelo foco do *provincianismo* matuto, Oswald de Andrade sustentava ideias caricatas sobre a sociedade tradicional paulista, criticava a sua burguesia ignorante e alcunhava os integralistas de Plínio Salgado de *fascistas caipiras*. Raúl Rivero, jornalista cubano, usa o mesmo foco quando nos leva a ouvir os silêncios do *comunismo caboclo* e, ainda no confronto do fascismo, Sérgio Buarque de Holanda também viu o nosso integralismo pelo lado caricato, dizendo que ele substituía a truculência pela neurastenia (nota 123).

Não no sentido de vida acanhada ou de horizontes limitados do analfabeto, mas em sentido abrangente da burguesia urbana e rural, que reúne desde o iletrado ao detentor de cultura ilustre, desde o estulto ao inteligente, provincianismo no Brasil é endemia dominante no tempo e no espaço.

Tivemos a mais exorbitante incivilidade do período colonial, o mais baixo nível de cultura depois da era pombalina, já com D. Maria, a louca, proibindo-nos o ensino primário (nota 12). Com a chegada da corte portuguesa, no século XIX, fomos surpreendidos por um verniz cultural quase suburbano, às vezes menosprezado no velho continente, ainda que representasse para nós um enorme avanço em relação à Colônia. A República não passou do truque de uma oligarquia voltada para a preservação dos seus próprios interesses. Já mandava no Império e continuou prevalecendo na República. Vivemos o ufanismo e o nacionalismo nativista de forma imoderada. Que o digam – cada qual no seu plano de existência – o Conde Afonso Celso (nota 123) e o Policarpo Quaresma! Embora os alemães desconfiassem (Sérgio Corrêa da Costa, nota 123), com certa corrente do pensamento integralista tentamos o fascismo dos camisas-verdes, um arremedo dos camisas-pardas da Alemanha nazista e dos camisas-negras da Itália fascista, experiência que, na origem, foi provinciana, sustentada, principalmente, pela pequena burguesia urbana e rural (Renzo de Felice). Na segunda República, já se nota a decadência cultural que, no campo da música, é lamentada por Manuel Bandeira, comparando a recepção exaltada de Carlos Gomes, em 1880, e o descaso do novo regime na chegada do maestro Villa-Lobos ao Rio de Janeiro, em 1930, cujos concertos – diga-se – estiveram às moscas (*Crônicas da província do Brasil*, cit., p.87-91).

Já havíamos ultrapassado a Semana de Arte Moderna, a semana de um modernismo atrasado, quando a arte de vanguarda é fenômeno europeu do século XIX (Habermas, nota 123), e quando Marta Rossetti Batista nos mostra que, entre 1910 e 1914, Anita Malfatti já havia absorvido a nova arte, trazendo-a da Alemanha. Em pleno Estado Novo, passados mais de 15 anos da Semana de 1922, "os formadores de opinião no Brasil praticamente ignoravam a arte contemporânea", escreveu Antonio Gonçalves Filho. E menciona o que, a seu ver, é um episódio caipira do Brasil de 1938: o Ministério da Educação, ao tempo de Capanema, encomendou e depois rejeitou as esculturas de De Fiori, escultor de prestígio que esteve no Brasil de 1936 até a sua morte, em 1945 (nota 123). Se o governo as encomendou é porque não havia restrição. E se, apesar da encomenda, rejeitou a obra de um artista que nem era um revolucionário, é porque não passávamos de uma *República Provincial!* Um capítulo mocorongo da História e escrito pelo ministro Capanema, um defensor da livre expressão nas artes, mas também do autoritarismo, como bem anotou Boris Fausto (nota 123). Muito antes do Estado Novo, em uma crônica de 1921, Sérgio Buarque de Hollanda já defendia a "liberdade estética" e a "fantasia ilimitada" como programa da arte moderna ("O gênio do século", em *O espírito e a letra*, vol. 1, p.112), o que também, por certo, não imporia a aceitação de tudo. O ilimitado tem limites. Há coisas capazes de chocar os espíritos mais abertos, como a produzida pela angústia da Guerra de 1914, uma revolta intelectual anterior ao surrealismo, conhecida como dadaísmo, carregando o evidente propósito do escárnio e que, para maior repugnância do público, chegava a utilizar detritos (*Dicionário da pintura moderna*. São Paulo, Edimax, 1967, p.79-80).

Depois, na mesma toada da província (como em 2009 se vê em Honduras), vieram as manifestações do militarismo latino-americano, os golpes de Estado que se denominam *revoluções* e os governos ditatoriais em que afloram, no decorrer do século XX, episódios de incultura, de confronto ideológico e de luta armada, alguns como reflexo doméstico da Guerra Fria, incidentes cercados da atividade censória da polícia política do Estado, da supressão de direitos, de restrições à atividade judiciária, de prisões, exílios, torturas, mortes, desaparecimentos e – ainda especulam, como na versão cinematográfica de Zuzu Angel – experiências tropicais da *banalidade do mal*. Não há exagero, até na medida em que inúmeros criminosos de guerra (conflito de 1939-1945) andaram escondidos aqui e em outros países da América do Sul, demonstrando a contemporização de muitos relativamente aos crimes que foram cometidos (os mesmos que circundam a história de qualquer ditadura), complacência que deita raízes naquela herança autocrática já referida (Capítulo 1). Escrevendo sobre democracia e autoritarismo na América Latina, Maria Ligia Coelho Prado lembra que até o Chile, país "onde não existiram caudilhos e que nao tinha uma tradição de golpes, foi sacudido em 1973 por um dos mais repressores regimes ditatoriais" (*A história na política, a política na história*. Alameda, 2006, p.35). De minha parte, já havia deixado a explicação desse fenômeno *sob o feixe dos lictores*, sustentando que a marcha sobre Roma jamais capitulou na *Piazzale Loreto* de Milão, mas prosseguiu sobre a mesma Europa incandescida, com as áreas calcinadas em novo processo de ocupação, e atravessou os mares, lançando raízes no que será conhecido, algum dia, como o século do fascismo (*Revista de jurisprudência escolhida* do I TACivSP, vol.2, p.21).

Ainda em um ranço de provincianismo suburbano, tivemos a xenofobia com relação a imigrantes estrangeiros e migrantes internos. Pode ter sido menos aviltante que a rejeição notada em outros países, talvez em razão de nossa cordialidade imanente, circunstância que, para Sérgio Buarque de Hollanda, resulta de virtudes gabadas "por estrangeiros que nos visitam", ainda que não se deva confundir tal simpatia com civilidade e polidez, como ele mesmo adverte. "Nossa forma ordinária de convívio social é, no fundo, justamente o contrário da polidez" (*Raízes do Brasil*, cit. p.146-7). Exagerando um pouco (um costume provinciano), o biltre, o cafajeste e o cabra-da-peste podem ser cordiais. E, a bem da verdade, há pessoas encantadoras que nos confundem. Na literatura, Erico Verissimo expõe a revolta de um diplomata brasileiro, em Washington, inconformado com o que somos, uns corações de ouro que inventam anedotas e que, por simpatia, elegem desonestos, não ligam para o cumprimento das leis e se acostumam com a miséria de grande parte da população (*O Senhor Embaixador*, 2ª edição, p.386-7; ed.2009, p.408-9). Entrevistado por Laura Greenhalgh, Gilles Lapouge até mesmo destaca, no meio disso, o nosso racismo, dizendo que o mito do país cordial é capaz de camuflar relações ferozes e brutais. Para Lapouge, "a burguesia brasileira, afável no trato, cria obstáculos a que a verdade social possa emergir" (*O Estado de S.Paulo* de 12.07.2009, p.D-6).

Mas, por outro lado, mantivemos a cultura universal nos centros metropolitanos, a cultura cosmopolita que, em plena guerra, na década de 1940 – como revela Ubiratan Machado – sustentou, por meio do Canadá, a importação de textos da literatura francesa, editou aqui mesmo algumas obras em francês e verteu para o francês livros clássicos da literatura brasileira, como *Mémoires d'Outre-Tombe de Braz Cubas* (Machado de Assis) e *Mémoires d'un Sargent de la Milice* (Manuel Antônio de Almeida) (nota 123). Não parou aí. Quando, no final do século XX, o Brasil começou a ter no exterior uma presença política marcante, os livros de Jorge Amado há muito andavam por lá!

10
O POSITIVISMO TROPICAL, O CAIPIRA PAULISTA E O AGUÇADO JECA

I

No Brasil, é preciso grifar que, antes de confundir a República, o positivismo fustigou os bacharéis. Diz José Murilo de Carvalho que a ideologia foi "antibacharelesca", voltada contra uma elite "quase toda formada de advogados e juristas". Não é de estranhar que a Faculdade de Direito de São Paulo lhe barrasse as portas, nem que as nossas reformas judiciárias ainda se projetem impregnadas dessa aversão pela obra dos juristas que se opõem ao centralismo e, como Rui, insistem no regime federal. Hamilton e não Comte!

Também resultou caboclo esse positivismo tropical bem recusado na Europa, que aqui exaltou a ditadura republicana e fincou os epicentros na Escola Politécnica e na Escola Militar, engrossando as hostes republicanas na segunda metade do século XIX. A rejeição europeia foi ampla. Escreveu Tumánov que o positivismo foi atacado pelos mesmos rivais do fascismo e do marxismo (fascistas e marxistas também o contestaram), havendo destarte quem admita no Estado forte uma consequência natural do positivismo, como Ernest von Hippel, que proclamou o nazismo como o último fruto do positivismo. Aceito aqui desde a República, o positivismo representa uma ideia que ainda respira. O lema *ordem e progresso*, que era a divisa de Comte *(ordre et progrès)*, permanece em nossa bandeira; a centralização do poder e da administração (o oposto daquilo que Tocqueville considerava essencial) é um assunto que não sai de pauta, passando pelo Estado Novo, pelo regime militar de 1964 e sobrevivendo à redemocratização de 1988. Repetindo os temas da reforma de 1979, a reforma judiciária de 2004 é a prova cabal dessa influência centrípeta (nota 113). Temos a inclinação histórica (a história registra isso em diversas épocas) de legislar por decretos, por decretos-lei, por medidas provisórias, o que aprendemos com Augusto Comte. Para ele, o Legislativo era uma bobagem, devendo limitar-se a uma reunião a cada três anos, para aprovar o orçamento. Além disso, as distinções entre leis e decretos não passavam de "sutilezas inúteis de legistas metafísicos" (execrando os ingleses). Vianna Moog disse que a "majestosa concepção de Augusto Comte" cairia por terra e, passada a sua hora, "logo chegaria a de Karl Marx".[124] Foi assim na Europa, não

---

[124] Sobre o positivismo antibacharelesco, ver José Murilo de Carvalho, *Cidadania no Brasil.* Rio de Janeiro, Civilização Brasileira, 2004, p.97. Quanto aos antagonistas europeus do positivismo, conferir Vladímir Tumánov, *O pensamento jurídico burguês contemporâneo,* tradução de Palmeiro Gonçalves. Lisboa, Caminho, 1984, p.156-8. Aqui se acha a proclamação de Ernest von Hippel (p.158). Sobre a divergência de Tocqueville e Comte a respeito do centralismo, ver Raymond Aron, *As etapas do pensamento sociológico,* tradução de Sérgio Bath. São Paulo, Martins Fontes, 2002, p.401. No original, *Les étapes de la pensée sociologique.* Paris, Gallimard, 1967, p.279. Sobre a inutilidade do Legislativo e a legislação por decreto, ver Aron, ob.cit., p.397 e 400. No original, *Les étapes [...],* cit., p.276 e 278. De Vianna Moog, ver *Bandeirantes e pioneiros,* 17ª edição. Rio de Janeiro, Civilização Brasileira, 1989, p.43. Sobre o positivismo de Getúlio Vargas, cito Alfredo Bosi, *Dialética da colonização,* São Paulo, Companhia das Letras, 2005, p.388, e Gilberto de Mello Kujawski, *Idéia do Brasil,* São Paulo, Senac, 2001, p.147. Sobre a retórica da *ditadura republicana,* ver Antonio Paim, *Momentos decisivos da História do Brasil.* São Paulo, Martins Fontes, 2000, p.242-3. Sobre a origem política de Vargas, ver Boris Fausto, *Getúlio Vargas.* São Paulo, Companhia das Letras, 2006, p.24-5, 27 e 33. A análise de Raymond

aqui. As manifestações republicanas do nosso espírito autocrático foram consequências naturais do positivismo.

"Quando, em 1930, os líderes republicanos do Sul conquistaram o poder federal na esteira de um movimento nacional liderado por Getúlio Vargas, os mesmos ideais de industrialização e controle central encontraram maior espaço para se concretizarem" (A. Bosi). E emergindo "do fundo dos pampas" (G. M. Kujawski), Getúlio "era

---

Aron (da inclinação autoritária de Augusto Comte) está em *As etapas do pensamento sociológico*, cit., p.396-8. No original, *Les étapes* [...], cit., p.276-7. De José Murilo de Carvalho, ver *Forças Armadas e política no Brasil*. Rio de Janeiro, Zahar, 2005, p.17, 19, 21, 61, 76-7. Na Segunda Guerra Mundial, a Força Expedicionária Brasileira (FEB) não teve um perfil muito diferente do que foi descrito. Tobias Barreto considerava o positivismo repugnante pelo seu caráter de *seita*, de dogmática, que é um processo de encurtamento e atrofia cerebral; conferir *Questões vigentes*, p.274, *apud* Antonio Paim, "A obra filosófica e a evolução de Tobias Barreto", na *Revista do livro* do INL, vol.14 (junho de 1959), p.47. Sobre o abandono do positivismo a partir de Rudolf Stammler, ver Karl Larenz, *Metodologia da ciência do direito*, tradução de José de Souza Brito e José António Veloso. Lisboa, Gulbenkian, p.98. O direito alemão tentou ir além disso. Na metade do século passado, sem obter sucesso, Ernest von Hippel objetou ao mandamento da vinculação do juiz à lei, considerando-o um retrocesso ao positivismo condenado pela História (*"Die Rechtssprechende Gewalt und das Richtergesetz"*, in *Juristenzeitung*, 1956, 1/2, *apud* Vladímir Tumánov, *O pensamento jurídico burguês contemporâneo*, cit., p.119). E embora contrariado por Carl Schmitt (adepto do *III Reich*), o mesmo jurista proclamou ser o nazismo o último fruto do positivismo (*apud* Tumánov, cit., p.158). De Ricardo Vélez Rodriguez, conferir "Cultura francesa e instituições brasileiras", *O Estado de S.Paulo* de 12.06.2009, p.A-2. De Sergio Miceli, ver *Intelectuais à brasileira*. São Paulo, Companhia das Letras, 2001, p.39-41.

um estadista de ferro, de formação positivista, treinado nas manobras frias e atrevidas da política gaúcha, castilhista" (nota 124).

Ainda que a era Vargas não conservasse a retórica da *ditadura republicana* (aqui pregada por Benjamin Constant), coisa já desaparecida, disse Antonio Paim (nota 124), Boris Fausto registra que foi com o apoio de Borges de Medeiros, sucessor de Júlio de Castilhos, que Getúlio Vargas elegeu-se para a Assembleia dos Representantes, em 1917, onde se destacou pela defesa do governo gaúcho, o mesmo apoio que, em 1927, levou Getúlio a candidatar-se à presidência do Rio Grande do Sul (nota 124). Por isso, sob todos os prismas, inclusive o da origem política de Getúlio, aquilo que os revolucionários trouxeram do Rio Grande do Sul, em 1930, e que o ditador enfatizou em 1937 (principalmente a Constituição do Estado Novo), era o regime autoritário e centrípeto dos positivistas e castilhistas, que chegou à desconsideração e mesmo ao insulto de queimar as bandeiras dos Estados. E com a instalação do regime militar de 1964, igualmente centralizado, deixaríamos de votar nos governadores e nos prefeitos das capitais dos Estados.

Não vigora entre nós a *República de Comte*, mas o nosso regime federativo constitucional e até a nossa democracia, de tão tenra idade, são vítimas permanentes do positivismo republicano autoritário e centralizador que Augusto Comte nos legou e que assimilamos em uma perspectiva provinciana, que é precisamente a nossa. Assim padeceram com Floriano, com Getúlio, com o regime e o sistema castrense de 1964. Foram calcados aos pés pelo positivismo e ainda suportam os seus dividendos políticos. Foi a versão de cientificismo caboclo – diz Ricardo Vélez Rodriguez – que vingou no ciclo getuliano e se prolongou na engenharia política do ciclo militar (nota 124).

Para confirmar a inclinação ditatorial e a força centrípeta de Comte (não sendo outras as coisas que se criticam no positivismo brasileiro), basta seguir a análise de Aron da posição assumida por Comte na Revolução de 1848, que instaurou a Segunda República, logo transformada no Segundo Império de Napoleão III. Comte se regozija pela destruição das instituições representativas e liberais que, para ele, "estavam associadas ao espírito metafísico, crítico e anarquizante, ligadas também às particularidades da evolução da Inglaterra", considerando um erro fundamental a introdução de instituições inglesas na França. Demonstra-se favorável à centralização "que lhe parece refletir a lei da história da França" e, finalmente, satisfaz-se "com a supressão do parlamento francês em benefício do que chama de ditadura temporária", alegrando-se com o fato de Napoleão III liquidar "o que Marx teria denominado cretinismo parlamentar" (nota 124).

Mas voltando à cronologia de Viana Moog, foi na Europa que o comunismo chegou e, passado algum tempo, sucumbiu. Foi lá que, antes da queda do muro de Berlim, o nazi-fascismo já havia desabado. Ainda antes disso, no início do século XX, com Rudolf Stammler, a filosofia do direito abandonava o positivismo. Portanto, nos campos teóricos e práticos, os exemplos desapareceram, sendo em razão deles que se pode indagar: frente a tal ruína do positivismo (rejeição europeia, esfacelamento do nazismo e os destroços do socialismo científico), e exceto pela utilidade prática do princípio da legalidade e suas consequências no mundo jurídico, como a regra de vinculação do juiz à lei (nota 124), o que ainda justifica, no plano político brasileiro, a persistência das ideias dessa bússola senil?

No plano dos fatos, pode-se dizer que respondeu pela doutrina o perfil socioeconômico dos militares. Extrai-se do texto de José Murilo de Carvalho que, com exceção da Marinha do período monárquico, em que um pequeno quadro de oficiais constantemente no exterior contribuiu para preservar, naquela época, um recrutamento elitista, o Exército, mesmo no Império (quando os títulos de nobreza da oficialidade perdiam significado), recrutava predominantemente nas classes pobres. O historiador aponta "a quase totalidade dos líderes tenentistas", mas não deixa de considerar o positivismo dos militares como indicativo de tendências burguesas. Alguns tenentes pertenciam à classe média. Sergio Miceli os retrata, mesmo os de origem oligárquica, como integrantes de famílias em declínio e de proles numerosas. Observada aquela preponderância, é certo que o Exército acabou arregimentando em níveis altos, principalmente por meio do Centro de Preparação de Oficiais da Reserva (CPOR), uma circunstância mais recente (nota 124).

Já no plano teórico, Miguel Reale qualificou de *desastrada* a importância política dessa doutrina de Comte, que desaguou no fortalecimento do Executivo e em um Legislativo fraco, sem a projeção que conserva nos Estados Unidos. Embora a Faculdade de Direito de São Paulo recusasse essa influência, no resto do país teve adeptos poderosos. O prof. Reale mencionava o *castilhismo*, de Júlio de Castilhos, e a longa permanência de Borges de Medeiros no governo gaúcho; o Estado Novo, em 1937; o fechamento do Congresso para início da reforma judiciária, em 1977; e o presidencialismo imperial e legífero das medidas provisórias, que permanece entre nós como último resquício dessa perniciosa tradição.[125]

---

125 Miguel Reale, "O positivismo na cultura brasileira", no *O Estado de S.Paulo*, 24.11.2001, p.A-2. De Rui Barbosa, ver crítica da centralização administrativa (*Obras completas*, vol. XIV, tomo VI, p.183; ver também Luiz Rezende de Andrade Ribeiro, *Dicionário de conceitos e pensamentos de Rui Barbosa*. São Paulo, Edart, 1967, § 288, p.87). De Miriam Dolhnikoff, conferir *O pacto imperial*. São Paulo, Globo, 2005, p.14. "As elites provinciais tiveram papel decisivo na construção do novo Estado e na definição de sua natureza. Participaram ativamente das decisões políticas, fosse na sua província, fosse no governo central. E ao fazê-lo, constituíram-se como elites políticas. Tal arranjo foi implementado a partir das reformas liberais da década de 1830, especialmente o Ato Adicional de 1834, e

Creio que são fragmentos vigentes do nosso positivismo, além das medidas provisórias, o octópode voraz do centralismo e o menosprezo à Federação, insensatez que fica na contramão das nossas liberdades democráticas e que Rui Barbosa considerava uma coisa de inspiração absolutista. A República brasileira só se livrou desse desatino no período de 1946 a 1964. Daí a lembrança do Império, que não se deve descartar, tal o exemplo que ainda nos fornece. A unidade do Brasil Imperial, reflexo da cultura centrípeta lusitana (adequada ao seu pequeno território, comparado ao do Brasil), não decorreu, como se pensa, da neutralização das elites provinciais, mas, sim, como afirmou Miriam Dolhnikoff, de um arranjo institucional de acomodação desses interesses (os interesses locais). A divisão de competências já era uma realidade, as províncias tinham certa autonomia, administravam uma força policial e, ao mesmo tempo, participavam do governo central pelos seus representantes na Câmara dos Deputados. Vejam a análise de Pimenta Bueno sobre o que ele mesmo considerava justa e política disciplina das Assembleias Provinciais:

---

permaneceu em vigor mesmo depois da revisão conservadora da década de 1840, que não eliminou os fundamentos do perfil institucional estabelecido a partir da abdicação de D. Pedro I, em 1831". Em suma, estaria certo William Riker (*Federalism*) ao dizer que "o Ato Adicional de 1834 organizou a monarquia de acordo com o modelo federativo" (*apud* Miriam Dolhnikoff, ob.cit., p.287. Conferir na p.297-8, os temas da divisão de competências, da autonomia e da força policial). Ver também Pimenta Bueno, *Direito público brasileiro e análise da constituição do Império*, organizado por Eduardo Kugelmas com o título de *Marquês de São Vicente*. São Paulo, 34, 2002, p.232-3. De Sílvio Romero, ver *Parlamentarismo e presidencialismo na República Brasileira*, 1893, p.23, *apud* Waldemar Ferreira, *História do direito constitucional brasileiro*. São Paulo, Max Limonad, 1954, p.110-1.

> Todos os interesses graves ou que, por sua natureza, podem afetar a nação, demandar sua ação imediata, a uniformidade nacional como indispensável à observância de princípios políticos gerais, todos eles devem ser centralizados sob o impulso dos poderes gerais. [...] Tudo, porém, que por sua natureza ou gravidade não entrar nessa classe, ou antes tudo aquilo que afetar só o bem-ser provincial ou local, deve pertencer aos especialmente interessados nesse bem-ser (nota 125).

Isso demonstra que, no Brasil, todo arranjo puramente centralizador (muitos existiram e continuam ocorrendo, como as reformas judiciárias de 1979 e 2004) esbarra em uma vocação nacional federativa que antecede a República e acaba se impondo, de uma forma ou de outra. A República institucionalizou a Federação, criou a Justiça dos Estados e fortaleceu a autonomia local. Mas, embora nem sempre hígido, o espírito federativo já existia. É um espírito desconfiado de autocratas, de burocratas, de governos centrais fortes. A união dos brasileiros para expulsar os holandeses (século XVII) foi, por assim dizer, a primeira manifestação de um patriotismo nacional, anteriormente inexistente. O nosso patriotismo era, até então, um sentimento regional (de espírito federativo, portanto). Mais tarde, Sílvio Romero considerou o nosso presidencialismo algo "suspeito à democracia", tal a influência (centrípeta e ditatorial) do positivismo (nota 125). Em todas as épocas da nossa história, os interesses locais representam um fato. E contra os fatos, não há argumentos. Eles são mais fortes que as palavras (*facta potentiora sunt verbis*).

As ondas sísmicas de Comte não alcançaram em todos os lugares o mesmo prestígio. Na França, tiveram uma influência *limitada*, escreveu Jean Touchard, deixando expresso que, mais do que a França, a doutrina influenciou o Brasil.[126] E registra Alfredo Bosi que o positivismo, na verdade, teve "baixa cotação entre os estudiosos das ciências humanas". "Antropólogos, historiadores, críticos literários e pensadores das mais variadas tendências" repeliram os métodos positivistas... de um pensador que foi "rejeitado, desde Bergson, por filósofos prestigiosos do século XX". Carlos Guilherme Mota exemplifica isso com Sampaio Bruno, crítico da doutrina de Comte que adotamos, pela barreira que representou ao avanço do conhecimento e da pesquisa no Brasil, pelos descalabros autoritários que a nossa República gerou.[127]

Disse Flavio Flores da Cunha Bierrembach que, "em termos de ideias filosóficas, o positivismo foi o pensamento que mais se estabeleceu no Brasil". O positivismo sobreviveu aqui. Paulo Perdigão diz que teve "influência nos países de menor tradição cultural, expandindo-se na América do Sul e, sobretudo, no Brasil". Entre nós até os dias que correm, demonstrando o forte alimento ministrado ao referido exotismo por matemáticos e militares (como Benjamin Constant) e por políticos brasileiros históricos. Por literatos também. No início da vida intelectual, Euclides da Cunha é assombrado

---

126 Jean Touchard, *Histoire des idées politiques*, tomo 2. Paris, Puf, 1993, p.670, como está na nota 74.

127 Alfredo Bosi, "O positivismo no Brasil: uma ideologia de longa duração", *Revista brasileira* da Academia Brasileira de Letras, n. 43. Argumenta sobre o desprestígio intelectual do positivismo, sobre a forma republicana que se impunha como regime próprio à nova era científica e industrial e sobre a Escola Politécnica e a Escola Militar como epicentros do nosso positivismo (p.157, 172 e 174). De Carlos Guilherme Mota sobre Sampaio Bruno, ver *História e contra-história*. São Paulo, Globo, 2010, p.100-1.

pelo positivismo da Escola Militar (A. Bosi). Em todo o curso do século XX, esse pensamento atormentou a nossa vida democrática, a despeito de pensadores lúcidos, como Sérgio Buarque de Hollanda, que chegou a ventilar o paradoxo dos positivistas serem negativos, não inspirando "qualquer sentido construtivo, positivo" aos negócios públicos, a partir de um Benjamin Constant que manifestava "nojo de nossa política".[128]

É certo que o sucesso de tal empreitada no Brasil deve-se tanto à combinação da filosofia com o perfil autocrático da República (coisa que não produz exclamação, já que Constant, o pregador, era partidário da ditadura republicana), quanto à associação de pessoas limitadas pelos horizontes provincianos e "de menor tradição cultural", como foi dito. Afinal, expulsa a monarquia e, em seu bojo, o melhor que havia no Brasil de civilidade, é o espectro da província e a alma de um arraial do sertão que, diante de aglomerações de um "povo bestificado" (como dizem alguns historiadores, empregando imagem de Aristides Lobo), passam a inspirar e a reger a nossa vida republicana, desde o início. Transmitir ao monarca a notícia de sua destituição e banimento por meio de oficiais estafetas, o Major Sólon à frente, o mesmo que, dois dias antes, precipitara o movimento militar, inventando e espalhando boatos de que o governo imperial ordenara a prisão do Marechal Deodoro e de Benjamin Constant; marcar as

---

[128] Flavio Flores da Cunha Bierrembach, *Dois séculos de justiça.* Lettera. São Paulo, doc, 2010, p.132. Paulo Perdigão, *Existência e liberdade.* Porto Alegre, L&PM, 1995, nota na p.267. De Sérgio Buarque de Hollanda, ver *Raízes do Brasil.* São Paulo, Companhia das Letras, 2001, p.159. Sobre o positivismo de Euclides da Cunha, ver Alfredo Bosi, *História concisa da literatura brasileira.* São Paulo, Cultrix, p.307, nota 244.

exéquias de D. Pedro II, na Europa, com a absoluta ausência da República brasileira[129] e impedir, anos mais tarde, o desembarque momentâneo de D. Luiz, que não veio restaurar a Monarquia no Cais Pharoux, como disseram, e apenas passava pelo Brasil como turista ao tempo de Afonso Pena,[130] são gestos reveladores de quem nada

---

[129] Sobre Benjamin Constant, que pregava a ditadura republicana, ver ANTONIO PAIM, *Momentos decisivos da História do Brasil*. São Paulo, Martins Fontes, 2000, p.207. Sobre a transmissão da notícia do banimento ao Imperador, ver LILIA MORITZ SCHWARCZ, *As barbas do Imperador*. São Paulo, Companhia das Letras, 1998, p.459 e 461. Sobre a participação do major Sólon nesse episódio, ver JOSÉ MURILO DE CARVALHO, *D. Pedro II*. São Paulo, Companhia das Letras, 2007, p.215 e 218. Aristides Lobo falou em "povo bestializado". Empreguei um sinônimo (bestificado), significando o que se quis dizer: um povo atônito, como anota JOSÉ MURILO DE CARVALHO (*A cidadania no Brasil*, cit., p.81). FERNANDO HENRIQUE CARDOSO também emprega o sinônimo mais ameno (conferir *A arte da política*. Rio de Janeiro, Civilização Brasileira, 2006, p.503). Sobre a ausência da República brasileira nas exéquias de D. Pedro II, ver nota 86.

[130] D. Luiz de Orleans e Bragança passou pelo Brasil em 1907, sendo impedido de desembarcar no Rio de Janeiro e em Santos. Até o Supremo Tribunal negou-lhe o *habeas-corpus* (vencidos os ministros Alberto Torres e Amaro Cavalcanti) sob o fundamento de que, servindo no exército austríaco, D. Luiz perdera a cidadania brasileira (conferir BRITO BROCA, *A vida literária no Brasil: 1900*, 4ª edição. Rio de Janeiro, José Olympio, p.130-2), como se nenhum estrangeiro pudesse apear no Brasil e como se a Constituição de 1891 não garantisse a qualquer pessoa o livre ingresso e a livre saída do território brasileiro (art. 72, § 10). O argumento era disparatado e provinciano! Em uma atmosfera civilizada e de respeito pela Constituição, a circunstância apontada como impediente do desembarque seria irrelevante. Era uma simples formalidade o fato de um príncipe exilado prestar o serviço das armas em um Estado monárqui-

mais respirava além daquele sopro morno de aldeia que inebriou a República. É precisamente a filosofia tosca de aldeia que, nas entrelinhas da tragédia de Quaresma, Lima Barreto critica no positivismo republicano. Ele nutria ojeriza pela República, diz Lilia Schwarcz. Essas pequenas coisas, somadas as bananeiras em abundância (como vistas em um filme importado de Hollywood, com a nossa Carmen Miranda), estão entre as que contribuíram para fixar a desacreditada imagem das repúblicas latino-americanas. Penso que, misturadas a

---

co estrangeiro (Áustria), nada significando além de uma prerrogativa. Tanto que D. Luiz combateu na 1ª Guerra Mundial contra o Império Austro-húngaro, envergando farda do exército britânico, falecendo, aliás, em consequência de moléstia contraída na linha de batalha, conforme citação na ordem do exército francês, assinada pelo ministro da Guerra André Lefèvre. De sua experiência militar, deixou escrito em francês "Journal de guerre", que a *Revista do livro* (do INL) publicou no Brasil (n. 17, março de 1960, p.149-86). Da viagem ao Brasil quando, impedido de desembarcar do vapor *Amazone*, prosseguiu para a Argentina, Chile, Bolívia, Paraguai e Uruguai, escreveu *Sous la Croix-du-sud*, editado em 1912. Quanto a Lima Barreto detestar a República, ver Lilia Moritz Schwarcz, *As barbas do Imperador*. São Paulo, Companhia das Letras, 1988, p. 469. Sempre que menciono as nossas *assimetrias*, lembro conceito de Gilberto de Mello Kujawski, que se refere ao "nosso estilo congênito no processo de assimilação e produção da cultura, da política, da economia e da administração do País", guardando "fidelidade com nosso ritmo cordial, sujeito a desvios, incoerências e ambiguidades", de forma que não é possível "traçar o destino brasileiro a régua e compasso, à maneira racionalista" (*O sabor da vida*. São Paulo, Letraviva, 1999, p.32-3). Sobre o povo e a elite do século XIX, ver Gilberto Freyre, *Vida social no Brasil, nos meados do século XIX*, 4ª edição. São Paulo, Global, 2008, p.60. De Paulo Prado, ver *Retrato do Brasil*, cit., p.210. De Orlando Gomes, ver *Raízes históricas e sociológicas do Código Civil Brasileiro*. Salvador, Progresso, p.28, 30 e 33.

outras coisas, inclusive a algumas virtudes, elas estejam na base das nossas *assimetrias* (nota 130). Diz Gilberto Freyre que, em meados do século XIX, grande parte da elite brasileira estava no século XVIII e a maioria da população ainda se situava na idade feudal, tratando-se de "uma população arcaica em relação à Europa ocidental da mesma época" (nota 130). Apesar do progresso, um pouco da nossa atmosfera ainda é colonial, e intoxicou gerações do século passado, que mantiveram a "mais completa ignorância do que se passa pelo mundo afora" como, na década de 1920, Paulo Prado esboçava em um retrato da nossa cultura de província. Quase um século depois, no desenrolar de um dos mais estranhos *débâcles* éticos da nossa política, assistimos pela televisão, a partir de 2005, as imagens reveladas por Paulo Prado daquele povo que "ainda acredita no embalo dos discursadores..." (nota 130).

Embora o povo, em boa medida, esteja mais politizado e manhoso, astuto nos interesses imediatos, não sendo aquele povo "bestificado" pela República, não decorreria tudo isso de uma complacência provinciana? Uma tolerância da credulidade sertaneja? Um estudo de Orlando Gomes sobre a passagem direta das Ordenações Filipinas ao nosso Código de 1916 me leva a concluir que sim. "O divórcio entre a elite letrada e a massa inculta perdurava quase inalterado", disse o mestre.

Os letrados, como sabemos, eram uma exceção, uma espécie de *minimus minimorum* dentro da própria elite e, assim, até o advento do primeiro Código Civil, fazia-se sentir a influência da organização social do Brasil colônia, sendo a classe política construída pelo patriarcalismo caboclo, de forma que as estruturas da sociedade colonial primitiva, provincial, ignorante e politicamente ingênua ficaram conosco, apesar da República e do Código (nota 130). E sob o prisma de um povo carente de paternalismo, elas ainda estão aí. Por isso, nada mudou no arraial de Canudos. Dizem que onde houve a tomada final da guerra, lá no século XIX, só a guerra acabou. As balas, os cartuchos, os buracos e os ossos ainda estão por lá. São detritos históricos da grande urucubaca que foi acompanhar Antonio Conselheiro ou combatê-lo, um azar sertanejo que ensanguentou os dois lados do conflito e não poupou Euclides da Cunha, o consagrado correspondente de guerra, perseguindo-o até o subúrbio da Piedade.

II

Sempre falaram dos nossos caipiras, principalmente dos paulistas, como Francisco de Assis Barbosa ao elogiar Lima Barreto, que "passou a ver o homem em função da sociedade em que vive e não apenas dentro de si mesmo, fosse um elegante petropolitano ou um caipira paulista".[131] Até a primeira metade do século XVIII, esses caboclos nem

---

[131] Sobre o caipira paulista ver Francisco de Assis Barbosa, "Lima Barreto, precursor do romance social", na *Revista do livro* (do INL), ano 1957, vol.8, p.123 e especialmente p.129. O autor repete o texto citado na apresentação de *Lima Barreto: um escritor brasileiro autêntico*. São Paulo, Agir, p.21. De Spix & Martius (Johann Baptiste von Spix & Carl Friedrich von Martius), *Reise in Brasilien*, tradução editada pela Melhoramentos, texto reproduzido por José Luiz Pasin, *Guaratinguetá: tempo e memória*, publicação da Secretaria da Cultura do Estado de São Paulo, 1983, p.28. De Darcy Ribeiro, ver *O povo brasileiro*. São Paulo, Companhia das Letras, 1997, p. 364, 383, 389 e 403. Sobre o conselho de D. Pedro II para a Princesa Isabel, ver José Murilo de Carvalho, *D. Pedro II*, cit., p.89. Quanto ao Mané Xiquexique conferir Elias Thomé Saliba, "A dimensão cômica da vida privada na República", capítulo 4 da *História da vida privada no Brasil*, vol.3. São Paulo, Companhia das Letras, 1988, p.311-2. Sobre a pachorra nordestina, expressão cultural analisada por Gilberto Freyre (*Casa grande & senzala*, 49ª edição. São

entendiam o português, expressando-se em uma língua indígena semelhante ao *tupinambá* (nota 87). Monteiro Lobato, em *Urupês* (1918), já inventara um protótipo, um exemplar exato, o *Jeca Tatu* de cócoras, indolente, ignorante, fumando um pito de barro e achando que trabalho não vale a pena.

No século XIX, Spix & Martius registram a passagem por São Paulo e, nas proximidades de Guaratinguetá, descrevem as figuras. "O traje desses roceiros é inteiramente adequado às condições do local: chapéu de feltro cor de cinza, com abas muito largas, que serve igualmente para proteger contra o sol e contra a chuva, um ponche azul comprido, muito vasto, tendo no meio uma abertura por onde passa a cabeça, calças e paletó de tecido escuro de algodão, botas altas, não engraxadas, seguras embaixo do joelho por uma correia e fivela, facão comprido, com cabo prateado, que como arma ofensiva e defensiva ele mete no cinturão ou no cano da bota, e igualmente tem serventia à mesa como para outros misteres. Tais são os característicos dos Paulistas". Mais recentemente, Darcy Ribeiro assim descreveu o *habitat* do roceiro paulista: "ao fim de um século e meio de implantação, os núcleos paulistas mais importantes eram arraiais de casebres de taipa ou adobe, cobertos de palha". E a área de que se trata "se transforma em uma vasta região de cultura caipira ocupada por uma população extremamente dispersa e desarticulada. Em essência, exaurido o surto minerador e rompida a trama mercantil que dinamizava, a paulistânia se 'feudaliza', abandonada ao desleixo da existência caipira". Mais tarde, "enterrado na sua pobreza, o caipira vê, impassível, chegarem e se instalarem, como colonos das fazendas, multidões de italianos, de espanhóis, alemães ou poloneses

---

Paulo, Global, 2004, p.518) e por Gilberto de Mello Kujawski (*Perspectivas filosóficas*. São Paulo, Livraria Duas Cidades, 1983, p.59-61).

para substituírem o negro no eito, aceitando uma condição que ele rejeita". O analfabetismo e o atraso os marcaram, decorrendo isso de uma ordenação social que, ao contrário do sucedido em muitos países, não se empenhou para "elevar o nível cultural da população". Já os emigrantes – pondera Darcy Ribeiro –, bem disciplinados pela cultura de sociedades rigidamente estratificadas, conheciam o trabalho assalariado e viam nessa experiência um caminho de ascensão (nota 131).

Mas a caricatura não se limita aos jecas paulistas que, com outros apelidos, sempre existiram em toda a extensão territorial desta Federação cerebrina, mesmo que só os de São Paulo tenham merecido o humorístico epíteto. Espalhados pelo Brasil, com o mesmo sentido pejorativo do caipira e esbanjando a insciência, encontramos matutos, caboclos, jagunços, gauchões, cangaceiros, caiçaras, boias-frias, pés-no-chão e outros. Nasceu no Ceará, o Mané Xiquexique, "com o bom humor, a presença de espírito, a solércia ou a chocarrice do matuto". Na era JK, surge o candango, um operário do canteiro de obras de Brasília. Há semelhanças e diferenças entre eles. O jeca paulista, por exemplo, é preguiçoso, mas a sua moleza não é diferente de outras, ainda que a pachorra nordestina (vista por Gilberto Freyre) não se confunda com a indolência, tratando-se de um estilo de vida ali definido desde o final do século XVI, anota Gilberto de Mello Kujawski (nota 131).

Graças às atuais facilidades de comunicação, percebe-se que, em qualquer direção, de Brasília às capitais estaduais e cercanias litorâneas e sertanejas desta *República Provincial*, até mesmo em postos de supina refulgência, no setor público ou privado, aqui se descortina um universo propriamente dito, composto de pessoas civilizadas e cultas que trombam com a *jequice transcendente*, como podia qualificá-la Nelson Rodrigues, fruto de uma cultura de subúrbio que resiste a qualquer ascensão socioeconômica.

Exceptis excipiendis, isto é, feitas as exceções que todas as regras comportam, o poderoso de origem suburbana, geralmente árido, mesmo envernizado, não perde o gosto de mato do arrabalde, que Borges apontava como o reflexo do nosso tédio (nota 132). Mas que culpa pode ter, se pouco tempo atrás, na metade do século XIX, a esmagadora maioria do país era analfabeta e o *Correio mercantil*, do Rio de Janeiro, contava com pouco mais de dois mil assinantes em todo o Império? Que culpa pode ter quando, até a atualidade, no século XXI, um relatório da ONU mostra que, na América Latina, Brasil, Nicarágua e Panamá são os países de menor grau na formação do ensino básico? Aliás, o Banco Mundial aponta, em relatório de 2006, que o sistema brasileiro de ensino tem a pior avaliação entre os países emergentes. Dois anos depois, o próprio Ministério da Educação divulga que, dos 5.560 municípios brasileiros, apenas 64 possuem ensino fundamental comparável aos países desenvolvidos (*O Estado de S.Paulo* de 21.06.2008, p.A-1 e 34). Não é uma deficiência nova. Ainda se pode dizer o que D. Pedro II dizia em 1871 para a regente, Princesa Isabel: "a educação pública é a principal necessidade do povo brasileiro" (nota 131).

Os nossos antepassados, até o início do século XIX, não haviam recebido da Metrópole qualquer lampejo de luz. E nem se fale na claridade que ofuscou a Europa no século XVIII. Pombal e a Mesa Censória cuidaram de apagá-la, como vimos (Capítulo 3), preservando o declínio intelectual português e a estagnação do Brasil, justificando "a visão negativa que os filósofos da Ilustração europeia, de Diderot a Hegel, deram da América espanhola e portuguesa", conforme expõe Eduardo Subirats.[132]

---

132 "O arrabalde é o reflexo do nosso tédio", conferir JORGE LUIS BORGES, *Obras completas*. São Paulo, Globo, 1998, vol.1, p.30. Quanto à estatística do analfabe-

Essa *jequice* não é de se espantar, já que até países cultos, como a Alemanha, podem apagar as luzes e exibir os seus poderosos suburbanos, como o velho presidente von Hindenburg que, na agonia da República de *Weimar*, trouxe para a chancelaria um pequeno burguês austríaco chamado Adolf Hitler. Nascido na Prússia oriental, o marechal admitia que nunca lera um livro em sua vida. É o que afirmou Joseph Roth (nota 132), levando-nos a ponderar que, sob o enfoque roceiro, babaquara, o provincianismo é um dos elos da corrente causal da maior escuridão do século XX.

---

tismo no século XIX, ver MAMEDE M. JAROUCHE, introdução às *Memórias de um sargento de milícias*, de Manuel Antônio de Almeida. Cotia, Ateliê Editorial, p.18. Quanto ao relatório da ONU, ver *O Estado de S.Paulo* de 26.04.2006, p.A-16. O relatório do Banco Mundial é comentado na mesma imprensa (*O Estado de S.Paulo* de 06.10.2006, p.A-3). De EDUARDO SUBIRATS, ver "Viagem ao fim do paraíso", in *Oito visões da América Latina*, organização de Adauto Novaes. São Paulo, Senac, 2006, p.124. Sobre Hindenburg admitir que nunca lera um livro em sua vida, ver JOSEPH ROTH, *Berlim*, tradução de José Marcos Macedo. São Paulo, Companhia das Letras, p.185. A informação de DANIEL PIZA sobre a diminuição do número de livrarias está na *Sinopse* publicada no *O Estado de S.Paulo*, caderno Cultura, de 03.12.2006, p.D-3. A concordância do IBGE foi publicada no mesmo jornal, edição de 18.09.2007, p.C-7. Sobre a subcultura do *best seller*, ver MARIO VARGAS LLOSA, "As profecias de Cassandra", em *A linguagem da paixão*, cit., p.126. De LEILA ODA, sobre o *analfabetismo científico* e o desenvolvimento da clonagem, células-tronco, biossegurança, transgênicos, etc., ver "Educação para a vida", no *O Estado de S.Paulo* de 09.09.2006, p.A-2. Quanto a D. Pedro I não considerar a competência uma condição do Ministério, ver ISABEL LUSTOSA, *D. Pedro I*, cit., p.227. Sobre a estatística do analfabetismo no Brasil, referida por LUIZA NAGIB ELUF, ver Capítulo 8 e nota 87.

A despeito dos recursos de mercado, como a venda direta ao público pela editora (a Puf, em Paris, mantinha uma livraria própria ao lado da Sorbonne), tradição francesa até hoje seguida pela Gallimard, (no Brasil, pela Saraiva, RT e outras) e apesar da existência de livrarias enormes *(megastores)*, entre elas algumas que também se dedicam à comercialização pela internet e à venda de CDs, DVDs, artigos de papelaria e revistas, sem esquecer o movimento que proporcionam os cafés e os teatros envolvidos pelo empreendimento, Daniel Piza diz que o número de livrarias no Brasil vem caindo, o que o IBGE confirma, ressalvando que isso não implica a redução de vendas, se o comércio passa por bancas de jornais, supermercados e internet (nota 132).

Não se nega um crescimento cultural. As feiras e a Bienal, tanto em São Paulo quanto no Rio de Janeiro, parecem indicar que, entre nós, civilidade e cultura crescem mais que a economia, mas o fenômeno se acha em apenas uma pequena parcela da sociedade. É sabido que as históricas e desaparecidas livrarias do Brasil foram abertas por imigrantes e até no nome guardavam a entonação estrangeira (Garroux, Garnier), que as mais tradicionais de São Paulo são novas, surgiram em torno das décadas de 1920 e 1950, e que, em termos comparativos, os brasileiros leem pouco. As próprias edições que, às vezes, não passam de 1.000 exemplares, indicam isso. Exceto em tardes de autógrafos e no início do ano letivo, para a compra de livros didáticos, as nossas melhores livrarias não costumam enfrentar aquele formigueiro de interessados que se acotovelam em certas congêneres localizadas acima da linha do equador. E ainda que tais formigas, em qualquer hemisfério, procurem o que Llosa classifica de subcultura do *best seller* (nota 132), o fato é que, em alguns países, o hábito de leitura não é elitista, e isso deve proporcionar um movimento editorial de maior pujança (inclusive nas edições de bolso). Como toda regra tem exceção, a comparação não vale para os autores brasileiros de leis e códigos anotados, repertórios de jurisprudência e livros didáticos que, independentemente da qualidade, usufruem um mercado sazonal sempre renovado, muitas vezes subsidiado. Conhecemos o êxito dos novelistas de televisão. Mas eles não vivem do livro, e sim da televisão. E em função de alguns escritores brasileiros de sucesso editorial no campo da literatura, deve-se indagar se vivem exclusivamente de seus livros, de seus romances, de seus contos, de seus poemas e, em caso afirmativo, quanto pesam as edições brasileiras e as estrangeiras nesse resultado? Para não perdermos de vista a realidade brasileira, damos a palavra à escritora Lygia Fagundes Telles, que tem a obra relançada em 2009 e cujo prestígio literário é incontestável:

> Não sei como será a vida de um escritor de outras terras, outras gentes, mas sei da vida desta escritora neste país, testemunha deste tempo e desta sociedade, pisando no chão da realidade de analfabetismo e de miséria. (*Conspiração de nuvens*. Rio de Janeiro, Rocco, 2007, p.129.)

O fato é que, por maior que seja o entusiasmo da escritora Lygia Fagundes Telles com a afluência de visitantes na Bienal do Livro, no Rio de Janeiro, não se ignora, como ela diz, que "os escritores se multiplicam, os leitores desaparecem" (*O Estado de S.Paulo* de 24.09.2007, p.D-4). Ingressamos no sexto século de nossa História e ainda é preciso alfabetizar, transmitir interesse pela cultura e encher o país de bibliotecas públicas. Mas será isso possível em uma sociedade em que duas escolas públicas jogam perto de 900 livros no lixo? Ocorreu em uma escola municipal de São Paulo e em uma escola estadual do interior paulista e, entre os autores dispensados, estavam Garcia Lorca, Machado de Assis, Guimarães Rosa, Júlio Verne e outros, que foram postos em sacos. Os 400 livros da primeira escola foram parar em um bueiro, os 500 da outra em um lixo e em uma caçamba de entulho, parcialmente queimados (*O Estado de S.Paulo* de 01.02.2008, p.A-17, e de 11.12.2009, p.A-24). Mas não exageremos na crítica! A favor dessas escolinhas suburbanas e nebulosas há um precedente teutônico. Na década de 1930, em um país culto como a Alemanha, os nazistas queimavam livros. Na verdade, nessa época, não havia cultura na Alemanha, mas decadência cultural. Thomas Mann estava certo (nota 12).

Civilidade, escolaridade e cultura ainda constituem coisas excepcionais, como decorre da pesquisa sobre o analfabetismo funcional da *Unesco* e da estatística mencionada por Luiza Nagib Eluf (nota 132). Porventura seria outra a razão de pregarem, nestas bandas, que a filosofia é disciplina com a qual ou sem a qual tudo seria tal e qual? Com a mesma bússola que os nossos colonizadores usaram para retardar a história, ainda vinga entre nós uma queda pela escuridão, fazendo cunhar a expressão do *analfabetismo científico*, como explica Leila Oda, em torno da desinformação que grassa no país, especialmente, no campo do desenvolvimento da biotecnologia moderna, células-tronco, transgênicos, etc. (apontados como os mais relevantes temas do século XXI), impedindo que a sociedade e um corpo docente desatualizado compreendam o avanço (nota 132). Há nessa incompreensão algo mais, há um dogmatismo obscurantista que alimenta as trevas suburbanas de um provincianismo medieval, lembrando aquela explicação clerical do século XIX sobre a demora de dois anos na coroação de D. João VI: entre outros motivos (a revolução de Pernambuco, por exemplo), a cerimônia não podia realizar-se enquanto o clero não declarasse que D. Maria I deixara o purgatório (Wilcken, *Império à deriva*, p.247). Aqui já disseram, em tom científico, que nenhum estudo é necessário para o exercício da atividade política. Baseado em nossa História, deve-se concordar. D. Pedro I já não considerava a competência uma condição necessária dos ministros (nota 132). E, assim, como ficou no terceiro capítulo, a realidade brasileira vem copiando a ficção. Os noticiários e o horário político gratuito, na véspera das eleições, substituem (com desvantagens) a novela de Odorico, o prefeito de Sucupira, *O bem amado*, de Dias Gomes, com suas tiradas geniais.

Ninguém pretende argumentar com a cidade ideal de Platão (o governo dos sábios), que não passa de utopia, mas também não podemos deixar de convir que esses juízos de sabedoria extremada não seriam enunciados em latitudes de melhor nível de civilização. Aqui se diz tranquilamente o que uma plateia estólida alcança e aceita, condescendência que é um sintoma inequívoco do subdesenvolvimento cultural, circunstância em que prevalece a cultura popular iletrada do homem rústico (sertanejo, suburbano), em proporção desbragada, o que pulveriza a equivocada visão de Rui ao focalizar os homens eruditos, dizendo àquela assembleia que "o Brasil, senhores, sois vós [...] não são os comensais do erário, não são as ratazanas do tesouro, não são os mercadores do parlamento, não são os sanguessugas da riqueza pública [...] não são os corruptores do sistema republicano" (*Obras completas*, XLVI, tomo I, p.69, e Luiz R. A. Ribeiro, *Dicionário*, cit.,p.30). Na verdade, tanto o folclore quanto a erudição revelam-se fugazes. Não duraram a administração aqui implantada "pelo filho de D. Maria, a louca" e o governo de "bancarrota e ignorância [...] da marquesada", conforme os adjetivos peculiares de Manoel Bomfim (*O Brasil nação*, cit., p.115-6). Logo cedo, a Primeira República passou pelo *encilhamento* e pelos espíritos autocráticos. Depois, pelas fraudes eleitorais. Assim os governos republicanos se sucedem, entremeados de desencantos. Homens cultos e incultos passam. Um século à frente de Rui, tudo indica que permanentes foram os comensais, as ratazanas, os mercadores, os sanguessugas e os corruptores. Tudo isso e o espírito roceiro, que pode ser, às vezes, o prisma virtuoso do quadro.

Não se trata de uma regra absoluta mas, em uma perspectiva histórica, não é difícil achar na mesma pessoa o intolerante, o autocrata, o fascista, o fundamentalista e o aguçado jeca a que me refiro. Vimos com Boris Fausto que Assis Brasil, justamente por não ser provinciano, destacava-se dos líderes do PRR, alguns deles conhecidos autocratas e positivistas (nota 111). Vimos que, na Alemanha, considerando a Prússia e o nazismo (notas 122 e 123), o provincianismo foi um dos elos da corrente causal da maior escuridão do século XX.

11
O PROVINCIANO CALIGINOSO E A CERTEZA SUBURBANA

Daí porque desconfio de muitas coisas trazidas para o foco deste ensaio, que se devem, em grande parte, ao que resta do ambiente colonial abafado sob a viração suburbana, às vezes se devem, especificamente, ao provinciano caliginoso, um encéfalo distrital, um *Gauleiter* da roça que, no Brasil, localiza-se em todos os lugares, em todas as épocas, capaz de esconder a cegueira ou a inadequação com extremo poder de contágio e carisma. A América Latina jamais conseguiu encobrir que por trás de cada trapalhada sempre se acha um *Gauleiter* da roça. É só procurar a olhos desarmados que se verá um desses tenebrosos em pleno abuso da grosseria. Um fator que costumamos ignorar, mas que também responde pela desigualdade social e pelo nível rasteiro e insuportável de vários setores do serviço público, das cadeias, dos presídios, de muitas escolas públicas, da previdência, dos transportes, da saúde, da segurança urbana, etc.

Não faz muito tempo, no século XIX, lusitanismo, absolutismo e obscurantismo eram sinônimos. Vimos que na Europa, ao tempo da invasão napoleônica, a corte portuguesa considerava-se atrasada e provinciana, o que a duquesa de Abrantes, mulher de Junot, vivia repetindo. A Áustria estranhava que, no Rio de Janeiro, D. João habitasse um palácio sujo, e que o monarca não mantivesse higiene pessoal. D. Leopoldina teve de suportar o baixo nível das damas da corte, muitas praticamente analfabetas. O Brasil, um *fim de mundo* que as Ordenações Filipinas reservavam, com a África, para o cumprimento das penas de degredo (Título LI, *caput*, §§ 2° e 6°), era o prisma canhestro, o lado acanhado, tímido e desengonçado de um atraso colonial. Para nós, a vinda da corte portuguesa, em 1808, significou progresso e cultura, embora nada disso Portugal representasse no concerto das grandes nações europeias.

> [...] um país pequeno, rural e atrasado, incapaz de romper com os vícios e tradições que o prendiam no passado, dependente da mão de obra escrava, intoxicado pela riqueza fácil e sem futuro da produção extrativista de suas colônias. Estava igualmente reduzido à condição de peça menor no grande tabuleiro de interesses das potências europeias. (Laurentino Gomes, *1808*, p.65.)

Não só relativamente à instrução do povo, mas principalmente nesse prisma, no ensino público, primário, secundário e universitário (com poucas exceções), a deficiência cultural ainda se reflete no presente.

Na linha dos entraves ignorantes que a administração lusitana opunha ao desenvolvimento cultural da colônia, humorístico episódio é contado por Sérgio Buarque de Hollanda, envolvendo o regente D. João, quando desconfiou da viagem de um perigoso ativista, um tal barão Alexander von Humboldt, natural de Berlim, ordenando aos governadores das capitanias do norte, até o Ceará, que impedissem a sua entrada no Brasil (*Raízes do Brasil*, p.121).

Das histórias suburbanas, a que mais parece ter a aura de uma desconsolada província foi escrita por Brito Broca. É o registro de uma lembrança dentre as evocações terríveis de sua avó, nas noites de chuva, enquanto ela alisava um cigarro de palha. Começa com a compra de Agostinho, um escravo que tio João Batista levou do Rio de Janeiro para a sua fazenda. Pagou um preço elevado, um conto de réis, mas achou que valia a pena. E, assim, esse escravo urbano que nada fazia no Rio além de servir a mesa do hotel, acabou na lavoura, "jogado no eito como um negro sem categoria". Agostinho urdiu uma vingança por aquela humilhação. Acabou fugindo, depois de matar a facadas Nha Cota, a filha do seu dono. Foi logo preso e posto no tronco, mas, exceto por uma surra, tio João Batista resolveu não entregá-lo à justiça. "Passou-o adiante por um preço razoável" ("Quando havia província", na *Revista do livro* do INL, vol.21/22, 1961, p.151-7).

No livro *Brasil, segredo de Estado* (p.230-1), o embaixador Sergio Corrêa da Costa ilustra o que, pelas suas tintas, pode-se chamar de um pastelão em teatro de subúrbio. No início da República, os conspiradores das diversas conspirações, desde a primeira, em 1889, transmitiam mensagens da trama por intermédio de chulos anúncios amorosos na imprensa do Rio, "tal como em nosso *Diário de notícias*, aos domingos, costumam fazê-lo as criadas de servir e os caixeiros de Lisboa". A coisa já era pública e, quando voltou a acontecer, nas vésperas da Revolta da Armada, até os diplomatas estrangeiros sabiam que "algo de grave se tramava". De fato, o almirante Custódio de Mello apodera-se da esquadra, aponta os seus canhões para o Itamaraty... e derruba a torre da Candelária.

Um episódio patético, que está entre os contos da minha casa, foi o início da revolução do Isidoro (Isidoro Dias Lopes), quando o presidente Artur Bernardes mandou bombardear São Paulo, em 1924. Os sublevados e as tropas do governo federal plantaram canhões na região da avenida 9 de Julho e atiraram uns nos outros. Não se registra um proveito militar dessa intemperança, mas as duas artilharias quase destruíram o bairro. Foi em razão disso que muitos paulistanos deixaram a cidade e o avô de minha mulher transferiu-se com a família para a chácara de Jundiaí, o que, na época, dava uma bela distância do canhonaço.

É justo lembrar que também se encontra alguma luz nesse contorno campestre, não importando que alguns episódios se passem em zona urbana, quando a atmosfera é suburbana. Quatro histórias merecem registro. A primeira é pitoresca, contada por Lilia Moritz Schwarcz (*As barbas do Imperador*, p.285-6), da qual faço um resumo:

> No Segundo Reinado, entre os tipos que se achavam nas ruas, havia um rei. Era Obá II, filho de Obá I, que foi soberano na África, antes de tornar-se escravo e de comprar a liberdade, no Brasil, onde morreu. Subindo ao trono, por comunicado que fez publicar para os povos africanos, Obá II ainda foi herói da Guerra do Paraguai e acabou nomeado alferes honorário do Exército. Alferes Galvão, como o chamaram, usava um *pince-nez* de ouro com vidros azuis. Devidamente fardado, era recebido por D. Pedro II, perante o qual se prostrava de joelhos. Proclamada a República e exilado D. Pedro, o rei africano dirigiu-se ao paço, enfurecido, prorrompendo "em vivas e disparates" que lhe custaram o título. "O governo provisório cassou-lhe as honras de alferes, sobrevivendo ele apenas alguns meses a esse desgosto".

A segunda história envolve um dos nossos mestres do colégio:

> Na Revolução de 1932, um professor muito chegado ao corpo discente servia como estafeta entre São Paulo e as trincheiras, levando e trazendo a correspondência dos seus alunos, todos na linha de frente. Em uma dessas viagens, a trilha final estava sob cerrado fogo da artilharia inimiga. Ao passar pela primeira trincheira um dos soldados, seu aluno, puxou-o para dentro antes que ele fosse morto. Aí o mestre olha para os meninos e diz, como se estivesse na sala de aula: "Com efeito, o homem não descende do macaco, mas do tatu!" Essa história me foi dita quando o referido mestre já era um velho e continuava lecionando, 25 anos depois da Revolução.

A terceira me relatou um advogado paulista, contratado por um fazendeiro para acompanhá-lo a Paris, onde faria um importante negócio:

> E lá partiram os dois, o advogado como orientador, e também como cicerone e intérprete do agricultor que, encerrada a fase da papelada e das assinaturas, foram jantar em um dos mais estrelados restaurantes do *Guia Michelin*. Comeram e beberam *comme il faut*, como é de rigor, pode-se dizer, fazendo o tal cliente absoluta questão de pedir, entre sólidos e líquidos, o que houvesse de mais berrante no cardápio. Verteram um *Chablis* e um *Pétrus*, e não esqueceram o *Barsac*, com os queijos, para coroar o sucesso do negócio. Quando veio a conta, intensamente dolorosa, no jargão brasileiro, o fazendeiro meteu a mão na cueca e arrancou de lá o dinheiro, uma incrível e massuda montanha de papel jamais vista pelos atônitos circunstantes e pelos ajudantes que o *maître* teve de chamar para conferir tudo.

Podendo aflorar objeções, a última é mesmo folclórica, além de arranhar o impossível, mas não vejo mal em contá-la. Para não incidir na falha de quem, contando um conto, aumenta um ponto, procurarei conter os excessos óbvios:

> Confesso que não vi. Mas dizem que se lia algo assim: "Trata-se da velha saga de um prosaico certame suburbano". Quem contava essas histórias advertia que não se cuidava de um texto de Olavo Bilac ou de Vicente de Carvalho, mas as palavras iniciais de uma sentença criminal. O caso, como se propaga, era de uma briga em um bar, em cidade do interior de São Paulo. O juiz, um paulista citadino, *quatrocentão,* conhecido pelo espírito mordaz. Dissipando talento, exerceu a judicatura como um censor caricato das províncias por onde andou. Em uma importante

comarca do Estado, iniciava o expediente forense devidamente togado, entrando solenemente pela nave do salão do Júri, ao som da campainha, seguido pelo meirinho que trazia nas mãos o livro aberto do registro das audiências, lembrando a Bíblia. O povo se benzia! Por certo – sempre pensei nisso –, não houve até hoje, em foro algum, tal demonstração popular de respeito à Justiça. Foi na sua época que o Conselho da Magistratura editou um provimento obrigando os magistrados de primeiro grau a relatar diariamente as atividades forenses que presidiam. Soube que os relatórios diários desse juiz nunca faltaram, minuciosos, registrando até mesmo as interrupções dos trabalhos sempre que precisava urinar. E também dizem que o provimento foi revogado. Ainda que as histórias contadas sobre ele enchessem capítulos, e algumas até proporcionassem correições, passados tantos anos não seria fácil prová-las, em grande parte. O juiz e as principais testemunhas oculares morreram... Os seus corregedores também. Não creio que os sobreviventes ainda guardem desses fastos a capacidade de demonstração. E, a propósito, nunca ouvi dizer que esse juiz decidisse mal. Consta que passou pelo seu tempo ironizando o provincianismo republicano, satirizando os bovaristas e menosprezando as coisas que cercam o nosso espírito cartorial e autocrático. Efetivamente, não se pode dizer que fosse um *Gauleiter* da roça. Para alguns era um pândego, para muitos era um louco.

Também é do século XX, a recordação da intriga contra um governador que tirou as folhas do discurso das mãos do orador que o saudava, dizendo que leria em casa. Não posso afirmar se foi o mesmo governador que, despachando em trajes menores, recebeu uma comitiva de desembargadores, aos quais exortou que ficassem à vontade. E há o episódio da recusa de um pleito de reajuste salarial da polícia, explicando o governador que, com a carteira funcional que possuíam, policiais não necessitavam de aumento.

Sabe-se que, descendo de sua cadeira curul, um presidente da República proibiu o uso de biquíni. Goffredo Telles Junior a ele se refere como um autoritário que governava com "jeito provinciano" (*A folha dobrada*, p.751), entrando para o anedotário político a história dos *bilhetes* de sua lavra, que transmitiam ordens de serviço para todos os escalões do governo, do ministro ao motorista. Esse mesmo político, certa vez eleito prefeito e empossando-se no cargo, jogou inseticida sobre a cadeira que ocuparia, livrando-a das contaminações do último ocupante. Era uma figura adequada para caricaturas e um provinciano estelar que só se explica em uma *República Provincial* onde, mais do que noutras, o populismo é frutífero. Quando estava em campanha, adotou o símbolo de uma vassoura, com a qual varreria a sujeira do Brasil. Contam os eleitores mais velhos que, no início da carreira, ele aparecia em uma rua de São Paulo apeando de ônibus da Companhia Municipal de Transportes Coletivos (CMTC) comendo sanduíches de mortadela e vestindo um paletó sujo de caspas. Fernando Henrique Cardoso, em seu livro autobiográfico, ventila o episódio da inseticida na cadeira do prefeito e também revela que, quando tal político era o presidente da República, instalou um semáforo na porta de seu gabinete, em Brasília, dando luz verde ou vermelha para os ministros (*The accidental president of Brazil*, cit., p.59 e 163-4).

Que D. João VI guardasse no bolso as coxas de galinha que pretendia comer, todos sempre comentaram. Que um general-presidente preferisse o bom cheiro de um cavalo ao do povo, ele mesmo o disse. Um outro prefeito, conforme história que circulou na sua época, cuidou de executar judicialmente os bares e botecos que deviam impostos, menos um, o que costumava frequentar e que fazia *moquecas* irrepreensíveis. Ainda outro, insatisfeito com a inflação galopante que assolava o país, ao tempo do *cruzeiro*, ameaçou instituir moeda forte por decreto municipal, que circularia no âmbito restrito do seu domínio político. E quantos planos econômicos, antes do *real*, não fizeram a mesma coisa, ditados em Brasília por algum cérebro distrital (um *Gauleiter*) desse matiz, distribuindo *choques heterodoxos* (o sonso controle de preços), e tabelas de deflação, instituindo cataclismos que, exceto por entupir os tribunais, não levaram a coisa alguma, prejudicaram os credores e favoreceram os devedores, inclusive o Estado, que era o maior devedor da praça! Este último exemplo é até mais grave, por estimular a prática do estelionato (se não a figura penal, pelo menos a política) que, durante muito tempo, manteve em erro os próprios juízes. Para isso, nem mesmo faltou a jurisprudência que, ao tempo da inflação, considerava os planos heterodoxos do governo (que se revelaram notórios fracassos), como "normas cogentes e de ordem pública" e que, portanto, eram incapazes de ferir a Constituição ou o princípio da boa-fé. Essa diretriz contrariava clássica orientação pretoriana e posterior doutrina civilista construídas em torno do § 242, do *Bürgerliches Gesetzbuch* (BGB), o código civil alemão, justamente no sentido oposto, de que as normas cogentes podem ser afastadas por um princípio maior (ver Enneccerus-Lehmann, *Obligaciones*. Barcelona, 1933, t.II, v.I, p.40-3). Em suma, prestigiando a política monetária de que se trata, essa jurisprudência produziu aqui uma inversão de valores, pondo o juiz a serviço do burocrata que justifica o Estado ímprobo, o Estado que quer cobrar, mas não quer pagar, e que, fundamentalmente, menospreza o direito. Mas houve reação e divergência:

> O Brasil se transformou em um excelente laboratório de pesquisa das distorções e iniquidades que um 'choque heterodoxo' é capaz de produzir, subvertendo os valores éticos e jurídicos da sociedade, mostrando o Estado (principal devedor da praça e administrador das regras do jogo em causa própria, consumidor e não distribuidor de recursos) que

a inflação não compensada ou mal corrigida é um excelente transferidor de riqueza dos credores para os devedores. Sob esse foco, o Poder Judiciário é imaginado como peça essencial do jogo (ou do sistema de administração macroeconômica), pois as causas protelatórias do pagamento serão confiadas precisamente à lentidão e à pobreza dos seus recursos (o que inclui uma correção monetária expurgada e aviltada, muito inferior aos juros nominais de mercado). Embora a situação fosse pior antes da Lei n. 6.899/1981 (que garantiu *in judicio* a correção monetária das dívidas de dinheiro), continua produzindo lucro a *litigiosidade deletéria*, sustentada na redução real do objeto econômico do litígio pelo fato da inflação mal corrigida, que avilta, apodrece o prestígio da Justiça e a autoridade do Direito. Em resumo, o 'choque heterodoxo' conta com a incapacidade de justiça dos órgãos judiciários, presumindo-lhes a obrigação de fazer barretada à lei econômica, norma cogente e de 'ordem pública'; e não se importa que os devedores particulares obtenham o mesmo lucro que o Estado alcança, em detrimento dos seus credores, nesse falso combate à inflação, revelando-se o principal realizador da 'consagração dos contrários' a que nos referimos no início, das fórmulas absurdas, ofensivas da boa-fé e do sentimento ético da generalidade das pessoas. (Conferir meu escrito "Lei e sentimento ético", na *Revista de jurisprudência escolhida* do I TACivSP, RJE 1/3, especialmente p.11-2. Idem, nos Julgados *JTACivSP* [*Lex*], v.140, p.7, 14-5. Idem, na *Jurisprudência brasileira* [Juruá], v.170, p.31 e 36. O mesmo tema na jurisprudência, *v.g.* sobre o Plano Bresser conferir *RT* 673/91 e *JTACivSP-Lex* 129/123. Ver também *RT* 721/159.)

Na Guerra de 1914, enquanto os canhões troavam na linha de frente, o nosso literato Medeiros e Albuquerque excursionava seu regozijo em Paris vestindo uma farda de coronel da Guarda Nacional, o que ele próprio contaria, mais tarde, diz Brito Broca, "em um delicioso tom anedótico". Outro turista pândego, José do Patrocínio Filho, o Zeca Patrocínio, a que Manuel Bandeira se refere como sujeito engraçado com enorme capacidade inventiva, de tanto jactar-se das suas conquistas amorosas, incluindo estimulantes episódios com Mata-Hari, espiã fuzilada em Vincennes, acabou preso em Londres, "dando muito trabalho à diplomacia brasileira para obter-lhe a liberdade". Ainda considerando o alto valor intelectual do primeiro, são dois exemplos da percuciente atividade do nosso provincianismo peregrino da história e aglutinador de certos predicados, que incluem a inteligência, por certo. Vimos com Chopin (nota 116) que a circunstância não é incompatível com as pessoas inteligentes ou letradas e de cultura superior. Aquele considerado o maior compositor do século XIX, Ludwig van Beethoven (1770-1827), que conviveu com a aristocracia de Viena, teve origem provinciana, nasceu em Bonn e admirava a Revolução Francesa, contando Otto Maria Carpeaux que, na última fase de sua vida, apresentava-se como "um esquisitão malvestido, às vezes imundo". E o grande Heidegger "era um filósofo rural, não urbano", que recusou a reitoria da Universidade de Berlim "para não abandonar Freiburg, a província".[133] É claro que a atmosfera provinciana nem sempre produz

---

[133] Sobre Medeiros e Albuquerque e José do Patrocínio Filho, ver BRITO BROCA, *A vida literária no Brasil: 1900,* 4ª edição. Rio de Janeiro, José Olympio, 2005, p.148 e 348. Medeiros e Albuquerque teve um papel tão relevante na campanha pela entrada do Brasil na guerra de 1914, que foi condecorado pela França com a *Légion d'Honneur,* e pela Bélgica com a Ordem de Leopoldo (conferir CARLOS SÜSSEKIND DE MENDONÇA, "Recordação de Medeiros e Albuquerque", na *Revista do livro*, do INL, n. 14, junho de 1959, p.75). MANUEL BANDEIRA descreve o velório de Zeca Patrocínio e também menciona o episódio da "sinistra aventura" da sua prisão na Inglaterra (*Crônicas da província do Brasil,* São Paulo, Cosac Naify, 2006,

um Heidegger, um Beethoven, um Chopin. Se a cultura é democrática, na medida em que todos podem alcançá-la, há barreiras que impedem esse resultado teórico. Nem me refiro à pobreza, que é um obstáculo evidente, mas à ilustração nebulosa do subúrbio e ao péssimo nível a que desceu a instrução pública. Como foi dito, a missão civilizadora do Estado demitiu-se do dever de instruir, que substituiu pela proibição de reprovar e pela instituição de cotas obrigatórias capazes de elevar a inépcia ao grau científico e ao diploma superior, inaugurando um círculo vicioso que formará professores desqualificados (nota 133). A falta de horizontes da província é uma das barreiras da democracia cultural, bloqueando ou dificultando a visão de vanguarda e impedindo o voo livre. É uma fumaça capaz de atrapalhar a visão de gente sabida. Com os exemplos que foram dados e outras exceções dignas de encômio, o suburbano que se mostra sabedor é, não raro, onisciente como um sábio arrogante que não padece de dúvidas. Mas não é precisamente à medida que se mostra cheio de certezas que se revela provinciano?

---

p.93-5 e p.277). Sobre Ludwig van Beethoven, ver OTTO MARIA CARPEAUX, *O livro de ouro da história da música*, 7ª edição. Rio de Janeiro, Ediouro, 2005, p.191-4. Sobre o provincianismo de Heidegger, ver JOSÉ PABLO FEINMANN, *A sombra de Heidegger*, cit., p.107. Quanto à instituição de cotas obrigatórias e à formação de professores desqualificados, ver nota 48 e Capítulo 8.

12
AQUELA GENTE DAS CARAVELAS

Enquanto percutem os atabaques que os colonizadores, os magistrados e os prelados escutavam com implacável serenidade, deixando as caravelas ao largo, em um ponto qualquer da costa brasileira, somando esforços para a construção da sociedade iníqua que, depois de quatro séculos, Manoel Bomfim denunciaria (nota 42), vou esboçando a ideia de um histórico provincianismo aqui instituído pelo Reino de Portugal, cujas trevas avançaram pelo século das luzes e cujo absolutismo é revigorado, a partir de 1775, com todo o peso da estátua equestre de Pombal. Mas insisto em que não deixarei de ver o lado amável e venturoso desse quadro.

Em volta do chão que os índios chamaram de Piratininga se encontra o túmulo de meus pais que, rodeando a linha traçada pelos rios Tietê, Tamanduateí e Anhangabaú, viveram em São Paulo mais da metade e o período mais esplêndido de suas vidas. Apesar disso, eu não acharia na Metrópole nenhuma pista dos mais velhos ancestrais, estando minha árvore genealógica bem plantada na Província (nota 134). Aparecida, Olímpia e Campinas são as cidades onde nascemos, eu e meus irmãos. A despeito de nascida em São Paulo, minha mulher tem origem, pelo lado materno, na cidade de Tietê e, pelo lado paterno, na antiga Prússia, tendo o pai crescido na Alemanha de *Weimar*, circunstâncias ascendentes que não se livram de um peso campestre e que foram transmitidas aos nossos filhos e netos, embora eles se considerem metropolitanos pelo nascimento na metrópole de São Paulo. Meus avós paternos repousam na cidade de Ribeirão Preto, terra de meu pai. Os avós maternos em Guaratinguetá, onde minha mãe nasceu. Dos meus bisavós, um era fazendeiro e coronel no interior de São Paulo, outro foi comerciante no interior das Minas Gerais. Dos que restam indagar, meus pais ainda sabiam, mas eu não tive notícia. É certo que passaram pela vida como então se fazia, em torno da boa mesa, no regime do toicinho e do torresmo, do buré com cambuquira, do café com bolão de fubá, do arroz com marmelo e das rabanadas, ouvindo cantar o galo e o grilo, também o coaxar dos sapos, respirando ar puro, acompanhando a procissão, frequentando quermesses e assobiando as lamúrias do carro de boi. Talvez conhecessem mais coisas que o rádio de *galena*, mas os seus progenitores, súditos do Império desde o Primeiro Reinado, dificilmente viram um *daguerreótipo,* desses produzidos por uma geringonça que, após a visita do abade Compte (ou padre Combes), em 1840, o Imperador D. Pedro II comprou para uso pessoal. Das invenções diabólicas que se seguiram, na *belle époque,* poucas alcançaram o nosso imensurável sertão, aquele sertão que, de tão grande, chega a ser do tamanho do mundo, disse Guimarães Rosa (nota 134).

Justamente nesse tom lamuriento fui ler "tempo e memória" de Guaratinguetá, encontrando uma crônica passadista de meu avô Nero, nascido mineiro, antigo discípulo dos jesuítas do Colégio São Luiz, de Itu, colega de classe de Altino Arantes, a quem recebeu e saudou em 1941, no Clube Literário de Guaratinguetá, poeta e latinista que assinava uma coluna na imprensa local e, em janeiro de 1944, por ocasião do primeiro centenário da elevação da vila de Guaratinguetá à categoria de cidade, fez aflorar certa nostalgia do início do século. Quem conheceu Guaratinguetá daquele tempo, disse Nero Senna, "não pode deixar de sentir uma cruciante saudade da antiga cidade poética com suas noites de luar, os pitorescos passeios à ponte e as belas noitadas de São João na roça". Na década de 1940, ele sentia falta da província, daquela vidinha em câmara lenta de sua vivenda, na Primeira República, herdeira de um fragmento do imobilismo do Império, tão diferente da "cidade elegante e movimentada de hoje". Ocorre que esses anos 40 também foram provincianos. Até 1945, pelo menos, viajava-se de trem, envolto em fumaça e carvão, ou de jardineira, um antepassado jurássico do ônibus. Alguns ônibus nem se distinguiam muito desses ancestrais. Os viajantes adultos usavam guarda-pó, um jaleco do século XIX que os protegia do pó e da sujeira. Não era uma capa de chuva e, na verdade, ninguém mais sabe o que era. Mas era obrigatório, dizendo Lima Barreto que "não levar guarda-pó era sinal de lamentável pobreza ou de mau gosto sem igual". A guerra, em preto e branco, ocupava a imprensa escrita e os jornais da tela, onde houvesse um cinema. Era a única realidade cultural visível de um mundo que, com Samuel Morse (1791-1872), comunicava-se pelo código Morse, o Brasil desde 1874, quando ligou-se a Portugal por um cabo telegráfico submarino. Duas revistas sobre o conflito se acumulavam em minha casa: *Der Adler* (de Berlim), editada em alemão e espanhol, que circulou até 1941, fazendo a propaganda alemã, e *Em guarda (para a defesa das Américas)*, de propaganda americana, que substituiu a primeira até 1945, publicada em português pela *Business Publishers International Corp.*, de Nova York. Mais tarde, percebi que, além das fotografias, aquelas pilhas de informações antagônicas preservavam o princípio do contraditório. Quando os vencedores enforcaram os perdedores, iniciou-se a Guerra Fria. A cultura nova é científica e os estudantes manejam réguas de cálculo. Não existiam os computadores de bolso. Os Estados Unidos e o cinema americano atraem os sonhos, a Europa é um amontoado de escombros, de velharias e gente emigrando para a América. O Brasil, uma terra do futuro, nessa época, não passava de uma província dissipadora de divisas, reservas que, dizia o anedotário, trocava por chicletes, matéria plástica e sobras de guerra, como porta-aviões, além de utilidades como vitrolas, geladeiras, aviões DC3, depois as televisões e aqueles carrinhos sem água e sem radiador que muitos faziam fila para comprar. Em compensação, embora ficássemos longe de uma rede ferroviária como se vê na Europa e nos Estados Unidos, o fato é que tínhamos algumas estradas de ferro, que, em São Paulo, eram motivo de vaidade. Acertava-se a hora pelo trem, diziam os velhos do meu tempo de menino.

É pensando nisso que, invocando mais a imagem de meu avô que a de Casimiro de Abreu, sinto a mesma saudade da infância, dos carros de gasogênio buzinando nas esquinas, chamando um tal de Arruda que ninguém via, e a gente imitava: "Arruda! Arruda!" Saudades das laranjeiras carregadas à beira do caminho, das estradas de terra, das fritadas de lambari nas margens do Rio Grande, de meu pai tocando ao violão um samba de breque *(Eu fui à Europa)* ou *Saudades de Matão*, sem prejuízo de um *Scherzo* e um *Estudo* de Chopin, que minha mãe executava primorosamente em um sonoro e germânico *Perzina*. De uma outra noite de São João na roça, ainda ouço o estalo da lenha, sinto o calor da fogueira e o cheiro do quentão. Enxergo entre as fagulhas um grande balão subindo lentamente e acompanho a trajetória dos foguetes que ribombavam para ecoar no matagal, provocando a cachorrada. Em uma roda ao lado do fogo um violão puxava o indefectível breque: "Eu fui à Europa p'ra cantar samba de breque numa rádio de lá..."[134]

---

[134] Sobre a hegemonia de São Paulo, como metrópole, ver Capítulo 6. Sobre o invento de *Daguerre (daguerreótipo)* e o abade Compte ou o padre Combes, ver Ana Maria Mauad, "Imagem e auto-imagem do Segundo Reinado", capítulo 4 da *História da vida privada no Brasil*, vol.2. São Paulo, Companhia das Letras, p.189. Ver também Josué Montello, *Memórias póstumas de Machado de Assis*. Rio de Janeiro, Nova Fronteira, 1997, p.35-6. De Guimarães Rosa, *Grande sertão: veredas*. Rio de Janeiro, Nova Fronteira, 2005, p.89. De Nero Senna, "Ontem e hoje", crônica reproduzida por José Luiz Pasin em *Guaratinguetá: tempo e memória*, publicação da Secretaria de Estado da Cultura do Estado de São Paulo, p.87-8. Já havia sido repro-

duzida por Homero Senna no livro *Um mineiro de Guaratinguetá,* Rio de Janeiro, Serviço Gráfico do IBGE, 1974, p. 97-8, no qual se registra a saudação feita por Nero Senna a Altino Arantes, no Clube Literário de Guaratinguetá (p.37). A povoação de Guaratinguetá, fundada em 1651 (conferir Sérgio Buarque de Hollanda, *Vale do Paraíba: velhas fazendas,* com ilustrações de Tom Maia. São Paulo, Companhia Editora Nacional, 1976, p.17), foi elevada à categoria de vila em 1657 e de cidade em 1844 (Pasin, cit., p.59 e 71). O depoimento de Lima Barreto sobre a obrigatoriedade do guarda-pó está em *Lima Barreto toda crônica,* cit., vol.II, p.354. Sobre o cabo telegráfico submarino que ligou Brasil e Portugal, ver escrito de Renato Cruz no *O Estado de S.Paulo* de 26.02.2006, p.A-12. De Olyntha Senna Rebouças menciono o que ficou na memória dos anos 1940, no século passado, que também se deve aos programas radiofônicos lembrando a invasão da Polônia e a ocupação de Paris, o *Scherzo n. 2 (opus 31)* e o *Estudo n. 12 (opus 10),* de Chopin. Em setembro de 1988, aos 79 anos, Acácio Rebouças ainda tocava esse samba de breque. Foi a última vez que ouvi e, para não esquecer, dessa vez anotei a letra. O introito – "eu fui à Europa..." – me veio à lembrança tão logo pisei em Paris pela primeira vez, em dezembro de 1978, repetindo-se o sentimento em todas as outras vezes que lá estive, como se revivesse, sempre em Paris, a história de um menino de quatro anos, na cidade de Olímpia, cantando as estrofes da *Marseillaise,* nos tempos da guerra, texto decorado independentemente do significado, que só no ginásio alcançaria. Sobre a colonização inglesa na América do Norte, conferir Leandro Karnal, *História dos Estados Unidos da América: das origens ao século XXI.* São Paulo, Contexto, 2007, p.44-7. Do chamado *bumpkin,* o *Webster dictionary* traz *"a rustic lout"*, um homem tosco, rústico, grosseiro, como os labregos. O *péquenot* francês dá o sentido pejorativo de *paysan.* É o caipira. Mas fiquemos com aquele samba de breque, que nos devolve uma época:

Eu fui à Europa
P'ra cantar samba de breque
Numa rádio de lá.
Quando estreei foi um xuá!

Meti minha bossa
P'ra mostrar que a gente nossa
Também sabe cantar,
Com aquele molho de abafar!

Mas, de repente,
Quando eu atuava naquela estação,
Ouvi no estúdio um barulhão;
De correria, tiros, comandos,
Uma confusão...
Pararam até a irradiação!

Fui agarrada
Por dois soldados e um oficial,
Que disse: – É a tal
Que diz ser artista,
Mas que não passa de uma espiã.
– Vai ser fuzilada amanhã!

Eu disse logo:

– Mas essa gente está equivocada,
Eu canto samba e mais nada.
Me responderam:
– Esse teu samba é mensagem cifrada,
Você está é camuflada!

Me encostaram
Numa parede em frente ao pelotão,
E apontaram o coração.
Estava faltando somente
A ordem da execução.
Mas vejam só que situação!

Me perguntaram
Qual era a minha última vontade.
Eu disse: – A minha liberdade!
Mas o oficial sacou da espada
E a levantou no ar...
Já iam me bombardear!

Mas, de repente,
Quando a ordem – FOGO! o oficial exclama,
Eu acordei embaixo da cama...
Foi tudo um sonho,
Graças a Deus um sonho e nada mais.
Eu vou deixar de ler jornais!

Toda a América se fez com esse lastro provinciano, inclusive os Estados Unidos. Leandro Karnal sustenta incorreta a ideia de que para a América do Norte dirigiu-se um grupo seleto de colonos, instruídos e ricos. A Inglaterra tinha problemas demográficos e cuidou de descarregar no Novo Mundo aquilo que não desejava. Com raras exceções, não foi a aristocracia que atravessou o oceano, mas alguns órfãos, mulheres que seriam leiloadas, crianças sequestradas para serem vendidas, além de aventureiros, degredados e negros africanos. Constituindo a minoria, também vieram comerciantes e gente *com formação escolar*, religiosos perseguidos (peregrinos), que são os antepassados da parte *wasp (white, anglo-saxon, protestant)* dessa colonização, e os calvinistas (puritanos) que estão na base da *ideia de povo eleito e especial diante do mundo*, uma das marcas culturais dos Estados Unidos (nota 134). Acrescem inúmeras imigrações posteriores, e dessa confusão saem as sementes dos labregos espalhados pelo vasto território daquele país. São chamados *bumpkins* e, tal como o *péquenot* francês, são como os nossos caipiras.

No Brasil, o ar da província foi efluência duradoura, atravessando toda a nossa história. Mesmo alcançando o desenvolvimento, o progresso, a civilização, e ainda que passemos de modo honroso pelo século XXI, conservaremos um pouco do caboclismo, da nossa jequice proverbial. Exceções que existam confirmam a regra, mas serão poucos os dissidentes, entre os quais estarão, por certo, filhos e netos de um capiau desmemoriado ou de um nórdico de imigração recente. Os que possuem vínculos coloniais, os descendentes das mais antigas famílias ainda trazem nas veias o sangue que os seus antepassados lusos herdaram dos tripulantes e passageiros das naus de Cabral e de todas as outras. Os séculos que nos separam não apagam a saudade, um sentimento português que recebemos por legado, não impedem a fluência da alma sonhadora e nostálgica que nos foi dada, que nos permite vê-los e quase os tocar – esses antigos navegantes e degredados da Metrópole. É como se, em nossa viagem pelo tempo, uma âncora nos mantivesse permanentemente ao largo, em plena madrugada do século XVI. E ali ficamos, atrás da neblina, espionando a aproximação das primeiras caravelas e a chegada daqueles antepassados, alguns letrados, poucos, na verdade. De resto, burocratas, autocratas, artilheiros, soldados, religiosos, homens do mar e aventureiros, gente sagaz, mas vulgar em grande número, de alma tosca, a mente inculta, muitos fugidos, todos sujos e malcheirosos. E poucos anos transcorreriam, desde então, para começarmos a ouvir, distante, o banzo surdo dos atabaques.

13
NA ÓRBITA DO PLURALISMO

I

Com o entusiasmo belicoso de Chávez, da Venezuela, e uma bazófia de Ortega, da Nicarágua, logo revertidos, o mês de março de 2008 começou promissor, com uma espécie de *Blitzkrieg* da Colômbia invadindo o Equador, bombardeando um enxame de guerrilheiros e sequestradores colombianos (Forças Armadas Revolucionárias da Colômbia – Farc) que encontram guarida naquele outro país. A operação chegou a matar um dos comandantes da guerrilha. Apesar da rápida ação diplomática de países integrantes da Organização dos Estados Americanos (OEA), o Brasil entre eles, não há dúvida de que, mesmo selado um acordo pela OEA e ainda que condenada a ação da Colômbia, já estamos vivendo, na América do Sul, um desequilíbrio capaz de produzir resultados desastrosos. E para piorar as coisas, um relatório da *Interpol* indica o comprometimento dos governos da Venezuela e do Equador com as atividades guerrilheiras das Farc (*O Estado de S.Paulo* de 17.05.2008, p.A-3). Como se não bastasse, no mês de setembro, a oposição boliviana explode o gasoduto que traz o gás que compramos da Bolívia, o presidente Evo Morales estabelece o estado de sítio em um pedaço do país, entra em conflito campal com outro, expulsa o embaixador dos Estados Unidos e Chávez fala em uma intervenção militar se Morales vier a ser deposto. No mesmo mês de setembro e em outubro, o presidente Rafael Correa, do Equador, expulsa a empresa brasileira Odebrecht, deixa a Petrobrás na alça de mira e ameaça inadimplir as obrigações com o BNDES (*O Estado de S.Paulo* de 25.09.2008, p.A-

-13; 11.10.2008, p.A-23; e 23.11.2008, p.A-17), mas acaba fazendo um pagamento (*O Estado de S.Paulo* de 12.01.2009, p.A-12), o que completa o quadro dos países latino-americanos que apreciam retroceder à fase mais reles do indianismo, havendo aqui – digamos assim – a imagem de um populismo simplório e eleitoreiro em declínio cultural. E não deixa de compor esse declive a quartelada provinciana que, em Honduras, afastou um presidente animado com o *bolivarismo* da atual Venezuela. E Chávez volta a prometer uma intervenção, desta vez em Honduras, onde a visão suburbana abortou o que poderia ser um legítimo processo parlamentar de destituição do presidente que foi deposto, no dizer de Vargas Llosa um político demagogo que o golpe transformou em vítima e quase um herói da liberdade (*O Estado de S.Paulo* de 12.07.2009, p.A-16).

Na *Blitzkrieg* da Colômbia jogaram água na fervura, mas não se pode ignorar a *drôle de guerre*[135], que, com diversas irradiações, emana

---

135 *Drôle de guerre*, expressão usada por SARTRE quando escreveu o *Diário* do período em que esteve convocado pelo Exército, integrando as tropas que, na Alsácia, aguardavam a eclosão da guerra e a invasão da França pelos alemães, em 1940 *(Les Carnets de la Drôle de Guerre)*, tem sido traduzida por *guerra estranha* (conferir RONALD ARONSON, *Camus e Sartre*, tradução de Caio Liudvik. Rio de Janeiro, Nova Fronteira, 2007, p.55). O sentido é de uma guerra que vai começar, mas ainda não começou, revelando a calma aparente que esconde a angústia antes do primeiro tiro. Significa, outrossim, aquilo que ocorre ou que se faz no tempo de paz que ainda resta. De GILBERTO DE MELLO KUJAWSKI, ver "Fatos e versões", no *O Estado de S.Paulo* de 01.09.2005, p.A-2. De MARIO VARGAS LLOSA, sobre a vocação de retrocesso da América Latina, ver "A Itália não é a Bolívia", *em A linguagem da paixão*, cit., p.57. Sobre o presidente da Venezuela, coronel Hugo Chávez, que exerce liderança sobre a Bolívia, mas também Nicarágua e Equador, sem esquecer a aproximação

de Cuba, ver Denis Lerrer Rosenfield, *A democracia totalitária,* além dos editoriais "O Brasil e os neogolpistas", "Chávez, o ditador" e "Consolidando a ditadura", publicados no *O Estado de S.Paulo* de 21.01.2007, p.A-2 e 3 e de 19.08.2007, p.A-3. Ver também, de Rosenfield, "SS", no *O Estado de S.Paulo* de 26.11.2007, p.A-2. Ver, ainda, os editoriais "A condenação do Mercosul", "O Mercosul que se perdeu" e "A nova Constituição de Chávez", publicados no mesmo jornal, edições de 18 e 19.01.2007 e de 02.07.2007, p.A-3. Sobre o moderno armamento venezuelano e o desequilíbrio regional que isso acarreta, ver Roberto Godoy e Andrés Serbin, ambos no *O Estado de S.Paulo* de 05.02.2007, p.A-11. Ver também "A militarização da Venezuela", no *O Estado de S.Paulo* de 15.10.2007, p.A-3. Quanto ao regime gerado pela Revolução Russa de 1917, mencionado por Raymond Aron: *"Un groupe d'hommes, en s'emparant du pouvoir, à la manière de Louis-Napoléon, quoique par um processus plus violent, a été en mesure de transformer toute la structure de la societé russe et d'édifier le socialisme à partir non de la prédominance du prolétariat, mais de la toutepuissance de la machine d'Etat"* (*Les étapes de la pensée sociologique.* Paris, Gallimard, 1967, p.294-5. Na tradução de Sérgio Bath, São Paulo, Martins Fontes, 2002, p.425). Sobre os caminhos oligárquicos de Hugo Chávez, ver editorial do jornal *O Estado de S.Paulo* de 23.11.2008, p.A-3. Sobre o socialismo liberal de Norberto Bobbio, ver Celso Lafer, "A presença de Bobbio no Brasil", parte 2 de *A presença de Bobbio,* de Alberto Filippi e Celso Lafer. São Paulo, Unesp, 2004, p.133. Sobre a Argentina, de Patricia Bullrich ver *El desafio argentino: razones éticas y prácticas para el cambio.* Buenos Aires, Editorial El Ateneo, 2005, p.21-59. A respeitável opinião do presidente Raúl Alfonsín está no artigo "Rompendo com o passado", conferir *O Estado de S.Paulo* de 20.06.2005, p.A-2. O mesmo jornal publicou matéria de Ariel Palacios sobre a transformação do então presidente Kirchner em um verdadeiro monarca a controlar todos os poderes (edição de 09.07.2006, p.A-20). Quanto a Borges, diz-se que ele *"rechaza los localismos, las concesiones nacionalistas, el lenguaje que señale escisiones, lo argentino tomado como finalidad"* (Estudio Preliminar de Maria Adela Renard para *Poesias* de Jorge Luis

---

Borges. Buenos Aires, Editorial Kapeluz, 1977, p.23). Especificamente no campo literário, *"siempre confesó su aversión a una literatura que fuera sensible a las presiones de las ideologías"* (Beatriz Sarlo, *Borges: un escritor en las orillas*. Buenos Aires, Ariel, 1995, p.189). O conceito de *pluralismo* no plano político está no verbete redigido por Bobbio em seu próprio *Dicionário de política*, vol.2. Brasília, Editora da UnB, 1992, p.928. Quanto ao nacionalismo populista e demagógico da América Latina: *"c'est en [...] Amérique latine qu'apparaissent brusquement, avec une ampleur sans précédent, des idéologies nationalistes d'un type apparemment nouveau. [...] Un nationalisme populaire et volontiers démagogique, à prétentions autarciques, de type peroniste. Le peronisme était constitué par un mélange d'éléments très divers: militarisme et moralisme, vocabulaire révolutionnaire et conservatisme, anti-américanisme et recours aux Etats-Unis, opportunisme et nationalisme"* (Jean Touchard, *Histoire des idées politiques*. Paris, Puf, 1993, p.839-940). Qualquer semelhança com o perfil contemporâneo da Venezuela, da Bolívia e do Equador não deve ser levada à conta de mera coincidência. Sobre a prisão de juízes pelo Parlamento boliviano, ver *O Estado de S.Paulo* de 30.05.2007, p.A-12. Sobre o confisco das rendas da Petrobrás no Equador, ver *O Estado de S.Paulo* de 14.10.2007, p.A-3. Quanto ao antiamericanismo, é assim referido por Plinio Mendoza, Carlos Montaner e Álvaro Vargas Llosa no *Manual del perfecto idiota latinoamericano*, com prefácio de Mario Vargas Llosa, Barcelona, Plaza Janés, 2002, p.240. Os mesmos autores lançaram agora *El regreso del idiota*, salvando alguns políticos (Lagos, Bachelet, Lula, Tabaré Vásquez, Alan García e Ortega), mas condenando Castro, Chávez e Evo Morales, que respondem pela cegueira da América Latina, com o retorno do populismo, do estatismo e do coletivismo (conferir Mario Vargas Llosa, "A volta do idiota", no *O Estado de S.Paulo* de 18.02.2007, p.A-12). A análise de Fernando Henrique Cardoso sobre o antiamericanismo na América Latina está em *The accidental President of Brazil*, cit., p.227 (*"Chavez and some of the current leaders in Latin America have political views that are closed to the traditional nationalism and anti-Americanism of the past. However, U.S. foreign policy, especially after 9/11, has* das fronteiras venezuelanas, uma atmosfera impregnada de discursos e bravatas, da compra de armas, de ameaças, frutos do recrudescimento do populismo, do nacionalismo, do militarismo, do armamentismo e do totalitarismo, que, na atualidade, não passam de sinistros ingredientes de política e de governo, mas nem sempre contestados com veemência pelo Brasil e outros vizinhos. As nossas contestações também andam simplórias. A fronteira entre a Colômbia e a Venezuela é um fio elétrico sem capa sobre um terreno inundado de petróleo. A Colômbia acusa a Venezuela de entregar à guerrilha (Farc) lançadores de foguete de fabricação sueca. Chávez revida, objetando à entrega de bases colombianas para uso de militares norte-americanos, envolvendo nessa discussão toda a América Latina. A América Latina já vive uma recessão democrática, diz a presidente do Chile (*O Estado de S.Paulo* de 31.07.2009, p.A-12-3). Na melhor das hipóteses, os que assim lustram as botas, plantam espiões (*O Estado de S.Paulo* de 16.11.2009, p.A-11) e engraxam as armas dão um novo brilho à mais disparatada face do provincianismo latino-americano, circunstância bem conhecida da literatura brasileira. Deviam distribuir aos integrantes da OEA uma edição especial de *O Senhor Embaixador,* de Erico Verissimo (nota 106).

O totalitarismo, como o nacionalismo – escreve Gilberto de Mello Kujawski –, está entre as "armações frágeis e sem substância, que se desmancharam no ar". Entretanto, as antenas da província não alcançam tal percepção. Há quem insista nas duas coisas, ainda que o

---

done little, if anything, to dispel the resurgence of old ideologies in Latin America. The U.S. unilateralism and the way the war against Iraq was waged reinforced Latin America's fears"). A ponderação de LEANDRO KARNAL está na conclusão da *História dos Estados Unidos: das origens ao século XXI*. São Paulo, Contexto, 2007, p.280.

totalitarismo, no início do terceiro milênio, não se prenda obrigatoriamente à ortodoxia de Hitler, Mussolini, Stalin, Franco, ou mesmo Castro, Saddam Hussein e outros exemplos. Ele pode apresentar-se de uma forma heterodoxa ou camuflada, como se esboça na América Latina, um continente que, na visão de Llosa, passou boa parte da sua história tentando estagnar ou retroceder, parecendo típico o exemplo da Venezuela, a despeito da admiração manifestada pelo presidente Lula, considerando *democrático* o seu atual governo, o que, em uma penada, revoga a Ciência Política. Acesso ao poder e exercício do poder são coisas distintas. Hitler não surgiu em um golpe de Estado, mas foi erguido pelos instrumentos democráticos de Weimar.

É fácil perceber que, na esteira do *bolivarismo* (uma fórmula que lembra o fascismo, ainda que o discurso mencione o *socialismo do século XXI*, assim chamado por quem, então, retroage a história para mais um plagiato do regime montado por Lênin e Stálin no curso da Revolução Russa de 1917 que, nas palavras de Raymond Aron, não edificou o socialismo a partir da predominância do proletariado, mas sim do poder da máquina estatal), há um projeto de governo acenando com o totalitarismo, com o caudilhismo e com a militarização que, novamente, faz cobrir a América Central e a América do Sul de nuvens soturnas. Sem esquecer o exemplo do golpe de Estado em Honduras (2009), que se apregoa como sendo uma resposta ao *bolivarismo* de Chávez, mas no velho estilo de província da quartelada latino-americana (daí ser rejeitado pela ONU e pela OEA), o atual governo da Venezuela parece ignorar que a única possível referência socialista no século XXI é a da vertente liberal de Norberto Bobbio que, no Brasil – disse Celso Lafer –, é fonte de inspiração para os liberais "atentos à escala de desigualdade existente no país e ao desafio que isto [...] representa para o futuro brasileiro" (nota 135). Inicialmente, a maioria dos venezuelanos rejeitou o projeto, mas a rejeição plebiscitária de uma Constituição era irrelevante se o presidente continuava exercendo os poderes da *Lei Habilitante*, se permanecia no controle das forças armadas e se o tema da reeleição perpétua continuava em pauta. Tanto que, em uma segunda tentativa, esse projeto saiu vitorioso nas urnas (*O Estado de S.Paulo* de 16.02.2009). Mais uma vez, o exemplo histórico de Hitler, que conduziu uma tenebrosa ditadura sem ter revogado a Constituição de *Weimar*. Repete-se: acesso ao poder e exercício do poder são coisas distintas. Na trilha da Venezuela, a Bolívia de Evo Morales, onde o Parlamento manda prender juízes, e o Equador de Rafael Correa que, no espelho da Bolívia, confiscou as rendas da Petrobrás, mesmo que não se alinhem totalmente, estão desenhando um novo eixo contra o Estado de Direito e a economia de mercado, aliança que é capaz de confundir os investidores sobre os riscos que correm no Mercosul, nisso podendo ajudar uma política externa indulgente, que contradiz um dos fundamentos básicos da união, o democrático (Protocolo de Ushuaia, 24.07.1998), podendo levá-la à morte ou à completa irrelevância, como afirmou editorial da imprensa paulista. Fala-se na instituição de um novo sistema político que Denis Lerrer Rosenfield glosou como sendo "a democracia totalitária". E esta libera forças viscosas que tentam "inocular nos países vizinhos o germe do atraso e do autoritarismo" (nota 135), fazendo-nos olhar o horizonte com desânimo. O único alento, nesse campo, é o preço do petróleo que, por força do mercado, sempre pode despencar, enfraquecendo a influência da Venezuela. Não se ignora que, subindo o preço, o Brasil não escaparia de ser um dos beneficiários.

Mas pode-se dizer que, pelo menos, esses ventos caribenhos não propagarão a ineficiência que já possuímos. Apesar das belezas naturais, da riqueza do solo e das florestas, das metrópoles e economias que se destacam, do desenvolvimento dos países emergentes, sem contar os atrativos culturais, com suas afinidades e desencontros, a América Latina convive há séculos com a insegurança e com a administração ineficaz. Nas cercanias do equador e abaixo dele, quase sempre deparamos, na América, com uma secular província continental cujo marasmo (o aspecto sombrio) as atuais autocracias não produzirão, mas podem ampliar.

Do Brasil, mesmo levando em conta o atual sucesso econômico, costuma-se dizer que as âncoras que nos estancam decorrem do gasto excessivo, da burocracia e da tributação em abundância, tudo combinado com deficiência em energia, em transportes, em educação e em serviços públicos. Às vezes, também derivam de uma espécie de miopia atávica. Em 2008, em plena crise econômica mundial que, na melhor das hipóteses, teria reflexos negativos para a população dos países emergentes (restrições de crédito, recessão, demissões e desemprego), cogitou-se da criação de mais de 7.000 postos de vereador, um projeto aprovado em 2009, com a criação de 7.709 vagas (*O Estado de S.Paulo* de 23.09.2009). Essa nossa realidade, anterior aos exemplos contemporâneos da América Latina, não se prende a doutrinas *bolivarianas*, mas a uma visão de província que é nossa velha e pertinaz companheira desde prístinas eras, desembarcando no Rio de Janeiro com aquela corte que escapava de Lisboa para assombrar Napoleão. Falando sobre o Primeiro Reinado, insiste Manoel Bomfim na crítica dos métodos:

> [...] a política, a administração e as finanças do Brasil eram as daquele Estado implantado aqui pelo filho de D. Maria, a louca. Ele o criara, como criou o célebre banco, a que, em poucos anos, a nação veio a dever mais do que o capital instituído para todo o giro. Em seguida, lembra que, em 1829, Bernardo de Vasconcelos, o futuro organizador do partido conservador, apontava o Brasil como sendo "a nação em que se paga mais impostos, havidos com uma arrecadação que consome 50%

da receita" [...] Gasta faustosamente, prodigamente (*O Brasil nação*, 2ª edição. Rio de Janeiro, Topbooks, p.115-6.)

Da Argentina, a despeito da opinião do ex-presidente Raúl Alfonsín, de que a democracia está ali consolidada, o novo totalitarismo pode abranger, de forma mitigada, as chamadas "democracias de partido único", sem oposição verdadeira, como Patricia Bullrich diz ocorrer naquele país, onde dois partidos, longe de estabelecerem a alternância, apoderaram-se do Estado, corporativamente, em detrimento da Nação, não passando o Judiciário de um cúmplice do poder político, "cumplicidade sistêmica" que gera a desconfiança social de que os três poderes não passam de um só. *"Las instituciones democráticas funcionan como pantallas de un régimen incierto, arbitrário, donde la ley se amolda al capricho del caudillo"*. Admitida a tese de Bullrich, nem mesmo faltaria o componente provinciano do nacionalismo que, na verdade, está implícito em todo o quadro, o mesmo que Borges havia combatido ao tempo de Perón (nota 135).

Entretanto, o mais valoroso componente dessa paisagem latino-americana é a incultura, especificamente um déficit de cultura política, única circunstância capaz de explicar o fato de ainda elegermos o populismo como instrumento dessa heterodoxia. Na década de 1990, na 13ª edição de sua *Histoire des idées politiques*, Jean Touchard deixou expresso que na América Latina brotavam novas ideologias nacionalistas envoltas em populismo, oportunismo, demagogia e, lembrando o peronismo, encharcadas de antiamericanismo, circunstância esta última que, com escárnio, Mendoza, Montaner e Llosa dizem qualificar a espécie mais atrasada na escala zoológica do idiota latino-americano (nota 135).

A despeito dos Estados Unidos terem parte da culpa pelo ressurgimento do nacionalismo e do antiamericanismo na América Latina, cujas apreensões – na análise de Fernando Henrique Cardoso – decorrem da "política externa americana posterior ao atentado de 11 de setembro de 2001", do seu "unilateralismo e da forma com que essa política desencadeou a guerra do Iraque", parece absurda e inútil essa postura antiamericana radical ou religiosa, o hábito de "reclamar da arrogância do governo de Washington, como se algum governo imperial do passado tivesse sido humilde, filantrópico ou expandido seu poder em busca da melhoria coletiva da humanidade" – pondera Leandro Karnal – aduzindo que "os governantes mais antiamericanos na Ásia ou América Latina não parecem garantir a possibilidade de um mundo mais confiável e justo" (nota 135).

II

Com tão próximas e retrógradas contaminações, só uma circunstância parece existir prometendo a nossa salvação: o pluralismo. Mais ou menos como os Estados Unidos da América, país que também passou pela escravidão e pela imigração (os maiores centros urbanos, principalmente São Paulo, assimilando uma torrente migratória e espigando-se como a cidade de Nova York), e a despeito dos equívocos da política externa norte-americana (circunstância de uma administração passageira) e, de nossa parte, dessa realidade anímica que, com exceções, pode nos classificar, individualmente, como autocratas (lídimos herdeiros de uma cultura política autocrática), a nossa sociedade sempre foi pluralista, um *melting-pot* de etnias e culturas diversas. A sociedade norte-americana sustenta esse pluralismo. E se há exemplo *qualitativo* de multiculturalismo na América Latina é o nosso. De uns tempos para cá, revelamos uma vocação econômica pluralista. A convergência de coisas e fatores comuns e incomuns, previsíveis e imprevisíveis, surpreendentes, estranhos, nativos, exóticos, díspares, desordenados e multiorbitais é a crua realidade do mercado.

Creio que a divergência se estabelece, apenas, na origem do regime federativo e na sua interpretação política, parecendo pluralistas os norte-americanos (as unidades federativas permitiram que a União existisse) e unitaristas os brasileiros (a União consentiu que os Estados florescessem, mas sempre sufocados "em suas veleidades de autonomia", unitarismo que é "explícito na Colônia e no Império e mascarado na República", preleciona Gilberto de Mello Kujawski). Gilberto Kujawski já havia sustentado que o nosso regime federativo nunca saiu do papel, não passando "do disfarce de um Estado tentacularmente centralizador e absorvente".[136] E depois das pedradas e "reformas judiciárias" expelidas pelo Estado brasileiro no bojo de um vulcânico *fluxo piroplástico*, essa interpretação é cabal, reconheço. É isso que os autocratas e positivistas sempre quiseram. E é isso que temos, ainda que, de minha parte, e por outro foco, acredite haver no Brasil uma vocação federativa anterior à República e que acaba se impondo de uma forma ou de outra, acontecendo, às vezes, por força de arranjos políticos, aliás, uma acomodação que ocorreu no Império, como demonstram Miriam Dolhnikoff e Pimenta Bueno (nota 125). Não contesto que, nas linhas, tenhamos uma Federação claudicante, às vezes farsante. Mas creio que, nas entrelinhas, como já fizemos, queremos e podemos compensar isso.

Entretanto, aqui não se trata disso e, mesmo que essas características sejam confrontadas no estudo do federalismo, distinguindo

---

[136] De Gilberto de Mello Kujawski, ver *Idéia do Brasil*. São Paulo, Senac, 2001, p.44 e 69-70. De Norman Gall, do Instituto Fernand Braudel de Economia Mundial, com sede em São Paulo, ver entrevista dada a Roberto Pompeu de Toledo na revista *Veja* n. 1.941, de 01.02.2006, p.11. De Norberto Bobbio, *Teoria geral da política*, 2ª edição. São Paulo, Campus, 2000, p.85 e 333.

dois sistemas diversos, no foco deste capítulo (sobre a formação histórica e socioeconômica), as duas sociedades são pluralistas. É o que penso. A semelhança com os Estados Unidos da América é notada por Norman Gall, jornalista nascido no Brooklin, que trabalhou em quase todos os países da América Latina, e que exalta o Brasil nesse concerto, vendo-o engajado nas grandes questões da atualidade (urbanização, globalização, meio ambiente, violência, direitos humanos, educação e administração de sociedades complexas), lembrando os Estados Unidos do século XIX e da primeira metade do século XX (nota 136).

Esse pluralismo pode ser visto de muitos ângulos. No prisma religioso, explica o ecumenismo. Já no plano político, equivale à *rejeição das fontes únicas de autoridade* e ao repúdio da existência de uma só vontade política (Bobbio), o que ocorre a partir do Estado liberal. Discorrendo sobre "os intelectuais e a crise" (*O Estado de S.Paulo* de 18.09.2005), escreve o prof. Celso Lafer que o pluralismo das perspectivas é dado justamente pela concepção laica do Estado liberal em uma sociedade democratizada. Nas suas palavras: "O efetivo espaço para um papel próprio dos intelectuais foi dado pela democratização da sociedade e pela concepção laica do Estado liberal que, ao deixar de reivindicar o monopólio do poder ideológico, ensejou o pluralismo das perspectivas".

Não se tratando de uma democracia monística, conforme o exemplo de Bobbio, que também vê o pluralismo em oposição ao totalitarismo (nota 136), o pluralismo é sinônimo de democracia. São tão ligados os conceitos que ele se confunde com a liberdade democrática, sendo a democracia o regime capaz de administrar os conflitos do pluralismo. Mas equivocou-se o presidente Lula ao discursar na reunião dos chefes de Estado sul-americanos (janeiro de 2007), considerando manifestação do pluralismo o compáscuo de democratas e autocratas, de capitalistas e socialistas, de liberais e estatistas no Mercosul, principalmente, considerando que as divergências se concentram na possibilidade ou na impossibilidade de inserir o Mercosul no mercado global. Em uma sociedade, a comunhão de propósitos e de interesses é fundamental. A reunião de mercófilos e mercocéticos em um empreendimento comum não é pluralismo, mas ilogismo, a demonstração de que não existe *affectio societatis* (nota 70), o que acarreta a dissolução ou a falência das sociedades comerciais e pode levar à implosão do Mercosul. Sob o prisma jurídico, o Mercosul pode condenar-se pela inobservância dos pressupostos legais. Admitir o ingresso de um sócio que não cumpra a conhecida cláusula democrática (Protocolo de Ushuaia, 24.07.1998) será uma transigência suicida. Tanto a democracia é norma regente da sociedade que o seu Parlamento tem o propósito de promovê-la e defendê-la (Protocolo constitutivo do Parlamento do Mercosul, de 2005, art. 2°, n.2). Uma contemporização abrirá as portas para que outras sucedam, e a desordem produzirá a desconfiança, a hostilidade e o caos.

Sempre que houver apenas uma fonte de poder (um partido único) ou um pluripartidarismo de fachada, não há verdadeiramente democracia. Durante os 12 anos do regime nazista *(III Reich)*, a Alemanha perdeu boa parte do seu patrimônio pluralista e nem mais podia considerar-se europeia no sentido próprio do termo, disse André Reszler. A extinta Alemanha comunista *(DDR – Deutsche Demokratische Republik)* e as velhas repúblicas do leste europeu consideravam-se *democráticas*. Mas não eram. Uma visita a Praga e a Budapeste, nos dias que correm, demonstra isso de forma cabal. Tremulando no Parlamento, a bandeira perfurada da Hungria é exemplar. Ela fala por si. E quem ainda tem dúvidas sobre o regime de terror da *Stasi*, a polícia política da extinta Alemanha oriental, deve ver o filme *Das Leben der Anderen (A vida dos outros)*, premiado em 2007. Entre nós, duas décadas de regime autoritário, sob um bipartidarismo de fachada, foram suficientes para que não se queira a volta desses tempos, a despeito das dificuldades de tornar irreversível uma necessária impregnação democrática, como mostram alguns administradores públicos, principalmente quando assume o governo um partido de vocação hegemônica, para não dizer autoritária. No início, já falamos de nossa alma xifópaga. É dela que se trata. Enquanto o nosso irmão siamês (que é sempre um autoritário) administra a escuridão e fomenta a burocracia (o reinado anônimo e dominante da opacidade, segundo um pensamento de inspiração *weberiana*, conferir *RT*, 826/69), nós cada vez mais acreditamos que vamos vencê-lo em uma sociedade pluralista. Que algum dia teremos fixada na História a imagem de um povo moderno, que equilibre a atmosfera saudável da província e a vocação cosmopolita. Um povo como os que sustentam um século de vida democrática. Vê-se que ainda não chegamos lá, mas estamos a caminho, ajudados pela globalização, "que é tão irreversível quanto a pluralidade cultural", escreveu Salman Rushdie.[137]

---

[137] De André Reszler, conferir *Le pluralisme*. Genève, Georg Editeur et Institut Universitaire d'Études Européennes, p.64. De Salman Rushdie, ver "Pela defesa do multiculturalismo", no *O Estado de S.Paulo* de 18.12.2005, p.J-6. Quanto à *crise financeira do MASP*, consta que o falecido Assis Chateaubriand já foi substituído por um mecenas misterioso (*O Estado de S.Paulo* de 23.06.2005, p.D-12), que não revela o nome, o prestígio e a eficiência. Sobre Pietro Maria Bardi, o Masp, o roubo e a recuperação de quadros de Picasso (*O retrato de Suzanne Bloch*, de 1904) e Portinari (*O lavrador de café*, de 1939), ver *O Estado de S.Paulo* de 23.12.2007, p.C-1, e de 25.01.2008, p.C-1 e C-3. Sobre o roubo de quadros em Zurique, ver *O Estado de S.Paulo* de 12.02.2008, p.A-14. Em junho de 2008, novo roubo se registra em São Paulo, na Estação Pinacoteca, realizado ao meio dia por três visitantes do museu, que

Temos mais de uma metrópole e as duas maiores (São Paulo e Rio de Janeiro) são plurais, cosmopolitas e de espinhosa administração em todos os sentidos, da segurança à poluição que contribui para o efeito estufa, uma característica que o nosso cosmopolitismo traz de países do primeiro mundo (*O Estado de S.Paulo* de 18.8.2005, p.A-24). Em São Paulo de minha geração, sempre houve uma espécie de ufanismo em torno desse primeiro-mundismo paulistano que inclui uma das mais sofisticadas praças gastronômicas e, desde outubro de 1947, ainda alimenta a vaidade do *Museu de Arte de São Paulo (Masp)* que, apesar da morte de Pietro Maria Bardi, das crises financeiras, dos roubos patéticos de quadros de Picasso e Portinari e da ameaça de estatização do museu, conserva entre nós o requinte cultural das artes plásticas, especialmente quadros e pinturas dos melhores períodos e das mais afamadas escolas da Europa (Rafael, Ticiano, Delacroix, Poussin, Bellini, Renoir, Degas, Cézanne, Monet, Van Gogh, Lautrec, Matisse, Modigliani, etc.). Outrossim, a cidade de São Paulo não esquece de Ciccillo Matarazzo (Francisco Matarazzo Sobrinho) que a levou, pelo foco do modernismo, ao "grande circuito mundial das artes plásticas" (nota 137).

O roubo de obras de Picasso e Portinari produziu inquietação e, injustamente, alguma chacota. A imprensa noticiou a recuperação

---

deixam bem demonstrada a sua admiração por Di Cavalcanti, Picasso e Lasar Segall (*O Estado de S.Paulo* de 13.06.2008, p.A-1 e C-1). A polícia recuperou os quadros (*O Estado de S.Paulo* de 19.08.2008, p.C-3). Sobre Ciccillo Matarazzo ver "O primeiro grande mecenas brasileiro", na revista *Agitação*, editada pelo Centro de Integração Empresa-Escola, n. 83, p.72. De Erico Verissimo, conferir *Breve história da literatura brasileira (Brazilian literature: an outline)*, tradução de Maria da Glória Bordini. São Paulo, Globo, 1995, p.102. Foi na obra de estreia (*Urupês*, 1918) que Monteiro Lobato criou o tipo *Jeca Tatu*, um caipira preguiçoso e caricato.

dos quadros que, em um lance cinematográfico, tinham sido retirados do museu segundo os planos de um chefe de cozinha, o *ladrão gourmet*, a pedido de um colecionador da Arábia Saudita. A história assim contada podia classificar-se como um conto provinciano das arábias! Mas o episódio também nos fornece um *thriller* semelhante ao ocorrido em fevereiro de 2008 no *Museu Buehrle*, em Zurique, de onde alguns ladrões, um com sotaque eslavo, subtraíram quadros de Cézanne, Van Gogh, Monet e Degas. Dois desses quadros também foram recuperados e o roubo europeu, como sempre ocorre, é capaz de gerar histórias e dividendos durante décadas. O nosso também devia, pois, longe de ser uma piada, nada mais se registrou em São Paulo do que um episódio de primeiro mundo, dividido em dois atos: um roubo de arte cercado de peripécias burlescas e o trabalho discreto de uma polícia eficiente. Um bom diretor podia fazer, desde logo, um excelente filme, inserindo a Avenida Paulista no contexto dos melhores contos policiais.

Há cosmopolitas no Brasil, mas esse cosmopolitismo convive com serenas plagas tropicais e com a orla desse indolente mar continental que espuma de beleza e placidez a nossa plataforma e, ainda, com o som de um dobrado no coreto de uma praça interiorana, circundada pelas moças em um sentido e pelos moços em outro. O século XIX e o século XX foram pródigos em imagens *fellinianas* que ainda nos assaltam, mesmo que possamos esquecer o soturno capiau paulista que faz o *Jeca Tatu* do Monteiro Lobato, tipo "impenetrável ao progresso e à evolução", sentenciou o seu criador e assim anotou Veríssimo (nota 137).

Penso que se nos aplica o princípio *similia similibus curantur*, e ficaremos livres da intoxicação pelo próprio veneno. O que pode nos salvar é justamente a circunstância de estarmos habituados a administrar uma sociedade heterogênea e complexa, guiada, em primeiro lugar, por esse compáscuo há muito estabelecido entre a nossa vocação cosmopolita (que atualmente se mostra enfática, mas já estava esboçada na mistura racial) e o nosso colonial, disseminado e inabalável provincianismo. É um pluralismo cultivado por brancos, negros, índios e uma prole mestiça crescente em progressão geométrica, em um país continental inicialmente formado por capitanias provinciais distantes da civilização e que, por operosas que fossem (como a de Pernambuco e a de São Vicente), cultivaram o atraso e a mediocridade derivados dos portos fechados às nações estrangeiras e do conservadorismo inquisidor e obscurantista de uma Contrarreforma mantenedora da insciência por séculos, tanto em Portugal quanto no Brasil, que já havia sufocado a Renascença italiana e que, aliada à Inquisição, como anota Antonio Paim, desorganizava o empreendimento açucareiro no Brasil, "do que resulta sua chegada ao fim do século XVIII como fornecedor marginal". Antonio Paim destaca uma comparação que poderia explicar, em parte, a divergência de rumos no desenvolvimento de países que, há três séculos, não eram tão diferentes. Nos Estados Unidos da América, ele aponta a convicção puritana ligando o sucesso na obra (o enriquecimento) a um indício de salvação, enquanto, no Brasil, a Inquisição e a Contrarreforma refletiam a condenação da riqueza,[138] comparação que traz, inegavelmente, uma

---

138 ANTONIO PAIM, *Momentos decisivos da História do Brasil.* São Paulo, Martins Fontes, 2000, p.51, 134 e 147. A condenação da riqueza também explica, atualmente, a teologia da libertação e a respectiva opção preferencial pela pobreza, que é, na América Latina, a Igreja sob o prisma do exercício da política. A referida inspiração de MAX WEBER vem do consagrado livro *A ética protestante e o espírito do capitalismo (Die protestantische Ethik und der Geist des Kapitalismus)*, de 1905, no Brasil, em tradução de José Marcos Mariani de Macedo. São Paulo, Companhia das Letras, 2004. GILBERTO DE MELLO KUJAWSKI considera simplista a equação que se costuma deduzir dessa lição de Weber (*A idéia do Brasil.* São Paulo, Senac, 2001,

inspiração de Weber. Mas no campo cultural já havia o registro de uma discrepância insuperável. No Brasil do século XVIII, D. Maria (a louca) proibia o ensino primário. Um século antes, em 1647, uma lei de Massachusetts impunha a contratação de um professor para cada 50 famílias. Ao tempo em que nos sonegavam o alfabeto, havia, nos Estados Unidos, 7 instituições de ensino superior (nota 138).

Guia-nos, em segundo lugar, uma sociedade alimentada por tudo aquilo que do cosmos trouxe o Reino, no início do século XIX, com a transferência da corte e a abertura dos portos, transformadas as Capitanias em Províncias, propriamente ditas, depois constituídas nos Estados (assimilando a diversidade, às vezes a incompatibilidade dos interesses locais), em um complicado federalismo de uma República prenhe de virtudes e defeitos, até a atualidade em processo de afirmação, como se percebe desses *republicanos* que, gerados pela mídia a partir de Brasília, nada mais fazem que invocar a *República* a cada gesto, lembrando o *Le Procope*, de Paris, onde teria nascido a ideia da *Enciclopédia* (o *Café Procope* frequentado por Diderot, d'Alembert, Voltaire, Rousseau, Beaumarchais, Danton e Marat),[139] cujos lavabos, contemporâneos

p.137). Quanto ao sufoco da Renascença italiana, ver análise de JONATHAN JONES sobre a censura religiosa da obra de Galileu, no *O Estado de S.Paulo* de 30.07.2006, p.D-11. Sobre a proibição do ensino primário no Brasil, ver SERGIO CORRÊA DA COSTA, *Brasil, segredo de Estado,* cit., p.169. Sobre o ensino nos Estados Unidos, ver LEANDRO KARNAL, *História dos Estados Unidos,* cit., p.48-50. Sobre a deterioração cultural lusitana no século XVIII, ver nota 12.

139 Sobre o Café Procope, ver HERBERT R. LOTTMAN, *A rive gauche,* tradução de Isaac Piltcher. Rio de Janeiro, Guanabara, 1987, p.31. Sobre ali ter nascido a *En-*

à Revolução de 1789, com o mesmo tom de comédia, indicam-nos: *citoyen et citoyenne* (cidadão e cidadã). A propósito, essa indelével lembrança do novo regime e de seus princípios é uma curiosidade situada na *rue de l'Ancienne Comédie!*

Finalmente, levada a inicial mestiçagem ao acúmulo dos séculos e multiplicada pelas novas migrações a partir do século XIX, acaba tal sociedade integrando um povo multicultural, uma rica composição de individualidades heterogêneas. Lembra-nos Ubiratan Brasil do que bem resumiu Nélida Piñon: "somos mestiços, somos latinos, somos ibéricos e somos africanos", mestiçagem que assume uma grande complexidade se imaginarmos, com José de Souza Martins, que brancos diferentes se cruzam (escandinavos com latinos, por exemplo), assim como negros de etnias diferentes e índios de diferentes tribos e nações. Somos mais que isso, até. A pluralidade aqui engloba não só a diversidade étnica e regional, mas também as desigualdades sociais, anota Gilberto de Mello Kujawski. E longe disso tudo constituir um fardo, Durão Barroso pondera justamente que a diversidade "representa um trunfo na idade da globalização".[140]

---

ciclopédia, ver Colin Jones, *Paris: biografia de uma cidade*, tradução de J. Carlos Volcato e Henrique Guerra. Porto Alegre, L&PM Editores, 2009, p.214.

[140] Ubiratan Brasil, "Nélida Piñon vence o Astúrias: escritora é premiada pelo caráter mestiço de sua obra", no *O Estado de S.Paulo*, caderno 2, de 16.06.2005, p.D-4. De José de Souza Martins, ver "Que raça de povo é esta?", no *O Estado de S.Paulo* de 23.11.2008, p.J-7. De Gilberto de Mello Kujawski, conferir *A identidade nacional e outros ensaios*, cit., p.3. Ver também, de José Manuel Durão Barroso, o prefácio que escreveu para *A ideia de Europa*, de George Steiner. Lisboa, Gradiva, 2006, p.7.

III

As contaminações inicialmente referidas, capazes de afetar o governo, também refletem no Legislativo e no Judiciário, instituições de formação democrática que não foram atingidas de maneira letal, embora muitas vezes tocadas pelo caudal de autoritarismo que, sob a velha ordem positivista, sempre maculou o verdadeiro sentido da nossa democracia, regime de liberdade que, além de tudo, não representa grande coisa no plano temporal, pois, como já foi dito, registra-se presente por quatro décadas em uma história de cinco séculos,[141] vindo daí, quem sabe, essa inexperiência democrática que inspirou o presente texto, apontando o campo de honra onde os nossos homens públicos mais se tornam vulneráveis e onde os nossos governos mais sucumbem. O prof. Miguel Reale Júnior lembra que, em 1988, elaboramos a nossa última Constituição, mas que "resta, ainda, construir a democracia como o regime da moralidade administrativa e política e do exercício consciente da cidadania". Como ele diz, será um longo processo.

---

[141] O Judiciário foi repetidamente humilhado, diz José Murilo de Carvalho (conferir *Cidadania no Brasil*. Rio de Janeiro, Civilização Brasileira, 2004, p.194). Magistrados foram cassados e aposentados. Alterou-se o número de ministros do STF para garantir maioria ao governo, cujos atos foram excluídos da revisão judicial, etc. Quanto à democracia, com a derrubada do Estado Novo, em 1945, inicia-se "a primeira experiência que se poderia chamar com alguma propriedade de democrática em toda a história do país", interrompida em 1964 (*Cidadania no Brasil*, cit., p.87 e 131) e reiniciada com a Constituição de 1988. Ainda sobre a curta experiência democrática brasileira, ver nota 4. De Miguel Reale Júnior, ver "Da repressão à democratização", *O Estado de S.Paulo* de 07.03.2009, p.A-2.

É possível que a República deva ser republicanizada, como se falou (nota 16), mas a verdade é que os seus horizontes de província ganham os campeonatos de fôlego e permanecem à tona. Sob tal prisma, mesmo depois de republicanizada a República, esses horizontes continuarão atribuindo ao nosso país um cromatismo diáfano, uma transparência sedutora. Sedutora em todos os sentidos, também nos maus, como decorre da informação estampada na imprensa, seduzindo muita gente: governo promete a prisão de corruptos e a Polícia Federal... "fará estremecer a República".[142] Na verdade, é uma notícia insólita (aliás, muitas dessas ações já ocorreram, batizadas com nomes curiosos), quando se espera que prisões sejam sempre decretadas pelo Judiciário, segundo o *due process of law*.

Para estremecer a República não basta uma estatística de prisoes administrativas que, sem ordem judicial, são suspeitas de arbitrariedade, nem a prisão de políticos, de legisladores, administradores e magistrados, como já tivemos com a proverbial bulha jornalística. Nos últimos 500 anos, enfrentamos coisas mais fortes, bem mais

---

142 *O Estado de S.Paulo* de 27.06.2005, p.A-1. Longe de constituir novidade, tal estremecimento já existiu no início da República e justificou um pensamento de Rui. "A defesa da República está nas suas leis, que é indispensavelmente preciso observar, ainda quando forem o abrigo dos seus inimigos" (*Obras completas*, vol. XXIV, tomo I, p.84. Apud Luiz Rezende de Andrade Ribeiro, *Dicionário de conceitos e pensamentos de Rui Barbosa*. São Paulo, Edart, 1967, p.392). Sobre *republicanizar* a República, ver nota 16 (Marco Maciel). Sobre a crítica dos precatórios nas execuções alimentares, ver nota 30. Ainda sobre os precatórios, ver nota 151. Ver também F. P. Sena Rebouças, *Fim de século e justiça*, cit., capítulo XI, p.150. A descrição que Lima Barreto faz do abalo republicano está em *Lima Barreto toda crônica*, cit., vol.1, p.288.

contundentes (comoções, tumultos, revoltas, golpes, ditaduras, aberturas e democracias) e que não deram certo! A sombra da inocuidade sempre alimentou a desconfiança que há muito pairou sobre as nossas instituições. Entretanto, por verdadeira que seja a notícia, e admitindo-se que ela consiga ultrapassar os aspectos teatrais e os jogos de cena em que tais coisas normalmente se consomem (aspectos desonrosos, por sinal), é mais um ato de uma extraordinária sucessão de episódios passados no território de uma continental província, sabendo-se de antemão que nada estremeceu mais a nossa República que a própria República. Lima Barreto descreve esse abalo: "as patrulhas andavam nas ruas armadas de carabinas" e "a fisionomia da cidade era de estupor e de temor" (nota 142). A República carece de disciplinas que a cumpram, não que a estremeçam.

República e democracia que mereçam o nome são coisas que não se compatibilizam com o nosso modo de vê-las, com a corrupção desbragada, com as reformas que fazemos, a partir das que meramente caiaram o Judiciário (em 1979 e 2004), onde ficamos a copiar o passado, criando órgãos, cargos e despesas, centralizando a administração, ignorando o princípio federativo ou dando-lhe uma interpretação não excludente dessa atmosfera neopositivista que nos governa, produzindo um cipoal legislativo que faz inveja às mais nefandas burocracias e traz proveito para outros, como os autocratas e os prevaricadores (*Corruptissima republica plurimae leges*, Capítulo 2), regredindo para o absolutismo lusitano com as súmulas vinculativas, que lembram os assentos da Casa de Suplicação, normas autoritárias revogadas em 1822 (*RT*, 826/85), produzindo, em nome da transparência republicana, um festival de arbitrariedades policiais em plena temporada de caça, alimentando a imprensa do escândalo e amedrontando a sociedade. Argumentos e fundamentos encontramos para tudo, até para negar a Constituição (CF, art. 100) e impor à execução de créditos alimentares contra a Fazenda Pública a aviltante fila dos precatórios (notas 30 e 151). Mas não arredamos pé da mesmice. *Plus ça change, plus c'est la même chose!* Coloniais e monótonos, os nossos padrões culturais são mais inamovíveis que a magistratura (*RT*, 826/73). Só as coisas aparentes mudam. Ultimamente, andamos invocando o instituto das algemas e a televisão exibe filas de senhores algemados, todos de colarinho branco. Afinal, não é verdade que a justiça só castigue os pobres, dizem os prosélitos das instituições republicanas, cujos métodos, às vezes, parecem guardar semelhança com os da *Geheime Staatspolizei* (nota 49). O STF lançou uma disciplina rígida contra esse novo costume policial, mas os autocratas não gostaram dessa disciplina – é bom que se diga! Seguiu-se o episódio obscurantista do grampo telefônico no gabinete do presidente do Supremo Tribunal, como veremos.

Disse que, quanto mais as coisas mudam, mais elas continuam as mesmas. Para sentir a nossa extravagante inclinação autocrática, basta-nos espreitar do alto alguns fatos que merecem destaque, pinçados da cronologia histórica de Hélio Silva a partir do remansoso baile da Ilha Fiscal, em novembro de 1889: proclamada a República, o Imperador é posto em um navio e exilado. O representante norte-americano duvida da natureza democrática e republicana do golpe de Estado. Alunos da Escola Militar depõem o presidente do Rio Grande do Sul. Paulistas exortam Prudente de Moraes a abandonar sua candidatura em favor de Deodoro, evitando a ditadura. O Exército, de prontidão, prepara-se para intervir em caso de derrota de Deodoro. O presidente demite o governo paulista. Deodoro dissolve o Congresso e decreta o estado de sítio. Guarnições gaúchas sublevam-se contra a dissolução do Congresso. Júlio de Castilhos é deposto da presidência do Rio Grande do Sul. Deodoro ordena a prisão de oficiais da Marinha. Operários da Estrada de Ferro

Central do Brasil declaram-se em greve. Custódio de Melo chefia a sublevação da Armada. Deodoro renuncia à Presidência da República e pede a reforma do Exército. Floriano prende opositores que homenageavam o Marechal Deodoro e o Supremo Tribunal nega o *habeas corpus* impetrado por Rui Barbosa em favor de parlamentares, militares e jornalistas presos. Tropas federalistas de Gumercindo Saraiva e Vasco Martins, vindas do Uruguai, travam combate com legalistas no Rio Grande do Sul. O general Salgado, chefe federalista, invade o Rio Grande do Sul à frente de 180 homens, unindo-se às tropas de Gumercindo Saraiva. Rui Barbosa obtém informações sobre iminente revolta da Armada. Custódio de Melo se declara em rebelião contra o governo ditatorial. Rui Barbosa asila-se em Buenos Aires. Belonaves estrangeiras protegem o Rio de Janeiro. O almirante Saldanha da Gama investe-se no comando da revolta e acaba asilado em uma corveta portuguesa. Prudente de Morais assume a presidência da República e Floriano não comparece. Alunos da Escola Militar são presos por vaiar o governo, dando vivas a Floriano. Inicia-se a Guerra de Canudos.[143]

E vamos parar por aqui com a impressão de que transcorreu meio século de tirania desde que Deodoro, conforme o quadro de Henrique Bernardelli, entrou a cavalo no quartel-general. Na verdade, apenas sete anos. Estávamos em 1896 e faltavam cinco anos para o início do já extinto século XX que, sendo palco de estremecimentos políticos e éticos, tanta insegurança jurídica, devassidão econômica, corrupção e imatu-

---

143 Hélio Silva, *1889 A República não esperou o amanhecer*. Porto Alegre, LPM, 2005, p.25-38. O quadro de Henrique Bernardelli retratando a proclamação da República está reproduzido na p.390 da edição da UFRJ do *Teatro de sombras*, 1966, de José Murilo de Carvalho.

ridade ainda proporcionaria à nossa ingênua, centrípeta e autoritária República.

Em 2007, mais de um século à frente do Marechal Deodoro, duas reportagens da revista *Veja* (edição 2.022, 22.08.2007, p.53 e edição 2.076, 03.09.2008, p.64) mostram que os ministros da Suprema Corte convivem com a espionagem diuturna do grampo telefônico. Espionagem que, evidentemente, parte de um serviço administrativo subordinado ao Poder Executivo. E não se trata de um episódio da *Gestapo* na Alemanha nazista. A reportagem é sobre um país americano cortado pela fronteira sul da zona tropical, cuja Constituição garante a separação, a independência e a harmonia dos poderes. Sem contar as balas perdidas, os mosquitos da dengue, os assaltantes de rua e os sequestradores; considerando, apenas, a desconfiança dos mais altos juízes nas suas interceptadas conversas telefônicas, que segurança pode almejar um cidadão comum dessa República democrática?

E que democracia é essa, sob constante afronta policial? São democratas as pessoas que nos governam, fazendo tão pouco da Constituição, do Congresso e do Supremo Tribunal? Estando ultrapassados e desprestigiados os regimes de Comte, de Mussolini, de Lênin, de Stalin, de Castro, que sistema político esses governantes imaginam para o Brasil? O da "democracia totalitária" referida por Denis Rosenfield (nota 135)? O regime que não pretende punir os criminosos, como os que armaram a escuta telefônica ilegal no gabinete do presidente do STF, mas quer punir os jornalistas que divulgarem o teor das conversas? Aqui faço referência a outra matéria publicada pela revista *Veja* (edição 2.080, 01.10.2008, p.112).

Para um registro histórico, ainda não sabemos desenhar o fim desse episódio. Será o esquecimento, talvez, como tem sido o esquecimento o fim de tantos outros que ocorreram nesse período estranho de nossa vida política (aglutinando coisas boas e péssimas), mas felizmente percebemos que, mesmo de forma ciclotímica, continua havendo oposição no Congresso; sabemos que, sem a precedente restrição, há juízes independentes no Brasil e que, apesar do ingresso da *súmula vinculativa* (consagrando uma Justiça cujo órgão de cúpula passa a legislar, não havendo uma instituição superior que proteja o direito das inadequações dessa lei, lei que se transforma no cimento da centralização do poder e que ainda oferece o risco de vincular o atraso e não o progresso),[144] os votos vencidos não foram abolidos nos tribunais. Esse espírito brasileiro que, naturalmente, rejeita o monismo (apenas um valor é real, os outros são falsos, conferir Isaiah Berlin) e o unicismo (as fontes únicas e abrangentes de autoridade e a existência de uma só vontade política),[145] ou seja, que rejeita as

---

[144] *Revista dos tribunais*, 826/69. A súmula vinculativa investe na principal fraqueza da jurisprudência, que é o risco da estagnação. É o que ocorre, diz o prof. R. C. van Caenegem, quando há preocupação excessiva com os precedentes (*Uma introdução histórica ao direito privado*. São Paulo, Martins Fontes, 2000, p.242). Daí a vinculação do atraso e não do progresso.

[145] Isaiah Berlin, *A força das ideias*, organização de Henry Hardy, tradução de Rosaura Eichenberg. São Paulo, Companhia das Letras, 2005, p.32. O Estado unicista decorre do que, *a contrario sensu*, define Bobbio: "Estado pluralista é simplesmente um Estado onde não existe uma fonte única de autoridade", conferir *Dicionário de política*. Brasília, Editora da UnB, vol.2, 1992, p.928. De André Reszler, ver *Le pluralisme*. Genève, Georg Editeur et Institut Universitaire d'Études Européennes, p.5, 65, 144 e 147. Apesar das teorias de Laski, a antiga URSS, impregnada do centralismo absoluto do partido comunista, não se constituiu como exemplo dessas manifestações do fenômeno pluralista. O próprio federalismo soviético nunca existiu de maneira ortodoxa (conferir René David, *Os grandes sistemas do direito contemporâneo*, tradução de Hermínio A. Carvalho. Lisboa, Meridiano, § 184, p.252,

craveiras ou bitolas, é alimentado pelos imigrantes trazidos de todas as latitudes e longitudes. São pensamentos díspares que aqui se harmonizaram em um convívio sereno e que também possibilitaram o cruzamento racial e o espírito desbravador e empreendedor de tantos desses brasileiros, filhos de imigrantes que, em inúmeras atividades e em todas as épocas, só fizeram ousar, trabalhar e construir, o que seria impossível sem os horizontes abertos.

IV

Voltando à questão central, ainda que o termo seja de uso recente – escreve André Reszler –, o pluralismo é um espírito, uma visão do mundo, um antigo princípio de organização social que, no plano das ideias, confunde-se com o liberalismo europeu. Tanto que, para os países da Europa central saídos do comunismo, livres da opressão unicista e daquela burocracia de partido único, reencontrar a Europa seria "incutir esse espírito e as instituições das sociedades

---

na 2ª edição, § 185, p.246). A especulação sobre serem aparentes as dissonâncias entre Brasil e Argentina está no *O Estado de S.Paulo* de 03.02.2007, p.A-24, matéria transmitida pela correspondente Marina Guimarães. Quanto à manifestação do presidente Lula (de que o Brasil tem identidade própria), a interpretação da imprensa a que me refiro está nas *notas e informações* do *O Estado de S.Paulo* de 24.01.2007, p.A-3. Sobre a capacidade integradora do Brasil, ver Eduardo Subirats, "Viagem ao fim do paraíso", in *Oito visões da América Latina*, organização de Adauto Novaes. São Paulo, Senac, 2006, p.102. Fugindo ao pragmatismo, o discurso do presidente Lula, em Berlim (em 2009), opõe-se às pressões contra o Irã e sugere aos Estados Unidos e à Rússia que quem não se desarma não tem o direito de exigir que os outros o façam. O governo alemão, que também pressiona o Irã, deve ter recebido a crítica como um discurso campestre, que mistura pureza e provincianismo.

pluralistas", abrangendo todas as manifestações do fenômeno pluralista, como o sistema parlamentar, o federalismo (que, a despeito da União Soviética, foi o fundamento doutrinal do pluralismo político de Harold Laski, conferir *Reszler*, p.64), a divisão e separação dos poderes, a economia de mercado, o Estado de Direito, pressupondo o indivíduo, a liberdade e a propriedade privada.

Felizmente, não estivemos submetidos ao jugo da antiga União Soviética e, mesmo ao sabor dos ventos, desde cedo navegamos em caravelas pluralistas, que, repisando a síntese de Nélida Piñon, trouxeram os latinos, os ibéricos e os africanos. Desde cedo, convivemos com a disparidade e o pluralismo em nossos relacionamentos internos e externos, ainda quando nos faltou a liberdade. Podemos ter discordado do unilateralismo e da política externa de Washington que resultaram na invasão do Iraque e na criticada administração do campo de prisioneiros de Guantánamo. Mas aqui recebemos o presidente dos Estados Unidos, responsável pela referida política, e jamais concordaríamos com o festival antiamericano que se permitiu a Chávez, em Buenos Aires, durante a visita do presidente George W. Bush ao Brasil, em 09.03.2007. Ainda que a afinidade dos governos Lula e Kirchner não pareça ter aquela fluida e harmoniosa atmosfera dos encontros oficiais, notando-se um distanciamento no relacionamento comercial e na política econômica entre os dois países, faremos o possível (vale até um trabalho de macumba!) para acreditar no acerto da especulação (nota 145) de que, no campo do Mercosul, são aparentes os desencontros do Brasil e Argentina; que, de fato, Brasil e Argentina estariam unidos para barrar o avanço de influências intolerantes e degradantes no espaço do Mercosul, assim como é preciso crer na interpretação da imprensa de que, para o presidente Lula, o Brasil tem identidade própria; que aqui prevalecem os valores da civilização ocidental e que não estamos dispostos a sacrificar a democracia (e o pluralismo que é ínsito à democracia).

É lamentável que, mesmo descontadas as derrapagens do protagonismo externo brasileiro, que se tornaram evidentes, em 2009 e 2010, em um discurso campestre em Berlim (nota 145), nos afagos que o governo dirige aos autocratas da América Latina, a partir dos irmãos Castro, em Cuba, onde o presidente do Brasil foi flagrado pela televisão criticando uma vítima da ditadura, um preso político "que se deixou morrer" em uma greve de fome; na teimosia de esquecer o princípio da não intervenção e de criar sucessivos problemas na crise de Honduras; na postura ingênua de ajudar o Irã, um governo antissemita criticado mundialmente (até pela possibilidade de produzir uma bomba atômica), os países que nos cercam não reconheçam esse nosso cabedal, não reconheçam a circunstância de sermos dotados para, naturalmente, exercer, ainda que não a hegemonia, pelo menos uma representação regional, como uma força de integração, uma alavanca da América do Sul. Ele foi levado em conta por Eduardo Subirats ao argumentar que "o Brasil é, por sua magnitude geopolítica e econômica, por sua riqueza multicultural e plurirreligiosa, incomparável com qualquer outra nação americana; e por sua intensidade intelectual, artística e literária, o único país com real capacidade integradora da América Latina" (nota 145). Essas coisas talvez não sejam aceitas justamente por virem à tona com naturalidade, a despeito das antiquíssimas imperfeições culturais aqui ventiladas.

14
O IGNARO PIRILAMPO, O PANTAGRUÉLICO CHAPETÃO E O PERFUNCTÓRIO CIENTÍFICO

Embora objetasse à antropofagia de Tarsila do Amaral, preferindo as suas "cores católicas e tão comoventes da caipirada", Manuel Bandeira integrou o modernismo e, na exposição de Tarsila, em 1929, sobreviveu ao assédio do que podemos chamar de *os três cavaleiros da província*. Tipos que todos nós, certamente, já encontramos algures, não são roceiros, obrigatoriamente, havendo citadinos com os mesmos predicados. É bom ressalvar que, entre eles, há os honrados e os degenerados. No encontro de Bandeira, tratava-se de uma trinca de idiotas descomunais de presença fatal, os centuriões do xucrismo, sempre de plantão nos conclaves culturais, nas exposições e nas tardes de autógrafos, nas conferências, nos teatros, nas óperas e nas mais pretensiosas libações enológicas de que se tem notícia. Manuel Bandeira concordava imediatamente com o primeiro, o esgrimista risonho, certamente leitor de um pensamento menor de Lobato, sabendo que todas as coisas em arte moderna não passam de blague, paranoia ou mistificação. Desse risonho cavaleiro, caçoando das pinturas, Bandeira se livra com facilidade, fingindo apoiar o referido conceito. Ao segundo, o florete perplexo, confessava, desolado, que também não compreendia nada. Creio que, não podendo lidar com o inimigo, procurava aliar-se a ele. De qualquer forma, e como diz, seria cansativo e inútil explicar alguma coisa. Então, também ficava perplexo, sugerindo, pelo semblante grave, que a exposição não passava de um atrevimento. O terceiro espadachim é o que podemos chamar de ignaro pirilampo, um sujeito inepto e perigoso que se aproxima furtivamente e dispara uma explicação cintilante. Este é como o analista que não leu

Freud, mas o invoca, e fica aí pelos salões a interpretar os sonhos. Na sua linguagem heterodoxa e ladina, o prefeito Odorico, de Sucupira (*O bem amado*, de Dias Gomes), não deixaria de qualificá-lo como um "mau caratista militante e juramentado". De fato, este pertence à estirpe dos falsos e degenerados. Quando o vaga-lume propunha alguma explicação, Bandeira retorquia para apagá-lo, pontificando que tal pintura só se entendia no sentido abstrato. E abstrato – deixaria bem anotado – é a palavra que, "por não explicar nada, esclarece tudo".[146]

---

[146] Este é o texto inspirador de Manuel Bandeira, publicado em *A Província* de 15.09.1929, conferir Manuel Bandeira, "Tarsila antropófaga", em *Crônicas da província do Brasil*. São Paulo, Cosac Naify, 2006, p.195, conferir as notas da p.294:

> Dos que pedem explicações há alguns que são bons amigos meus. Experimento explicar ao primeiro e verifico que é cansativo e inútil. Então adoto duas táticas, segundo o jeito do explicando: a de Picasso, se ele vem para mim rindo e acha que tudo aquilo é blague e mistificação (a uma americana que lhe falou assim, o fundador do cubismo respondeu que sim, que era blague, está claro!); aos que estão sérios, preocupados e perplexos confesso desolado que também não entendo nada, e vou comentar com eles a minha incompreensão. Tem sucedido que estes acabam me explicando alguma cousa. Notei que com esta espécie uma palavra difícil usada a propósito resolve todas as dúvidas.

E justamente a propósito da palavra difícil:

> Os senhores já repararam na força de certas palavras? O adjetivo *abstrato* é uma delas. O sujeito está estupefato diante de uma figura mais deformada do que o Macobeba. Pede socorro:
>
> – Como se deve entender esta pintura?

Fiz referência a três parvos. Entretanto, eles se multiplicam. Certa vez, não havendo jogo, espetáculo ou competição olímpica que justificasse o esparramo, em meio às luzes de Paris, vi um ônibus repleto de turistas brasileiros que gritavam, saiam pelas janelas, esvoaçavam bandeirolas do Brasil e, em fino descompasso, entoavam a "Cidade maravilhosa". Falando do Rio de Janeiro que, realmente, é a cidade

---

– No sentido abstrato, meu caro.

– Abstrato? Ah, sim! A palavra, por não explicar nada, esclarece tudo.

A respeito da edição e publicação dessas crônicas, ver também posfácio de Julio Castañon Guimarães, na p.239.

Tarsila, Raul Bopp, Alcântara Machado e outros, liderados por Oswald de Andrade, haviam extraído o movimento antropófago do primitivismo de Pau-Brasil, em 1927. "Oswald propugnava uma atitude brasileira de devoração ritual dos valores europeus, a fim de superar a civilização patriarcal e capitalista, com as suas normas rígidas no plano social e os seus recalques impostos, no plano psicológico" (conferir Antonio Candido e José A. Castello, *Modernismo*, cit., p.19). Mas Manuel Bandeira não gosta de Tarsila antropófaga, preferindo a Tarsila que pintava com as "cores católicas e tão comoventes da caipirada" (conferir *Crônicas*, cit., p.196-7).

Sobre o pensamento de Monteiro Lobato a respeito da arte moderna, ver Capítulo 9 e notas 114 e 115. Fundamental nesse tema é a teoria exposta por Ortega y Gasset, da obra vista através dela mesma, e não pelo reflexo de uma realidade humana, do objeto a ser percebido unicamente por quem possua o dom peculiar da sensibilidade artística (conferir "La deshumanización del arte", *Revista de Occidente en Alianza Editorial*, Madrid, p.18-9 e 47. Ver também *El sentimiento estético de la vida: antología*. Madrid, Tecnos, 1995, p.321-2 e 342).

maravilhosa, esses cantores compunham um canto sem alma, um coral de espírito ausente, que não havia atravessado o oceano. Mas, além da pretensão de achar que, na Place de la Concorde, alguém decifraria o enigma, só um inepto é capaz de andar por Paris (ou pelas praias do Rio) sem perceber...

A propósito de vetusta e célebre crise, semelhante a muitas que nos alcançam, Cícero discursou no Senado contra Catilina, dizendo o seguinte: "Até quando abusarás de nossa paciência? Por quanto tempo zombarás de nós? Até que ponto a tua audácia desenfreada se gabará?". [147] Vê-se que Cícero é atual. E isso me leva a indagar: se esses centuriões integrassem o Senado, teriam a luz ofuscante de Cícero? Ou, como disse Arnaldo Jabor, destruiriam a instituição, retrocedendo o país para o tempo dos "meirinhos e mucamas, sinhás-moças em berlindas e carruagens com negrinhos de libré e cabeleira empoada no estribo"? Na verdade, a meta desses autocratas provinciais sempre foi a escuridão, o que almejam no governo e quando estão no parlamento. Não se confundem com Cícero, são o espelho de Catilina, cuja eloquência, diria Salústio, era de pouco saber, além de má e depravada índole.[148]

---

[147] *"Quousque tandem abutere, Catilina, patientia nostra? Quandiu etiam furor iste tuus nos eludet? Quem ad finem sese effrenata jactabit audacia?"*, conferir CÍCERO, *"In Catilinam Oratio Prima"*, em JOSÉ LODEIRO, *Traduções dos textos latinos*. São Paulo, Globo, 1960, p.260.

[148] ARNALDO JABOR, "O que vai acontecer com o Senado amanhã?", no *O Estado de S.Paulo* de 11.09.2007, p.D-10. De Salústio, *De Catilinae coniuratione*, V (conferir G. D. LEONI, *A literatura de Roma*. São Paulo, Livraria Nobel, 1958, p.167). Adriano apreciava o vinho *Samos*, desprezava os vinhos numerados das adegas de Roma e não suportava o pedantismo dos grandes conhecedores (conferir MARGHERITE

Em matéria de vinho, e invocando Adriano, que se livrou da origem suburbana, sucedeu a Trajano e construiu o Castelo Sant'Angelo, que fez redigir o *Edictum Perpetuum*, obra compiladora do *ius honorarium*, que bebia os bons vinhos sem ostentação, lembrando, apenas, de "sua abrasadora dispersão ao longo das artérias" (nota 148), os cavaleiros da província conseguem sentir coisas estranhas nas degustações, até mesmo (ouvi em tom de chiste) o perfume da raposa e algumas emanações pernósticas daquilo que chamam de evolução e complexidade. Não falta quem encontre no vinho algumas frutas silvestres, sem falar no conhecido e discreto sabor de carvalho. Depois da segunda garrafa, com certeza, encontrará um bago de jaca curtido em tonel de peroba, quem sabe um bando de gnomos bebendo orvalho na *Schwarzwald* e a mula-sem-cabeça exalando catinga azeda. Um enófilo europeu, que bebe vinho desde o berço, dificilmente seria capaz disso com a mesma proficiência. Mary Fisher, que viveu em Dijon, na Borgonha, apontada como sendo das maiores escritoras de gastronomia, apreciava os vinhos provincianos e voluptuosos, aborrecendo-se com a pompa e a pretensão (nota 148). Na Europa, onde se acham as mais sólidas tradições do vinho, só um enólogo profissional, um *sommelier* ou *escanção* ou, ainda, um *consultor* ou um bebedor de grande coturno, conhecem vinho pelas ventas e são capazes de orientar-se pelos aromas. Por ilustres que sejam, mesmo não

---

YOURCENAR, *Memórias de Adriano*, tradução de Martha Calderaro. Rio de Janeiro, Nova Fronteira, 1981, p.19). Sobre Mary Fisher (Mary Frances Kennedy Fisher), ver LUIZ HORTA, "A estilista imortal dos sabores", no *O Estado de S.Paulo* de 18.12.2008, p.P-7. De MENDOZA, MONTANER e LLOSA, ver *Manual del perfecto idiota latinoamericano*. Barcelona, Plaza & Janés, p.22: "el perfecto idiota proviene de modestas clases medias, muy frecuentemente de origen provinciano..."

sendo leigos, grandes bebedores se limitam a escolher bons vinhos. E, para manter os bons costumes (e o fígado), não bebem os maus. O mesmo fato ocorre com o café. Desde os tempos da grande produção, muitos brasileiros conhecem um bom café, mas nenhum deles se confunde com um antigo provador das docas de Santos, detentor de um paladar privilegiado e responsável pela qualificação do produto antes da exportação. Essas habilidades não são democráticas, nem exigem um alto nível de vida, encontrando-se, por vezes, em pessoas humildes, em colhedores de café, em gente do campo que faz a colheita da uva.

Entretanto, o perfunctório científico, que logo se explica, costuma alcançar supinas altitudes, e já se ouve falar em radicais desabridos que, contrariando a experiência e a melhor literatura universal, sustentam a existência de uma *contradictio in terminis,* como as zurrapas cultivadas sem os invernos de rigor, longe dos solos terciários, fermentadas e engarrafadas sem o proverbial *terroir,* como os franceses o entendem, e fora dos paralelos geográficos da predileção de Baco. São os cavaleiros do apocalipse, ímprobos danosos que propagam a enologia sinistra.

– *Fujam! Fujam! ...*, insistem aqueles gritos.

Constituindo uma das experiências da *República Provincial,* o idiota descomunal ou o *pantagruélico chapetão*, assim alcunhado com brandura, mesmo ocultando os defeitos, é o ignaro, obscuro e inepto pirilampo já referido, o pior dos três néscios da história. Quando é poderoso, pode transformar-se no bestunto cantonal, no *Gauleiter* da roça (Capítulo 11), no vilão, no micróbio que nos derruba, há séculos, e contra o qual não se descobriu remédio ou vacina. Esses vilões negam que não se pejam da chicana, que não ligam para escândalo, e afirmam que jamais cometeram peculato, nunca defenderam a propina nem abusaram da nossa paciência. Fazem isso em público, no microfone, na televisão. Despertam em nossa memória, as imagens de Caio Licínio Verres e de Catilina, uma gente prolífera que repousa nas nossas origens. Mendoza, Montaner e Llosa focalizam o lado aviltante do idiota descomunal, que eles apontam como oriundo da classe média modesta e provinciana (nota 148), responsabilizando-o pelas coisas que determinam o atraso da América Latina. Eu prefiro não o vincular a determinada classe, menos ainda à gente modesta, pois, os abastados também possuem os seus vilões, em tudo idênticos. Mas vejo-o, com certeza, como o único fruto velhaco do nosso provincianismo.

Inúmeros desses gênios se envolvem com os escorregões e os apagões da administração pública, apagões de toda ordem, até mesmo da luz em sentido estrito, como o apagão que o mundo inteiro sentiu, provocando a parada completa da maior de nossas usinas hidroelétricas. Muito maior do que a represa foi essa escuridão no apagar de 2009, uma espada de Dâmocles sobre as nossas cabeças, como ficou evidente no Paraguai e na metade do território brasileiro, a despeito do governo culpar a natureza, investindo na perquirição científica de um *act of God*. Mas não foi um raio, nem a chuva, nem o vento, opinam alguns técnicos contra as presunções em sentido contrário. Presunção não é prova, o que basta para a oposição desconfiar de que a culpa é do governo e de ninguém mais. Assim, deve responder a União, afirmam os defensores de interesses lesados, ainda que se pudesse (e não se pode) apontar quem, dentro do governo, puxou o fio da tomada. Mas, entre nós, seja lá quem for, a culpa é do vilão de que se trata! E, na perspectiva do direito, a União não se livra de responsabilidade. Terá, no máximo, ação regressiva contra o servidor culpado.

Centurião do xucrismo, o vilão é versado no *perfunctório científico*, a ciência ligeira que está para o Iluminismo como a brigada ligeira para a cavalaria, uma tropa montada de incursões rápidas, desprovida de armas pesadas. Onisciente visceral imbatível, eclético e liso como um sabonete, ninguém transita com tanta suavidade da astrofísica à metafísica, de Marx a Keynes, de Stuart Mill a Friedrich Hayek, de Bracton a Blackstone, de Justiniano a Beccaria, de Bach a Jobim. Ademais, é um apóstolo da demagogia, convencido de que as ciências pesadas nunca tiveram valor absoluto e qualquer discurso político, mesmo contrariando a matemática, alcança um resultado mais preciso. Com pouco esforço, mas inefável sucesso, ele é um produto de ponta da teoria do custo-benefício aplicado ao intelecto, exercendo como ninguém a atividade dos fluxos mentais hipotensos e das massas encefálicas moles, mas prolíferas em neurônios que se aglutinam pelas bordas, como geleia de sagu. Assim é que, não raramente, alcança postos estelares.

Diga-se para amainar que, na aparência, não se lhe pode negar algum talento e, aliás, ele faz melhor figura que o analfabeto científico referido por Leila Oda como sendo o ignorante da biotecnologia moderna (nota 132), melhor figura ainda faz que um suábio *(schwabe)* oriundo de um antigo ducado do império germânico, um tipo geralmente alto e largo, pesado como um barril de chope. Há quem diga que os suábios são "lerdos, porém, profundos", e, se dedicados ao pensamento, escrevem tratados insuperáveis. Mas são fleugmáticos. O *pantagruélico chapetão* é, ao contrário, um sujeito rápido e rasteiro como um suricate. Sempre perto de alguma toca, na maior parte do tempo é altivo como um periscópio e não perde de vista o horizonte.

Esbarrar no *pantagruélico chapetão* é como colidir frontalmente com a âncora das caravelas que nos abriram as portas do novo mundo e que também respondem pelo nosso marasmo. Ele descende diretamente da âncora e assume hoje a forma de um corvo que, sugado pela turbina, só não derruba o avião que estiver pilotado por Manuel

Bandeira ou outro comandante do mesmo valor, hipótese rara, infelizmente, como se viu na crise dos aeroportos. Em nosso governo e em toda a burocracia aviatória, não havia um Manuel Bandeira. Nem mesmo um! Eis a razão simples de tudo que não conseguem explicar! E se houvesse um Bandeira, o próprio diria que "não há mesmo nada que explicar". Quando fosse procurado por um estupefato diante de uma figura deformada, um fato deformado, um gesto deformado, uma frase deformada, um conceito deformado, um tributo deformado, uma lei deformada, um juízo deformado, uma cultura deformada, uma instituição deformada, um sistema político deformado, um colégio eleitoral deformado, uma ordem jurídica deformada, e que lhe perguntasse como se deve entender tudo isso, ele responderia, como respondeu ao pirilampo: "No sentido abstrato, meu caro".

15
O EXPRESSIONISMO DA HISTÓRIA OU O POLICARPO QUARESMA DO TERCEIRO MILÊNIO

I

Então é isso. Há coisas que, no plano concreto, são caóticas e devem ser vistas no sentido abstrato, quando entram em foco e exibem cristalinas imagens. Após a Primeira Guerra Mundial, o governo brasileiro teve o crédito abalado por nomear civis para os ministérios da Guerra e da Marinha. Eduardo Bueno diz que "houve grande indignação nos quartéis" e que essa atitude civilista teria consequências. Entretanto, o governo não sofrera esse abalo quando, um pouco antes, encheu um navio com a delegação para a assinatura do Tratado de *Versalhes*. Continua a descrição de Eduardo Bueno: "em fevereiro de 1919, uma enorme delegação do Brasil desembarcou na capital francesa, com todas as despesas pagas pelo tesouro nacional". Acompanhando os delegados, juristas e demais representantes do país, "seguiram seus familiares, assessores, convidados e acompanhantes em tal número que o navio [...] partiu quase lotado".[149]

---

[149] Eduardo Bueno, *Brasil: uma História*. São Paulo, Ática, 2004, p.292-3. Quanto a Cândido Portinari, figura em catálogos do *expressionismo* que partem da generalização de Walden (editor de *Der Sturm* em Berlim) e usam o vocábulo para alcançar todas as manifestações revolucionárias surgidas entre 1910 e 1920, inclusive o cubismo e as correntes abstratas (conferir *Dicionário da pintura moderna*, tradução de Jacy Monteiro. São Paulo, Edimax, 1967, p.112-4). O *Oxford concise dictionary of art & artists*, de Ian Chilvers, também vê afinidades de Portinari

Fazendo-se o confronto das coisas no sentido abstrato, é compreensível que, na aldeia daquela época, a nomeação de civis para os ministérios militares constituísse um fato intolerável, assim como irrelevante o assalto ao tesouro. Na atual *República Provincial,* registra-se uma pequena evolução. Sem trauma, as pastas militares foram extintas e o Ministério da Defesa tem sido entregue a civis. Mas o desapreço pelo dinheiro público é igual. O desperdício habitual (principalmente o eleitoreiro) não se dispõe a diminuir nem com ameaça de crise ou de inflação, e a imprensa destaca que isso põe em risco a estabilidade dos preços e a política de baixar os juros (*O Estado de S.Paulo* de 31.07.2009, p.A-3). Mas essas coisas pródigas vieram para ficar e continuam sendo uma questão menor.

---

com a pintura de Picasso em 1920 (Oxford University Press, 1996, p.417). Embora não seja específica, a monografia de Paul Fechter (1914) é convergente, na medida em que relaciona o expressionismo alemão ao cubismo francês e ao futurismo italiano, movimentos que se identificariam na oposição ao impressionismo (conferir Wolf-Dieter Dube, *The expressionists,* tradução inglesa de Mary Whittall. London, Thames and Hudson, 1996, p.19). Em sentido estrito, o expressionismo surgiu nas telas alemãs (Dresden, Munique e Berlim) no início do século XX, com esplendor em 1910. Mas, como anota Marta Rossetti Batista, ainda que muitos expressionistas recusassem o rótulo, "o termo expressionismo como sinônimo de *'escola moderna alemã',* só começou a firmar-se a partir de 1914" (ob.cit., edição de 2006, p.51 e 82). Extrai-se de Afrânio Coutinho um conceito didático: ao contrário dos impressionistas, que reproduzem as impressões despertadas no seu espírito pelo mundo exterior, os expressionistas representam as suas próprias visões, sentimentos, emoções e intuições (*Introdução à literatura no Brasil.* Rio de Janeiro, São José, 1959, p.260). Mas fundamental nesse tema é a referida teoria de Ortega y Gasset (nota 146).

Enfatizando esse sentido abstrato é que, ao cabo de um século, desde a República, o Brasil se transforma em dois países. Um extremamente forte e eficaz, repleto de gente culta e civilizada que já nos assegurou inúmeros proveitos, até no campo dos esportes, trazendo a copa do mundo de 2014 e os jogos olímpicos de 2016, com todo o progresso de infraestrutura que isso vai representar e que constituem prêmios merecidos pelo povo brasileiro. Enfim, um país economicamente bem conduzido que, mesmo em âmbito global, exibe poder e capacidade, o que resulta em respeito da comunidade internacional, mas um país quase sempre constrangido pelo outro, este envolvido pelo provincianismo tropical da América Latina, constituído por burocratas do terceiro mundo e autocratas de um regime político e administrativo canhestro e ineficiente. A República, nascida de uma elite intelectual, que já teve a cara dos nossos pais e nossos avós, atualmente tem feições estranhas, onde se misturam credos amorfos, inodoros, insípidos, uma deslavada mestiçagem de agentes sem altitude, gerando uma constelação de vultos ladinos, mas sem nenhuma visão de Estado, capazes de perseguir o atraso em nome do progresso, de substituir a modernidade pela estagnação, os interesses nacionais pelos próprios (pelos eleitorais, por exemplo), o respeito ao direito pelo medo da polícia ou das normas autocráticas que editam, alimentando uma visão tacanha que favorece a corrupção, menospreza o império da lei e termina na impunidade. E nesse segundo país, mesmo quando estamos no exercício das nossas virtudes, às vezes, nos rege a inteligência alheada, distraída, e a visão provinciana das coisas.

Aí se percebe que o provincianismo integrante desse cadinho cultural, sobre o qual disserta o presente ensaio, não é propriamente uma força notável, respondendo mais pela inércia que pelo impulso, mas não perde o peso cultural, ainda na acepção baixa, encontrando-se, não com idêntica proporção, em poderosos, cultos e civilizados países do hemisfério norte, na Europa e na América. Não podia deixar de ser, também, a visão da latitude em que vivemos, do expressionismo de nossa História contemporânea, quem sabe a imagem agoniada do último retirante de Portinari (nota 149), um quadro novo, ainda não exibido, ou a do Policarpo Quaresma do terceiro milênio, livre do cárcere na Ilha das Cobras e redivivo, ainda amargurado com o fato de Floriano tê-lo por um visionário. Como poderia o major esquecer a visita que lhe fez o marechal naquela noite de luar magnífico, dando-lhe a honra de acompanhá-lo até o bonde, atravessando o velho sítio de recreio dos imperadores? Ainda que tenha lido, como afirmou, o memorial deixado sobre sua mesa – lembraria Quaresma –, Floriano não foi claro quanto a discordar dos argumentos para erguer o país. Limitou-se a dizer, ao tomar o bonde, que o considerava um visionário. "Você, Quaresma, é um visionário", disse ele. E o bonde partiu. Não se esquecerá disso, com certeza! Mas, com a ressurreição, pode-se imaginá-lo investido na diretoria da Empresa de Correios em Salvador e, posteriormente, bem antes do escândalo dos correios, nomeado embaixador em Londres. Acabaria recebido pelo *Foreign Office* em um fluente tupi, um capítulo das suas memórias póstumas, escritas a partir da imaginação esplêndida daquela triste senhora que, à cabeceira da cama de Brás Cubas, não podia crer na sua extinção.[150]

---

[150] Estou certo de que, para ressuscitar o admirável major, Lima Barreto não deixaria de considerar que, acostumado à vida suburbana carioca da Primeira República, Quaresma não mais encontraria no Rio de Janeiro o seu natural e sereno habitat, o que justificaria essa ideia de removê-lo, primeiro para Salvador, depois para Londres. Quanto à imaginação da triste senhora, ninguém a descreveria melhor que Machado de Assis nas *Memórias póstumas de Brás Cubas*. Quanto aos degraus do sucesso econômico, construídos pelos presidentes Collor, Itamar, Fernando

Lembrei-me de Quaresma porque, com o seu temperamento, teria sido o primeiro a notar o atual sucesso da nossa economia, resultado de uma progressão geométrica que se impôs desde que entramos no clube da moeda valorizada. Um sucesso que tem três degraus: a abertura forçada pelo presidente Collor, o Plano Real e as privatizações dos governos Itamar Franco e Fernando Henrique Cardoso e a persistência do presidente Lula na manutenção da economia inaugurada no governo precedente (nota 150). Embora existam coisas que Quaresma não enxerga, tais como as pressões inflacionárias (que alteram o humor do Banco Central em relação aos juros) e os reflexos da enorme crise econômica gerada pelos Bancos norte-americanos, o fato é que, no instante em que escrevo estas linhas, não estamos vivendo no regime da inflação desbragada, de triste memória, responsável por inúmeras deturpações e desvalimentos que conhecemos, até no exercício da função judicante, quando, sob pena de irresponsável ingenuidade, não se podia confiar nos índices oficiais de preços e do aumento do custo de vida, tais os expurgos e os expedientes marotos que usavam para esconder o descalabro da desvalorização da moeda, tudo em benefício do Estado devedor e dos devedores em geral. Além de controlarmos a inflação, pagamos o que devíamos ao FMI (dizem que, agora, somos credores do fundo), acumulamos reservas superiores à dívida externa, passamos a descobrir enormes jazidas de petróleo e, só para justificar um velho ufanismo, que foi decantado e deturpado, ganhamos o cobiçado grau de investimento que nos classifica como um porto seguro (*O Estado de S.Paulo* de 01.05.2008, p.B-1), e que (ressalvada a crise

---

Henrique e Lula, respondem inegavelmente pelo destaque do Brasil na ordem econômica latino-americana.

norte-americana, em processo de superação) propõe-nos um maior fluxo de capitais internacionais de longa permanência. Só falta incutir em todos os degraus das instituições públicas o espírito público e direcionar tão caudalosa maré em favor da cultura e do nível de vida do povo, erradicando de vez aquilo que sempre foi ignóbil em nossa história, a pobreza, a exclusão e o analfabetismo, sem esquecer a maior de todas as âncoras que, finalmente, deve ser levantada e convenientemente derretida (a da burocracia). O provincianismo endêmico certamente continuará por aí como um dos nossos atributos tropicais, mas ele, em si, não é desonra e, subtraindo-lhe alguns poucos aspectos deprimentes, até se pode desconfiar, no rumo de Manuel Bandeira, que constitua virtude.

II

Quando pensamos nas ninharias da vida política, como no episódio dos cartões corporativos, na troça das passagens aéreas, no nepotismo e nos escândalos secretos do Senado, nos episódios reiterados do mensalão e dos políticos que são filmados recebendo propina, nas complicações burocráticas do nosso ordenamento jurídico, no excesso de tributos, no formalismo obsoleto da administração pública, no sufoco dos órgãos judiciários; quando vemos reformas judiciárias frustradas em curto prazo porque limitadas a criar cargos e despesas ou a fincar as estacas da próxima reforma; quando sentimos que o processo judiciário está longe de facilitar ou de acelerar e, muitas vezes, erige-se em obstáculo à consagração do direito, correndo o risco de se transformar em um instrumento capaz de elevar a burocracia à potência científica; quando, passados alguns anos da última reforma judiciária (de 2004), e a despeito dos arautos dessa reforma, que continuam na imprensa soltando fogos e rasgando elogios, vemos um ensaio de descrédito público do Poder Judiciário, em uma espalhafatosa estatística de 69% (índice divulgado pela Escola de Direito da Fundação Getúlio Vargas, conferir *O Estado de S.Paulo* de 04.02.2010, p.A-12), então concluímos que, em nossa sociedade, o absurdo é, precisamente, a *meta optata*.

Parece que é assim. O abjeto, o injusto, o ilegítimo, o incompreensível são coisas que, normalmente, as pessoas repelem ou deviam repelir. O que não é razoável só pode manter-se com o predomínio da força, seja a que decorre do espírito autoritário, seja da alma burocrática que, no fundo, são a mesma coisa. Então, ou a nossa cultura nos leva a perseguir o insensato, ou somos vítimas conformadas da corrupção, da chicana, do autoritarismo e da burocracia. Ou quem sabe sejamos apenas os trouxas e, como tais, gostamos de ser enganados.

A última reforma judiciária tem essa característica bem grifada. Quer enganar quem gosta de ser enganado. Por isso critico os editoriais que, com a bandeira da modernidade, exaltam-na de forma enganosa, repisando lugares comuns, repetindo coisas que já foram ditas, invocando projetos que se acham nas chamadas Comissões do Congresso, que, portanto, nem são leis, nem os seus mandamentos foram postos em prática. Na melhor das hipóteses, é ingênua a conclusão de que passamos por um processo de modernização. Modernização é algo incompatível com a burocracia provinciana e atrasada a que sempre estivemos submetidos, não constituindo exceção o atual processo judiciário brasileiro, apesar das franjas e pingentes que, periodicamente, os legisladores lhe acrescentam para resolver as crises mais grotescas.

Os exemplos desses embustes são tão repetidos que se tornam maçantes. O que dizer ao mundo sobre as nossas fronteiras desguarnecidas, o tráfego de armas e de entorpecentes e o desmatamento desordenado e predatório da floresta amazônica que, em maio de 2008, com as árvores, acabou derrubando a ministra do Meio Ambiente? O que dizer para os descendentes dos ingleses e dos abolicionistas sobre a escravidão ainda existente no Brasil? O que dizer para o usuário do tráfego urbano em São Paulo, que precisa produzir, mas fica preso no congestionamento e não chega em tempo de fazê-lo? O que dizer para os visitantes nacionais e turistas estrangeiros da mais bela cidade do mundo, o Rio de Janeiro, que precisam esquivar-se das balas perdidas? Como explicar para o povo a tragédia das repetidas enchentes urbanas que ninguém conterá? O que dizer para os proprietários de automóvel, ludibriados desde a década de 1960 com a perspectiva de uma excelente malha rodoviária até a atualidade inexistente? As exceções que existem, notoriamente, não cobrem o território nacional! O que dizer para empresários e empreendedores que não se instalam ou não progridem pelo excesso de normas a cumprir, de tributos a pagar e de burocratas a vencer? O que dizer para as famílias desabrigadas pelo desabamento de um edifício mal construído que, depois de uma eternidade, ainda não receberam a indenização pleiteada em ação judicial? O que dizer para os demandantes que, no jargão forense, "ganham mas não levam"? O que dizer para os litigantes vencedores que, certamente, morrerão antes do cumprimento do julgado (nota 30)? O que dizer para as vítimas de criminosos que estão na rua porque, frente ao cipoal de recursos de um processo anacrônico, não há sentença condenatória com trânsito em julgado, impondo-se a presunção constitucional da inocência do réu, mesmo que seja confesso; ou porque o facínora é menor, e nem pode ser chamado de bandido; porque não há vaga na prisão, porque o processo, em diversas fases, ficou represado, porque o condenado cumpriu fração mínima da condenação que lhe foi imposta? E o que dizer sobre a tortura ainda praticada no Brasil (*O Estado de S.Paulo* de 16.11.2008, p.A-12), sobre essa herança indecorosa dos piores momentos da nossa história? Não parecem essas coisas os ecos de uma *ópera bufa* regida pelo que as nossas manhosas partituras legais ocultam de astúcia ou traquinagem?

Por outro lado, vejam o episódio do STF conceder um *habeas corpus* para soltar 10 presos que já estavam recolhidos há quatro anos, permanecendo o processo sem instrução, pois nunca houve escolta para levá-los ao Fórum quando alguma audiência era designada (*O Estado de S.Paulo* de 12.09.2008, p.C-5). Não é semelhante à anulação do processo e à ordem de soltura de quem, sem lei que autorize, foi interrogado por videoconferência, isto é, sem estar na presença do juiz? Quem se indignou devia ponderar que, pelo menos, o Supremo Tribunal Federal cumpre o seu papel e resguarda a Constituição. Exceto pelas reformas judiciárias de 1979 e 2004 (a primeira imposta pelo regime militar de 1964 e a última votada sob o peso centralizador do positivismo republicano, que jamais descartou uma tendência ao retrocesso, concluída a de 2004 de forma açodada, uma pressa disfarçada por períodos de engavetamento do projeto, conferir *RT* 826/69), o Parlamento e o Poder Executivo não fazem nada para, de forma prática, com exclusão da burocracia e da opacidade, modernizar a legislação processual e administrar a segurança pública. Nessas áreas, com boas alterações de fachada, as coisas permanecem velhas, carcomidas e enferrujadas. Quanto mais as coisas mudam, mais continuam iguais. Algum herói precisa nos livrar desse atavismo dogmático. Os presos saíram da prisão exatamente porque o Judiciário cumpriu o seu papel, enquanto os demais poderes ficaram inertes e ineficientes. Depois do choque, o Legislativo lançou-se a produzir norma que autoriza o interrogatório por videoconferência, tema que ainda deve passar pelo crivo da Suprema Corte.

O precatório de execução contra a Fazenda Pública é o exemplo mais inculto e indigesto, próprio de uma sociedade inacabada e rudimentar. No trato desse tema, a sociedade, representada pelos legisladores, não consegue ser outra coisa. É imperfeita e atrasada. Como os governantes querem voto (e saldar dívida dos antecessores não dá voto), como os bens públicos são impenhoráveis e os cofres públicos não têm dinheiro para pagar o exequente, isto é, como a União, os Estados e os Municípios podem agir irresponsavelmente, com a mesma leviandade dos bancos emissores que, ao tempo do *encilhamento*, especulavam com as suas ações e emitiam dinheiro sem lastro, deve-se protelar a solução em detrimento do credor, mesmo que se trate de alimentos. Paciência! Não há outro caminho. Vejam aqui o equilíbrio do nosso senso de justiça: na questão das obrigações, o mesmo santo que não paga as dívidas, é um voraz cobrador de impostos e, na questão das dívidas alimentares, o devedor de alimentos sempre vai para a cadeia, tratando-se de uma exceção clássica à impossibilidade de prisão por dívida. Mas se a dívida é da União, do Estado ou do Município, esses devedores recebem um prêmio (um precatório), quando deviam ser execrados e os seus administradores enjaulados! Nem me detenho na arguição de inconstitucionalidade, que – está bem visto – não comove muita gente. Até a jurisprudência se adaptou ao insólito sistema. E aí estão os famigerados precatórios (notas 30 e 142). Cada um deles constitui, no mínimo, a prova documental da existência de um espírito nacional ímpio, leviano e injusto. Quando os credores de uma expropriação por interesse público vão esperar um século para receber, o que houve não foi desapropriação, mas confisco, e o interesse público referido era o da tapeação, sendo inadmissível que órgãos respeitáveis, como os órgãos da Justiça, envolvam-se nesse esquema de arbitrariedade abusiva. E que adjetivos ainda poderíamos usar para a hipótese de um crédito de alimentos? Evidentemente, isso não é razoável! Mas é a solução que o autoritarismo, a burocracia e *a arquitetura imperfeita* nos impõem. A lei não é razoável, mas é lei, um preceito brasileiro irracionalista que nos afasta da concepção ventilada por René David, de que o direito é, antes de tudo, razão. *Lex est aliquid rationis.* Talvez as coisas tenham estado de acordo com essa concepção no Império Romano. Talvez ainda seja assim nos países do *Common law.* Talvez assim se considere no direito dos povos civilizados e urbanos. É possível![151]

---

[151] O preceito *Lex est aliquid rationis* está em René David, *Os grandes sistemas do direito contemporâneo,* Lisboa, 1ª edição, Meridiano, § 360, p.435. Na 2ª edição, 1978, p.413. Denis Rosenfield relaciona os precatórios com o *arbítrio.* Se o imediato pagamento das dívidas judiciais impede o investimento em obras públicas, isso significa que tais obras são feitas com o dinheiro extorquido dos cidadãos (*O Estado de S.Paulo* de 02.03.2009, p.A-2). A governadora Yeda Crusius disse que a tradição legalista dos gaúchos resolveria o problema (*O Estado de S.Paulo* de 20.02.2009, p.A-2), mas não creio nisso, exceto se a dívida do Estado for pequena, ou se houver a paralisação das obras públicas. Na área política, como se vê do projeto caloteiro engolido pelo Senado (Emenda Constitucional n. 62), o que impera nesse campo, além do *arbítrio,* é a falta de seriedade da República e o cinismo dos administradores públicos. Por isso, a OAB, a Procuradoria-Geral da República e as entidades que representam a Magistratura e o Ministério Público apoiaram a ADin contra a Emenda n. 62, que acoberta os desmandos do governo, nos três níveis, e que, em última análise, permite à administração ignorar ordens judiciais e considerar o calote uma prática normal (*O Estado de S.Paulo* de 16.10.2010, p.A-3). Sobre o constitucionalismo como a técnica da liberdade, isto é, "a técnica jurídica pela qual é assegurado aos cidadãos o exercício dos seus direitos individuais e, ao mesmo tempo, coloca o Estado em condições de não os poder violar", conferir Nicola Matteucci, verbete "constitucionalismo" no *Dicionário de política de Norberto Bobbio,* vol.1, Editora Univesitária de Brasília, 1992, vol. 1, p.247-8. Também dos precatórios cuidou a nota 30, à qual remeto o leitor. Sobre a frustração das reformas judiciárias limitadas a fincar as estacas da próxima reforma, ver o nosso *Fim de século e justiça,* cit., capítulo XXIII, n. III, p.307. Ver também o Capítulo 4 e nota 37. Ver, ainda, "Os caminhos de uma revolução cultural" na *RT,*

E sob um derradeiro foco, sendo o constitucionalismo a técnica da liberdade (Matteucci), todos os seus mecanismos (como os Poderes Executivo, Legislativo e Judiciário) são instrumentos da liberdade, não se lhes podendo reconhecer e respeitar se vestem o manto do arbítrio. Por isso, é impossível ignorar que a nódoa, o descrédito, o desprestígio que os precatórios emprestam ao Estado brasileiro, infelizmente, têm causado a decomposição de todas as imagens, desde aquelas do Governo, passando pelo Parlamento e alcançando a Justiça. Se a meu favor existe uma sentença transitada em julgado, mas não há meios materiais de execução e de cumprimento imediato, faliu a última instância da civilidade. Restou o dilúvio a transformar em lodo os escombros de uma República suburbana. Que destino pode ter um povo sem Justiça? A que desatinos ele pode chegar? Esse é um tema de suma gravidade e de proporções tão gigantescas que chega a ser inacreditável que as autoridades responsáveis não consigam divisá-las, estribando-se em desculpas esfarrapadas para justificar um sistema de improbidade administrativa que transforma o Estado em um ser etéreo, intangível para o ordenamento jurídico, como foi o Imperador, segundo a Constituição de 1824, um ser inviolável e sagrado, não estando sujeito a responsabilidade alguma (art. 99). O Estado que paga quando quiser, se quiser e quanto quiser, é um Rei absolutista do século XVII, muito anterior ao advento da República,

---

826/69. Sobre a "arquitetura imperfeita", ver Gilberto de Mello Kujawski, *Idéia do Brasil: arquitetura imperfeita*. São Paulo, Senac, 2001, p.151. De Leonel Franca, ver *A crise do mundo moderno*. São Paulo, Agir, 1955, p.13-4. Sobre o cosmopolitismo de Kant, Liszt, Stefan Zweig e Jorge Luis Borges, ver *prefácio*. De Louis-Ferdinand Céline, *Norte*, tradução de Vera de Azambuja Harvey. Rio de Janeiro, Nova Fronteira, 1985, p.184.

que, segundo a História do século XIX, foi o regime adotado em nossa emérita província.

III

No sentido amplo, o cosmopolitismo é hoje uma exigência da civilização, civilização no singular, palavra generalizada no enciclopedismo, disse Leonel Franca (nota 151), exprimindo um ideal, a oposição à barbárie. Não é imitação, mas intercâmbio, além de um caminho sem alternativa no mundo econômico. Não é impatriótico nem fere a nossa identidade cultural, sendo a Europa comunitária, a despeito dos paradoxos (Prefácio, nota VIII), o melhor exemplo da possibilidade de cultivarmos a província respirando o universo. Nenhum alemão quer ser francês. Nem os ingleses querem. E os franceses também não abrem mão da luminosa e saborosa cultura que possuem. Não a trocam por nada. Mas todos eles vivem, atualmente, em uma sociedade cosmopolita sem fronteiras e, a despeito da crise instalada pela Grécia, mais verossímil que aquela imaginada pelos estoicos, por Kant, por Liszt, por Stefan Zweig, por Jorge Luis Borges; até por um médico, racista e literato acusado de colaborar com a ocupação alemã e que, na *épuration* de 1944, no final da guerra, fugiu da França para não ser fuzilado como Brasillach. Em seu famoso *Norte*, que é uma descrição dessa fuga atormentada, escreveu Céline:

> Mas o senhor vai voltar a Paris, ora!... de Berlim a Paris, só uma hora!... não sou eu que vou lhe ensinar!... os progressos de amanhã! Depois da guerra!... uma só moeda e o avião! uma hora!... nem será preciso passaporte! (nota 151)

Disse Gilberto de Mello Kujawski que Caio Júlio César pagou com a vida a sua proposta de um Estado universal que se realizaria com a elevação das províncias à altura de Roma e à formação de um só corpo político.[152] E é certo que, ainda hoje, no sentido estrito do termo, isto é,

---

152 Sobre a proposta de Caio Júlio César, ver GILBERTO DE MELLO KUJAWSKI, *Império e terror* [*O cosmopolitismo estóico*]. São Paulo, Ibrasa, 2003, p.37. IAN SHAPIRO sustenta que a ideia de um governo mundial é utópica. Ainda que existam tribunais internacionais para os crimes de guerra, "os atores mais poderosos do sistema internacional podem ignorá-los impunemente" (conferir *Os fundamentos morais da política*, tradução de Fernando Santos e Evandro Ferreira e Silva. São Paulo, Martins Fontes, 2006, p.287). De CELSO LAFER, citando MÁRIO SOARES, ver "A União Européia, 50 anos", no *O Estado de S.Paulo* de 15.04.2007, p.A-2. A globalização e o terrorismo parecem "caminhar de mãos dadas", disse RONALD ARONSON, acrescentando que "a violência e a guerra ainda estão na ordem do dia", e que "o terror nuclear persiste" (conferir *Camus e Sartre*, tradução de Caio Liudvik. Rio de Janeiro, Nova Fronteira, p.381). De JACQUES LE GOFF, ver *Uma breve história da Europa*, tradução de Maria Idalina Ferreira Lopes. Rio de Janeiro, Vozes, 2008, p. 166. De ULRICH BECK e EDGAR GRANDE, ver *La Europa cosmopolita*. Barcelona, Paidós, 2006, p.269 e 358. Além de mencionar que Simone de Beauvoir tinha o costume de escrever em um café, Lottman registra um conceito parisiense de café: "é o único lugar onde se pode comer, beber, receber e trabalhar ao mesmo tempo" (*A rive gauche*, cit., p.286-7). Sobre Sartre escrever no mesmo *Café de Flore* preferido por Simone de Beauvoir, ver RONALD ARONSON, *Camus e Sartre*, tradução de Caio Liudvik. Rio de Janeiro, Nova Fronteira, 2007, p.58. Sobre o expressionismo de George Steiner, citando Sartre: *"Personne ne rédigerait un traité de phénoménologie à la table d'un bar américain"*, conferir *Une certaine idée de l'Europe*. Arles: Actes Sud, 2005, p.23-5. Na edição portuguesa, *A ideia de Europa*. Lisboa, Gradiva, 2006, p.26-8. MODESTO CARONE diz que Kafka, em Praga, frequentou três cafés com os amigos interessados em filosofia e literatura (*Lição de Kafka*. São Paulo, Companhia das Letras, 2009, p.92). LIONEL RICHARD registrou que *"le lieu de rencontre*

com a superação completa dos Estados nacionais, o cosmopolitismo é utópico. Tal superação implicaria a admissão de um governo mundial, estando aí a utopia, diz Ian Shapiro (nota 152). Vimos, com o enfarte da União Soviética, no final do século XX, que utopia é como manteiga. Passa-se um pouco no pão para melhorar o gosto. Mas quem se alimenta exclusivamente da manteiga corre o risco de morte súbita.

De fato, o socialismo não teve um final de século tão brilhante quanto a União Europeia, embora falte fazer muitas coisas nessa comunidade europeia. Celso Lafer lembra a afirmação de Mário Soares. A União Europeia, com o seu ideal de paz e prosperidade, foi a utopia mais concretizada na segunda metade do século XX.

A mesma bonança desse ideal de paz se acha na globalização, tanto que nos abre a porta do cosmopolitismo. Não é verdadeira a tese da globalização como experiência negativa ou nefasta, como o capitalismo sem freios do século XIX. É certo que a humanidade não conseguiu livrar-se do terrorismo e do fantasma das guerras, até mesmo da possibilidade de uma conflagração nuclear (nota 152), mas, ainda assim e justamente por isso, a globalização é uma forma de transcendência, uma forma de superar o que somos e o que temos e, sem prejuízo da nossa identidade cultural (abrangente do nosso provincianismo), de alcançar outros horizontes, outras realidades, outras experiências, outros progressos, outras riquezas. Não deixa de ser, em parte, utópica, como foram as luzes que levaram a humanidade às suas inúmeras conquistas. Mas essa é a pequena porção de utopia que se passa no pão para melhorar o gosto. Caminharmos todos em

---

préféré de la bohème, toujours à Berlin, était encore, même em pleine guerre, le café... C'est au Café de l'Ouest que nous nous retrouvions tous, écrit Grosz" (*La vie quotidienne sous la République de Weimar*. Paris, Hachette, 2000, p.24-5).

direção ao mundo em que vivemos, superando as fronteiras, é precisamente a meta que justifica a utopia, uma espécie de norte magnético que não levará ninguém ao Polo Norte, mas para perto dele. É nesse sentido que, ao contrário de danosa, a globalização pode forjar um mundo melhor, mesmo não alcançando a totalidade planetária, já que, evidentemente, muitos países ainda perderão o século XXI.

Assim, a Europa cosmopolita, reduzida com Jacques Le Goff a uma só unidade de civilização e de cultura, uma grande Europa aberta para o mundo, pode não existir no sentido estrito, mas ela existe de um modo europeu (*european way*), advertem Ulrich Beck e Edgar Grande, "em que o direito, a igualdade política, a justiça social, a integração cosmopolita e a solidariedade ocupam um lugar central". Mas o fulcro desse modo europeu é o civilizador, onde os cafés ocupam um lugar ainda mais importante que quaisquer outros atributos culturais da Europa, que se conhecem e são inegáveis. Talvez inspirado por Toulouse-Lautrec, que frequentava os cabarés de *Montmartre*, George Steiner esboça uma tela expressionista da ideia de Europa, ideia que, segundo diz, tem sentido e conteúdo enquanto existirem os cafés de que, precisamente, a Europa é feita, os cafés com mesas de xadrez e jornais do dia, os que garantem a calefação e a permanência indefinida dos que lá não fazem mais que ler, escrever, conversar, e só bebem uma xícara de café ou uma taça de conhaque ou de vinho. Apoiado em um pensamento de Sartre, que vivia em cafés, pondera Steiner que ninguém redige tratados de fenomenologia à mesa de um bar americano (nota 152), que é um santuário do *jazz* e da penumbra, e de onde são enxotados os que não consomem. A ideia de Europa sucumbe sem os cafés, como ocorre em Moscou que, para Steiner, é um subúrbio da Ásia. Esse e outros escritores mostram que a própria História serve de filtro para os inúmeros cafés de Paris. E esses cafés conspiram. Foi em um café parisiense que Jaurès tombou assassinado. Ao tempo da ocupação alemã, na Segunda

Guerra, Simone de Beauvoir escrevia em um café, diz Lottman, onde chegava cedo, às 8 da manhã, para conseguir uma mesa perto do aquecedor. Acrescenta Ronald Aronson que foi nessa época e no mesmo café, até a atualidade famoso, que Sartre redigiu textos de literatura e teatro. Danton, Robespierre, Baudelaire e seus contemporâneos, em Paris, testemunharam essa ideia de Europa contida em um grande mapa das cafeterias. A *Enciclopédia* de Diderot e d'Alembert nasceu em um café da *Rive Gauche*. Fernando Pessoa viu a mesma coisa em Lisboa, Kierkegaard em Copenhague, Freud em Viena, Lênin e Trotsky em Genebra. Modesto Carone acrescentaria: Franz Kafka em Praga. E Lionel Richard lembraria do desenhista Grosz, um irônico entre os boêmios de Berlim, no *Café do Oeste*, em plena guerra de 1914 (nota 152).

Mesmo considerando a existência de europeus contrários à integração, o fato é que, independentemente da discórdia, é justamente essa a Europa de hoje, aquele norte magnético da humanidade que, no sentido abstrato, atraiu o Policarpo Quaresma, quem diria, sopitando-lhe o nacionalismo incontido, o mais forte pendor da sua mocidade. Pelo menos abalou bastante aquele ímpeto.

ÍNDICE ONOMÁSTICO 1

ÍNDICE ONOMÁSTICO 2

ÍNDICE ANALÍTICO